KB272173

원니스

자기 자신으로 살게 하는 라이프 코칭 안내서

Deep
Insight
Series
4

원니스
ONENESS

육현주 지음

행성B

마음도깨비와 손잡고
'하나됨의 바다'로 가는 길

우리 마음 안에는 여러 종류의 도깨비가 산다. 그 도깨비들은 우리의 '내면 그림자'로 다양한 감정과 기억을 품고 있다. 마음도깨비들은 종종 우리를 비난하고 심술부리며 일상을 점령한다. 때로는 슬픔이나 좌절 속으로 밀어 넣기도 한다. 하지만 전래동화 속 도깨비가 그렇듯, 이들은 두려운 존재인 동시에 해학적 지원군이 될 수도 있다. 내가 이 도깨비를 억압하느냐, 살살 구슬려 내 편으로 만드느냐에 따라 내면의 풍경은 완전히 달라진다.

통합 철학자 켄 윌버Ken Wilber는 "모든 존재는 그 자체로 온전한 전체인 동시에, 더 큰 전체의 부분"이라고 했다. 우리의 마음도깨비 역시 독립된 괴물이 아니라, 삶이라는 큰 지도를 함께 걸어가는 소중한 길동무다. 나는 독자들이 자신의 마음도깨비를 환대하고 통합하도록 돕고 싶었다. '나'라는 존재가 세상과 분리된 섬이 아니라 전체의 일부인 '원니스Oneness'임을 깨닫도록 돕고 싶었다. '온전한 나'를 만나러 가는 길의 이정표가 되기를 바라는 마음으로 이 책을 썼다.

'원니스'를 어떤 단어로 번역해야 할지 오래 고민했다. 단 하나의 뜻을 대입하기도, 적절한 단어로 치환하는 것도 무리라는 결론에 이르렀다. 그래서 영어 Oneness를 그대로 음차하기로 했다. 긴 설명이 필요하겠다는 염려도 있다. 그렇지만 사람이나 세상이나 단 하나의 명사로 명명하기에는 언제나 부족하다. 나는 언제나 존재를 그 자체로 바라보길 원했고, 나 역시 온전한 자체이길 원했다. 그렇기에 제대로 알기 위해서 귀 기울여 듣고, 눈을 마주치고, 함께 머무르는 정성이 필요하다고 믿는다.

Oneness는 '하나'를 뜻하는 'One'에 상태를 나타내는 접미사 '-ness'가 결합된 단어로, 중세 영어 onnesse에서 유래했다. 그런데 이 단어는 '전체성', '하나됨', '하나임' 등의 사전적 정의를 넘어, 인류의 오랜 지혜가 스며 있는 개념이다. 코치로 살면서 나는 분리된 '자아'가 '자기Self'로 통합되는 과정, 즉 원니스가 이뤄지는 현장을 수없이 목도했다. 흩어진 조각들이 별자리를 이루듯 조화로운 전체로 통합되는 순간은 아름다움 그 자체였다.

나는 감동, 감탄, 감사의 3감感이 풍성한 삶을 지향한다. 어떤 순간에 이 3감이 터지는지 가만히 들여다봤다. 분열된 내가 진짜 나와 만나는 순간, 나-타인-자연 그리고 어떤 큰 존재와의 경계가 허물어지며 일체가 될 때 3감은 압도적으로 다가왔다. 그것이 바로 통합 혹은 합일로서의 원니스, 즉 홀니스Wholeness의 순간이었다.

원니스는 개인 차원에만 머물지 않는다. 우리는 모두 거대한 관계망 속에서 살아간다. 개개인이 크고 작은 팀과 조직에서 '하나 된 우리'로 존재해야 할 때도 있다. 독립된 자아들이 같은 목적과 목표를 향해 가다 보면 종종 암초에 부딪히고, 거센 파도를 만난다. 이 문제를 해결할 의지가 강한 팀과 조직일수록 역동을 드러내는데 두려워하지 않는다. 팀이 그 역동을 잘 다루면 조직은 '하나됨의 힘'을 배우게 된다.

팀코칭을 통해 만나본 수많은 리더와 구성원들은 표면으로 드러내지 못한 고민이 있었다. '나의 성과'와 '팀의 목표' 사이에서 갈등하기도 하고, 조직과 구성원 간에 목적 부재와 소통 혼선 속에서 저항을 경험하기도 한다. 많은 경우 조직 내 갈등을 '특정인의 문제'로 치부한다. 그러나 원니스의 관점에서 보면, 한 사람의 무기력이나 한 부서의 병목 현상은 개인의 결함이 아니라 전체 시스템이 보내는 위험 신호다. 그래서 팀코칭 중에 '말해지지 않은 것'들을 수면 위로 끌어올린다. 팀 내부 도깨비의 역동을 다루며 서로가 연결되어 있음을 인정하는 순간, 비난은 멈추고 공동의 창조성이 깨어난다. '너'와 '나'를 가르던 벽이 허물어지고 '우리'라는 유기체로 호흡하기 시작할 때, 조직은 비로소 생동하는 에너지를 발현한다.

이 책은 개인과 팀, 조직이 원니스를 향해 나아가는 깨달음의 여정을 네 단계 지도로 그린다.

1부 '직시'에서는 마음도깨비를 있는 그대로 들여다보는 용기를 다룬다. 나를 증명하려는 욕구와 결별하고, '나쁜 감정'이 보내는 신호를 환대하며 마음의 근력을 기른다. 무기력과 트라우마 속에 숨겨진 핵심 감정을 재해석하며, 내가 아는 '나'가 진짜인지 묻는다.

2부 '이정표'는 내가 원하는 삶을 선명히 그리는 단계다. 코칭의 목표는 외부 시선이나 성공이 아니라, 삶의 주체로서 '나'를 깨닫는 것이다. 이를 확인하고, 몸과 마음을 돌보는 나만의 지도를 설계한다. '문제'가 아닌 '사람'에게 집중한다.

3부 '실행'은 낡은 회로를 바꾸는 구체적인 도전 과정이다. 삶의 의미를 재정의하고 새로운 루틴을 만드는 역동적 여정을 담았다. 과거의 기억을 재해석하고, 미래를 변화시키는 실천이 이어진다.

4부 '수용'에 이르러 우리는 '원니스'의 열매를 경험한다. 나-나, 나-타인이 온전히 소통하는 법을 배우며, 공감의 언어와 현존하는 질문들로 '나-너-우리'를 연결한다.

　10년 전 내게, 매일 아침은 고통에 가까웠다. 나락의 끝에서 나는 나쁜 감정을 몰아내는 데 모든 에너지를 쏟아야 했다. 고꾸라진 나를 일으켜 세운 건 '그냥 여기 있어도 괜찮다'며 내밀어 준 타인들의 묵직한 손길과 눈길이었다. 그 든든한 사랑을 뒷배 삼아 비로소 나 자신과 마주할 수 있었다. 내가 가진 '문제'를 고치고 해결하려는 데 급급하지 않고, '사람'인 나를 바라보는 코칭의 인간관을 삶으로 배웠다. 나를 철저히 해체해 삶의 의미를 재정의하고 낡은 회로를 하나씩 바꿔 나갔다. 그리고 '코칭'이라는 거대한 바다에서 깨달았다. 나는 이미 온전한 존재였으며, 모든 답은 내 안에 있었다는 사실을.

　코칭을 받으면서 꺼져 가던 불씨를 되살리게 되었다. 그리고 나 스스로를 구원하고 싶어서 코칭 공부를 시작했다. 셀프코칭으로 스스로를 돌보고, 성찰하고, 돌파구를 찾았다. 회피하고 묻어 두었던 아픈 감정들에 진심 어린 빛을 쪼이자, 그것들은 어느덧 나를 키우는 무한한 자원이 되었다. 애초에 좋고 나쁘고를 구분할 것이 없었다. 나를 이루는 모든 것에 수용이 이루어져야 관계에서의 포용도 쉬워진다.

　코칭은 연결을 회복하는 대화이자, 무엇이든 발현되는 공간을 만드는 작업이다. 코칭은 '답을 주는 과정'이 아니다. 코치와 고객이 파트너가 되어 '이미 온전한 존재임을 함께 기억해 내는 여정'이다. 무한한 자원을 채굴하고 에너지를 흐르게 해서, 가능성을 회복하는 내면 대화이기도 하다. 거울에 쌓인 먼지를 닦아 우리가 얼마나 소중한 존재인지 느끼게 돕는 동행이다. 내가 코칭으로 길을 찾아냈듯, 이 책을 통해 독자가 스스로를 코칭하고, 더 나아가 타인을 이해하는 '빛의 언어'를 갖게 되길 바란다.

이 책을 덮을 때쯤, 독자들은 더 이상 고립된 섬이 아닐 것이다. 우리가 심연 속에서 손을 잡고 연결되어 하나를 이루고 있었음을 깨닫게 될 것이다. 잔물결로 일렁이거나 해일로 흔들려도, 온전한 부분이자 전체로서 원니스Oneness를 살아가길 소망한다.

마음도깨비와 함께 진짜 나를 향해 떠나는 여정에 당신을 초대한다.

차례

PART 1 직시
— 지금의 나를 있는 그대로 바라보기

PART 2 이정표
— 내가 원하는 삶을 선명히 그리기

PART 3 실행
— 행동하고 수정하고 다시 도전하는 여정

Part 1
직시

지금의 나를
있는 그대로 바라보기

깨달음이란 무언가 새로운 것을 더하는 게 아니라,
원래 있던 것을 가리던 먼지를 닦아내는 일이다.

— 스즈키 다이세츠 —

지금, 여기,
나를 들여다본다는 것

인간은 더 나은 자신을 향해 나아가는 존재다. 철학, 심리학, 뇌과학 등 여러 학문에서 이런 특성은 다양하게 입증되어 왔다. 눈에 보이는 신체뿐 아니라 사고, 감정, 언어 능력, 정신적 역량, 도덕 지수에 이르기까지 인간의 모든 능력은 성장하고 발달한다. 이는 인간이란 언제나 변화를 일으키며 자기 정체성을 확립해 나가는 존재임을 뜻한다. 그렇다면 언제 가장 크게 변화할까?

역사에 등장하는 수많은 영웅은 물론, 좁게는 나와 가족과 지인들의 삶을 들여다봤을 때 공통점이 있다. 어려움을 겪고 터널을 빠져나오는 과정에서 퀀텀 점프의 순간을 만난다. 하지만 성장이 반드시 성취나 성공을 보장하는 것은 아니다. 그러나 알아차리고, 깨닫고, 시도하는 과정에서 얻은 통찰과 관점의 변화, 그리고 단련된 마음의 근육들은 지혜와 경험으로 축적된다. 이러한 자산은 이후 여러 국면에서 회복 탄력성을 강화하고 문제 해결력을 높이며, 개인의 능력 혹은 지능으로 기능한다.

왜 직시와 직면이 어려울까?

✳

"우리는 사물을 있는 그대로 보지 않고, 보고 싶은 대로 본다."

― 탈무드 ―

더 나은 사람이 되고 싶고, 보다 나은 상태로 나아가고 싶으면서도 우리는 왜 변화하고 성장하는 장場에 기꺼이 뛰어들지 못할까? 의식과 무의식은 생존을 최우선 과제로 삼기에, 많은 에너지를 소모해야 하는 일은 본능적으로 기피하도록 설계되어 있다. 그래서 내면과 소통해 본 적 없는 사람들은 적응한 채 살아가는 게 익숙하다며 적당히 타협한다.

자신과의 소통을 막상 시도해 보아도 성장은 눈에 보이거나 손에 잡히지 않는다. 순차적인 단계를 따라 차근차근 일어나지도 않는다. 성과를 보기까지 우리는 수시로 감정의 회오리 속에서 휘청이고, 고착화된 강한 신념의 뿌리와 싸워야 하는 돌발적 변수를 만나기도 한다. 변화와 성장은 공식화할 수 없다. 사람마다 다르고 불연속적이며 예측 불가한 힘과 속도를 지녔기 때문이다. 그리고 그에 비례하는 견뎌냄과 고통의 강을 통과해야만 한다.

첫 번째 난관은 직시와 직면이다. 무슨 일이 일어날지 모르는 상태에서 '있는 그대로'의 현실과 나 자신을 직시하는 일은 두려움 그 자체다. 선택의 여지 없이 마주한 어려움뿐 아니라, 내 의지로 자청한 일이더라도 자신을 있는 그대로 바라보는 힘은 대체로 약하다. 특히 타인과의 관계에서 발생한 부정적 기억은 수치심 같은 핵심 감정과 곧바로 연동된다. 관계의 실패나 좌절이 축적된 경험들은 결핍, 외로움 등 브차적인 부정적 감정을 자동 기억으로 불러낸다. 그 앞에서 직면이 두려워지는 것은 자연스러운 일이다. 저항하거나, 공격하거나, 침묵하는 등 방어 기제를 발동해 회피하는 편이 상책처럼 느껴진다.

나는 열 살 때, 처음으로 내 위처성을 자각하며 정체성의 큰 혼란을 겪었다. 어린 나이였지만 특수한 환경을 받아들이고 내가 엄마를 슬프게 만들지는 않겠다고 결심했다. 그렇게 '책임'이라는 십자가를 지고, 구원자 역할을 자처했다. 그것은 내가 누구이며 처한 현실이 어떠한지를 처음으로 직시한 경험이었다.

조숙한 아이로 사춘기까지 무난히 넘기는 듯했지만, 고3이 되자 다른 형태의 혼란이 찾아왔다. 나를 감추고 조용히 살아야 했던 시간들이 쌓이며 마음속에 원망으로 자리 잡았다. 나를 세상에 나오게 한 아버지가 미웠고, 대학은 가서 무엇하나 싶었다. 삶이 지겹고 허무했다. 남 탓으로만 일관했다면 덜 괴로웠겠지만, 마음 한쪽에서는 아무리 누르려 해도 삐져나오는 욕망이 있었다.

서울로 진학하고 싶었는데 성적도 집안 형편도 모자랐다. 나 자신의 초라한 모습을 인정하고 싶지 않아 괜한 화풀이를 하고 있었다. 그 과정에서 나의 행동과 사고, 감정 사이에 불일치와 모순이 존재한다는 사실을 만나야 했다. 그때 나는 차라리 가시를 매단 채, 뭐든 참는 쪽을 택했다.

그래서였을까. 삶의 고비마다 굵직한 사건과 위기가 찾아왔지만 늘 적당한 선에서 타협하며 눈을 감았다. 그러면서도 나는 피하지 않고 직면했노라 착각했다. 더 들춰내기 두려워 거적으로 덮어버린 셈이었다. 밑마음은 숨긴 채 제2, 제3의 도피처로 숨어들었다. 어느새 심리 도식이 그려져 자동 패턴처럼 작동했고, 나는 그때그때 임시 처방으로 위기만 모면했다. 이로써 핵심 감정은 더욱 공고해졌고, 미성숙한 자아는 수시로 흔들렸다.

자기 부정을 넘어 자기 본질을 찾는 여정

✳

직면이란 결국 적절한 감정 처리로 자신을 자유롭게 하는 일이다. 강한 감정일수록 충분히 경험되고, 이해로 존중받으며, 표현을 통해 풀려나야 한다. 있는 그대로의 자신을 직면하려면, 피할 수 없이 자기 부정의 언덕도 넘어야 한다. 직면은 시작부터 고통을 동반한다. 감정이 요동치는 것도 그 때문이다. 오십이 넘어서야 나는 그 실체를 온전히 마주했다. 인생 전체를 부정하며 자기혐오까지 갔다. 살아온 시간이 수치스럽게 느껴지기도 했다. 그래도 버티고 견뎌온 나 자신에게 연민이 일었다. 그렇게 나를 온전히 받아들이는 법을 배워나갔다.

30여 년 전 중국에서는 근사한 식당에서도 이가 나간 그릇이 자주 보였다. 나는 이것을 무성의로 여기며 불쾌해했지만, 현지인들은 흠결 있는 그릇이야말로 식당의 전통을 보여 준다며 자랑스러워했다. 일본에는 '킨츠기'라는 도자기 기법이 있는데 깨진 도자기를 옻으로 이어 붙이고 금·은·백금 가루로 장식해 결함을 그대로 드러내는 것이다. 킨츠기는 15세기 말에 시작해 와비사비 문화와 함께 퍼졌는데, '와비사비'란 덜 완벽하고 본질적인 '와비'와 오래되고 낡은 '사비'라는 단어의 합성어다. '부족하지만 내면의 깊이가 충만함'을 보여 주는 거라고 누군가가 이렇게 명명했을 테다. 이는 사건을 어떻게 직견하고 해석하고 의미를 부여하느냐에 따라, 전혀 다른 결과를 만들 수 있음을 보여 준다. 흠결 있는 도자기도 섬세한 손길과 정성으로 틈을 메워내는 '행위'를 더하면 유일한 '표현'으로 본질을 되살리는 작품으로 재창조된다. 이것을 나를 다시 일으키는 여정에 대입해 볼 수 있겠다.

현실을 직시하고, 나를 직면하는 것을 고통과 마주하는 시간으로만 해석해야 할까? 다른 방식의 마인드셋이 가능하지 않을까? 내가 겪는 외로운 고통은 성장하기 위해 누구나 한 번쯤 통과해야 하는 과정이자 삶의 공식이다. 인간의 특권이기도 한 감정과 신념은 내 삶을 다시금 설계하고 새로운 자원을 찾는 기회도 함께 불러낸다. 경험상 고통의 강도가 클수록 더 많은 자원을 발견할 수 있었다. 고통스럽더라도 한 번은 자신과 있는 그대로 통렬하게 직면해야 한다. 철저하게 마음과 만나고 전투를 치르노라면 카타르시스를 느끼는 순간도 온다. 이 과정이 결코 쉽지 않지만 해낼 수 없는 일은 아니다.

마음의 습관을 만드는 신경회로 설계

✳

현실 직시와 직면의 필요성을 진단했다면, 이제는 그에 맞는 조치가 필요하다. 마음의 습관을 바꾸는 방향으로 신경회로를 새롭게 설계하는 일이다.

슬프고 아프고 괴로운 감정 하나하나에게 다정하게 물어본다. 어떤 이름으로 불리고 싶은지, 얼마나 힘든지, 지금은 어떻게 하고 싶은지. 이름을 불러 주며 토닥인다. 설령 답하지 못하더라도, 이런 질문 자체로 감정은 관심과 사랑을 알아차린다. 그렇게 감정과 접속하며 위로를 건넨다. 어떤 감정이든 내치지 않고 돌보면, 더 이상 그곳에서 허우적대지 않고 저벅저벅 걸어나올 수 있다. 내가 나를 엄격히 내몰면 더더욱 외로워지는 법이다. 있는 그대로의 감정을 수용하는 일을 거듭하다 보면, 수치심이나 죄책감 같은 핵심 감정은 서서히 녹아내린다. 그 과정에서 자기 부정을 덜어내는 자기 화해가 일어난다.

자신을 인정하고 수용하는, 새로운 경험을 한 마음은 사랑을 뒷배 삼아 수치심을 거두고 용기를 낸다. 내면에 주의를 기울이고 집중한 시간은 명쾌한 답을 준다. 얼마든지 그럴 수 있고, 그 사실을 자각했다는 것 자체가 이미 좋은 신호라고 말해준다. 혹여 자신에게 과몰입해 연민의 늪에 빠지거나, 자기 합리화라는 또 다른 오점을 남길까 걱정하는 엄격주의자도 있을 수 있다. 물론 변명을 제공하는 방식의 자기 연민은 경계해야 한다. 하지만 제대로 직시하고 직면해 단 한 번기라도 자신을 깊이 만나는 경험을 한다면, 그 경계는 저절로 분별할 수 있다.

공감하며 내 편이 되어 준 '나'를 얻은 자아는, 썩은 부위를 도려내고 고름을 짜내며 셀프 토크를 시작한다. 왜곡된 신념을 점검하며 자기 이해를 넓혀 간다. 객관적이고 관찰자적 시선으로 자신을 인식하기 시작하면, 더 이상 왜곡하지 않고 있는 그대로 바라볼 수 있다. 판단으로 비난하지 않고 분별하며, 감정이 곧 내가 아님을, 생각이 곧 내가 아님을 아는 건강한 경계도 형성된다.

이 과정은 고질적으로 병들어 있던 무의식의 일부를 의식화하는 훈련이다. 이를 루틴으로 축적해 가면 부정적인 신경회로는 파기되고, 새로운 선택 습관을 지닌 신경회로가 형성된다. 무의식은 처음에는 의식적인 주의와 훈련이 필요하지만, 자전거를 익히듯 습관이 되면, 보다 쉽게 양질의 무의식 자원으로 전환된다.

마음의 온도를 높이는 루틴

✳

왜곡된 감정이나 신념을 통합하는 의식 훈련 중 하나로, 잠들기 전과 깨어난 후에 할 수 있는 루틴이 있다. 잠들기 전 누운 상태에서 오늘 잘못했던 일을 반성하는 것이 아니라, 아주 작은 일이라도 잘했던 일이나 감사할 일을 세 가지씩 말해 본다. 아침에 눈을 뜨면서는 전화기를 찾기 전에, 하루에 일어날 일에 대한 기대나 발견할 기쁨을 세 가지씩 말해 본다. 이런 습관으로 나를 지지하고 사랑하는 온도를 1도씩 높여 간다. 아주 작은 것에서부터 시작해 미세 조정의 기간을 거치며 루틴화한다. 자기 이해를 바탕으로 한 자기 사랑이 있을 때, 근원적인 변화와 성장이 일어난다.

무의식도 뇌의 메커니즘도 긍정과 부정을 구별하지 않는다. 그저 더 많이 주의를 기울이고 있는 그 일을 현실로 믿을 뿐이다. 그래서 무의식과 깊게 만나는 수면 시간 전후에, 내가 어디에 주의를 기울이고 있는지 방향성을 확실히 가리켜 준다. 의식은 애매한 태도보다 확실한 지령을 선호한다. 감사한 삶을 사는 나, 풍요로운 삶을 사는 나를 지금 여기서 누리고 있음을 상상하면, 의식은 내가 갈 길을 분명히 보여 준다. 그 풍요의 장으로 자신을 초대하는 마음 습관이 나를 통합한다.

　이렇게 보자면 현실을 직시하고 나를 직면하는 일은 풍요를 향해 가는 롤러코스터와 같다. 무섭기도 하지만 짜릿함을 경험하는 놀이. 인생이라는 레일을 따라 롤러코스터에 탄 우리는, 무섭든 통쾌하든 그 체험을 마쳐야 비로스 내릴 수 있다. 부정적 기억이나 경험을 더 많이 쌓아 두었다면 이제 긍정적 기억과 경험으로 삶의 균형을 조율해야 하지 않을까. 긍정적이든 부정적이든 감정 그 자체는 언제나 중립이다. 다만 그것을 해석하는 내가 어느 한쪽으로 기울 뿐이다. 내 안에 존재하는 충돌과 모순을 풍요를 향한 하나됨Oneness으로 융합하기 위해, 새롭게 형성한 신경회로로 갈아 끼운다.

　어떤 상황이든 직시하고 직면해 맞짱뜨며 더 큰 에너지로 전환해 나간다. "삶은 해결되어야 할 문제가 아니라, 살아가야 할 '신비'다." 미국 작가 조지프 캠벨Joseph Campbell의 속삭임을 기꺼이 받아들이자.

무기력에서 벗어나
일상 회복하기

변화를 위한 100일 프로젝트

＊

나는 파산했다. 50대 중반이었다. 절망과 두려움에 휩싸인 채 하루하루를 보냈다. 길고도 고통스러운 시간이었다. 겉으로는 아무렇지 않은 척했지만, 마음 깊은 곳에서는 온갖 부정적 시나리오가 나를 괴롭혔다. '넌 이제 끝났어. 어떻게 해도 안 돼. 재기는 불가능해.'

몇 년이 지나도록 무기력에 빠져 지냈다. 거대한 절망 앞에서 찾아갈 사람도 없었다. 코칭을 통해 '나는 누구인가?'에 대한 답을 발견하면서 조금씩 소생할 수 있었다. 부정적 '습쩍'을 끊어내야 했기에 시작한 셀프코칭이었다. 그동안 쳇바퀴 돌듯 살아온 나를 충분히 수용하고 위로할 필요가 있었다.

사람에게는 사회적 가면이 있다. 가면 안에서 마치 연기자처럼 타인의 욕망과 타협하며 살아간다. 가면 밖 진짜 모습을 보인다면 배척당할 게 뻔하다고 생각한다. 하지만 가면에 숨은 나는 상처에 노출된 존재다. 쉽게 감정에 휘말리고 부정적 생각을 키우다가 잘못된 믿음을 만들어낸다. '나는 안 돼' '다 틀렸어'도 그중 하나다. 이를 해체하려면 용기가 필요하다. 가면 뒤에 숨은 나와 직면하려는 용기.

나는 이 과정을 기록으로 남기기로 했다. 중간에 포기할까 봐 SNS에 공언하고 100일 프로젝트를 세웠다. 일상에서 일어나는 일과 사유를 중심으로 셀프코칭 질문을 작성해 '내면 대화'를 이어갔고 그 안에서 나약한 자아를 만났다. '있는 모습 그대로의 나'를 인식하고 수용하는 법부터 배워야 함을 알아차렸다. 책임과 의무라는 십자가로 스스로를 억누르는 지금의 모습은 진짜 내가 원하는 삶이 아니었다. 환경 탓을 할 수도 없었다. 똑같은 상황에서도 다른 선택은 가능하니까.

열쇠는 나를 돌보는 마음이었다. 비난을 거두고 내면에 있는 어린아이의 말에 귀 기울이기 시작했다. 사랑과 보살핌을 원했던 아이는 비로소 미소를 지으며 방문을 열고 나왔다. 내면이 사랑으로 충만해지자 세상이 무섭지 않았다. 순수한 열정으로 세상 앞에 섰던 젊은 시절의 나, 당당하고 선명하던 느낌들이 소환되었다. 나는 질문을 멈추지 않으면서 사유를 확장해 나갔다.

니체는 물었다. 노예 같은 낙타의 삶을 살 것인가, 세상을 노려보며 포효하는 사자의 삶을 살 것인가? 변화를 두려워하고 진실을 회피하면 낙타의 삶에서 벗어날 수 없다. 가족과 타인의 요구에 부응하느라 정작 나 자신을 돌보지 못했던 지난 시간이 가슴 아프게 다가왔다. 삶에 대한 호기심으로 반짝이는 어린아이, 내 안에 깃든 자유를 되살리기로 했다. 홀로코스트 생존자 빅터 프랭클Viktor Frankl 박사는 인간은 어떤 상황에서든 선택의 자유를 가진 존재임을 역설했다. 삶에 의미를 부여하는 자는 '나'이다. 셀프코칭 과정에서 잘못된 믿음과 거리를 두자 마음이 고요해졌다. '이상적인 나'를 향해 달리느라 소홀했던 내 마음 돌보기가 가져다준 평화였다. 나는 여전히 지금 여기에 살아있다.

마음이란 무엇일까? 불교에서는 인간의 마음을 희로애락에다 슬픔과 미움, 욕심을 더해 칠정七情이라 했다. 맹자는 인간 본성에서 우러나는 마음씨를 측은지심(惻隱之心, 타인의 불행을 불쌍히 여길 줄 아는 마음), 수오지심(羞惡之心, 의롭지 못함을 부끄러워할 줄 아는 마음), 사양지심(辭讓之心, 겸손할 줄 아는 마음), 시비지심(是非之心, 옳고 그름을 가릴 줄 아는 마음)의 사단四端으로 설명했다. 인간의 감정을 이해하고 성숙한 마음을 키워갈 방법을 제시한 것이다.

자기 감정을 이해하고 스스로를 돌본다면 판단 상황 앞에서 충분히 현명한 결정을 내릴 수 있다. 지금 여기의 느낌과 내 안의 어린아이가 원하는 바를 살피고 이해하면, 자연스레 잠재된 에너지가 살아나고 생기를 되찾게 된다. 가면 뒤에 숨어 두려움과 혐오로 자기를 소진시킬 일이 없다. 비로소 나답게 삶을 살아가게 되는 것이다. 그렇게 136일간 셀프코칭을 진행하며 스스로 북돋우는 삶이 무엇인지 알게 되었다.

순수한 '나'를 만나는 질문의 자세

✳

절망감과 무력감에 빠졌을 때 우리는 어떻게 해야 할까? 부정적인 생각은 꼬리에 꼬리를 물고 이어지다 자칫 극단적인 감정으로 변하기 쉽다. 여기서 벗어나려면 잠시 멈추어 숨을 쉬어야 한다. 현실을 부정하라는 뜻이 아니다. 슬픔과 고통을 있는 그대로 받아들이되, 이를 언어화하면 비약에 빠지지 않을 수 있다. 브레이크를 밟았다면 다음은 일상을 회복할 차례다.

산책하기, 평소 하고 싶었던 일 하기, 자기를 위해 휴식 시간 갖기 등을 실천하자. 매일 한 장씩 사진을 찍거나 그림을 그리고 SNS 등으로 인증할 수도 있겠다. 실패의 경험을 대체할 그 무엇이면 충분하다. 분노와 절망과 슬픔에 빼앗겼던 기쁨의 감정을 되찾아 오는 것이 핵심이다.

어린아이처럼 순수한 '자기Self'는 자유롭고 창의적으로 살고 싶어 한다. 일상 회복 프로젝트를 실행하면서 순수한 자기에게 말을 걸어보자. 오늘 아침 기분은 어떤지, 뭘 하고 싶은지, 내가 어떻게 도와주면 좋을지. 이렇게 자기 돌봄의 시간을 쌓다 보면 오롯이 나 자신이 되는 순간이 찾아온다. 두려움과 불안은 서서히 걷히고 생생하게 살아 숨 쉬는 나를 느낄 수 있다. 어느새 자신을 사랑하게 되고, 자신에게 친절해진다.

여기 내가 셀프코칭을 하며 썼던 질문들의 효과를 소개한다. 자신을 성찰하는 방법은 여러 가지가 있을 수 있으나, 질문을 통하면 모든 것이 또렷해진다.

첫째, 질문은 대상과의 대화다. 셀프 질문을 던진다는 행위 자체가 이미 자신을 객관적으로 두는 태도다. 자연히 쓸데없이 증폭되는 감정의 쓰나미나, 잘못된 신념이 꼬리를 무는 것에서 분리된다.

둘째, 질문을 받는 순간 알아차림이 일어나며, 굳이 답하지 않더라도 이성의 문에 들어서 성찰이 시작된다.

셋째, 질문을 구성하는 것은 자신이 의문을 띠고 호기심을 가진 상태로, 주의를 집중하고 있음을 나타낸다. 주의를 기울이면 그 사안에 대해 애정과 관심이 더해지니 해결력에 접근한다.

넷째, 질문을 구성하는 동안 많은 사유의 과정이 일어난다. 질문을 하는 역할로서, 질문을 받는 역할로서 다양한 관점을 열 수 있다.

다섯째, 가장 진솔하고 적확한 질문이 가능하다. 나는 나 자신의 전문가이기에 속속들이 나를 궁금해할 수 있고, 이는 자기 이해의 가장 빠른 길이 된다.

직시하고 직면하는 질문들

✳

Q1. 자기 관찰: 지금 나에게 무슨 일이 일어났는가?

Q2. 감정 다루기: 지금 내 마음 속에서 일어나는 감정은 무엇인가?

Q3. 자기 욕망 발견하기: 나는 무엇을 원하는가? 무엇을 할 때 가슴이 뛰고 에너지가 차오르는가?

Q4. 믿음 점검하기: 나는 나의 행복에 책임을 다하고 있는가?

Q5. 의식 높이기: 나는 지금 어디에 주의를 기울이고 있는가? 온전히 지금 이 순간에 머무르는가?

지금의 우리를 이해하기

'나'의 연합체는 '우리'

✳

교육 연구기관 NLP University와 딜츠 전략 그룹을 이끌고 있는 로버트 딜츠는 NLP(신경언어 프로그래밍, Neuro-Linguistic Programming: 인간의 감각·언어·행동 패턴의 상호작용을 이해해 변화와 성장을 돕는 코칭·커뮤니케이션 기법)를 활용한 코칭과 컨설팅 분야의 세계적 전문가이자 글로벌 리더다. 그는 동생 존 딜츠와 12년간 미국의 정·재계 지도자, 실리콘밸리 기업 리더, 기업들을 대상으로 '차이를 만들어내는 차이'를 연구하며 SFM(성공 요인 모델링, Success Factor Modeling) Ⅰ·Ⅱ·Ⅲ을 창안했다.

　그들이 던진 질문은 다음과 같았다. "벤처, 팀, 리더, 혹은 기업가들의 성공과 실패를 가르는 주된 차별화 요인은 무엇인가? 무엇이 그러한 차이를 만들어내는가? 사업을 잘 성장시키고 꾸준히 지속시키는 데 무엇이 결정적 요인으로 작용했는가?" 성공한 사람들의 공통 요소는 '차세대 기업가 정신, 협업, 리더십'이었다.

　차세대 기업가 정신과 리더십이 개인의 성장과 관련된다면, 협업은 집단지성을 활용하는 팀이나 그룹의 역량과 맞닿아 있다. 이 연구를 바탕으로 그들은 어느 한 분야에서 최고의 조직을 만들기 위해서는 구성원 개인의 성장과 발전이 전제되어야 한다고 강조했다.

　개인의 기업가 정신을 토대로 집단지성의 장에서 협업이 이루어지고, 그 과정에서 리더십이 적절히 발휘될 때 개인도 조직도 함께 살아난다. 생성적 협력을 통해 '나'의 연합체는 '우리'라는 장 안에서 각자의 능력을 최대한 발휘한다. 미처 깨닫지 못했던 자원을 발견해 적용하고, 서로에게서 새로운 아이디어와 가능성을 끌어내는 것이다.

　비즈니스 코칭은 관리자나 리더의 개인적 학습과 발달을 촉진함은 물론, 조직의 리더십과 성과 관리를 위해 생겨났다. 기업과 조직은 한 사람의 리더십에만 기댈 수 없다고 판단, 변화와 변형을 끌어내기 위해 그룹코칭과 팀코칭을 활발히 활용한다. 전통적인 개인 코칭에서 벗어나 장이론, 시스템 이론, 관계 중심 이론을 바탕으로 최고의 성과를 얻으려 하는 것이다.

영국의 코치 크리스틴 손턴은 "사람들은 자신이 크고 가치 있는 일에 관여한다고 느낄 때, 보다 더 열심히 일하고 훨씬 더 오래 버틴다. 자신이 세상과 회사에서 그런 위치에 속해 있다는 사실이 뿌듯한 것이다"라고 말했다. 사람들은 서로 연결된다는 느낌이 커질수록 공동의 목적과 목표를 향해 나아간다.

포르투갈의 집단분석가 리얼Leal. M. R. M.은 《그룹 분석》에서 "개인보다 관계가 우선이다"라고 언급했다. 개인은 타인과 교류하면서 자아의식을 키우고 관계망을 형성하며, 자신의 성취를 이뤄간다. 자신이 속한 그룹이나 팀에서 진실한 만남을 이루면, 협력이 강화되고 창의적 도전이 잦아지며 적응력 또한 높아진다. 이 모든 과정과 결과는 개인의 성취는 물론 조직의 성공에도 기여한다. AI 시대, 인간이 소외되기 쉬운 환경에서도 성공한 기업일수록 '협업'을 강조하고 구체적 성과를 내고 있다. 이 사실은 시사하는 바가 크다.

그룹코칭과 팀코칭,
목표가 다르면 방식도 다르다

✳

그룹코칭과 팀코칭은 협력적 특성은 같으나 목표에서 차이가 있다. 그룹코칭은 개인의 성장, 역량 개발, 개인의 도전과제 해결을 원하는 사람들이 모여 이룬다. 하나의 팀으로 일하지 않으므로 공통된 목적을 공유하지는 않는다. 각자의 경험과 피드백, 관점 차이를 통해 다양성에서 오는 통찰을 나누며 서로 배운다. 자연히 그룹코칭은 학습의 성격을 띤다.

한편 팀코칭은 정기적으로 함께 일하며 공통의 목표와 목적을 공유하는 구성원들로 이루어진다. 팀은 하나의 유기적 시스템으로 작동한다. 팀의 공동 성과, 업무 관계 개선, 목표 달성을 위해 팀 역동을 탐구하고, 소통·협력·역할 명확화·갈등 해결, 나아가 팀의 존재 목적까지 함께 다룬다. 갆은 조직이 구호에 머물던 기업의 목적·비전·가치를 한 방향으로 정렬하기 위해 팀코칭을 의뢰한다. 팀코칭을 통해 응집력과 성과가 향상되고, 고유한 조직 문화가 창조된다. 조직의 건강한 생태계는 그렇게 조성된다.

그룹코칭이나 팀코칭은 참여자들의 역동으로 빚어지는 에너지 흐름을 주시한다. 갈등이 너무 많아도, 너무 적어도 조직은 혼란을 겪는다. 훌륭한 팀일수록 더 넓은 시스템적 사고로 상충하는 요구를 창의적으로 해결하기 위한 대화와 회의를 시도한다.

구성원들이 안전감을 느끼고 신뢰할수록 응집력이 뛰어나지만, 절대적 신뢰란 실현 불가능하다. 오히려 불신마저 드러낼 수 있다면 적어도 안전한 상태라고 볼 수 있다. 상호주관성에 바탕해 공유하는 목적과 목표에 대한 동의를 얻고, 의견 일치와 불일치, 이해와 이해 불가, 서로 간의 의도·감정·신뢰에 대한 인식 등

	대상	목표	수행자
팀코칭	공통의 목적을 공유하는 집단	팀 프로세스를 개선하고, 정렬도를 높이며, 팀 성과를 향상시키는 데 초점을 둔 과정	공인 팀코치에 의해
그룹코칭	상대적으로 서로 잘 모르는 사람들로 구성된 집단	공통 주제에 대한 탐색과 이해를 통해 구성원 개인의 성과를 향상시키는 과정	그룹학습 또는 퍼실리테이션 역량을 갖춘 공인 코치에 의해
개인 코칭	한 사람	통찰을 높이고 개인의 행동 변화를 촉진하는 과정	공인 코치에 의해

표 출처: 《글로벌 팀코치 되기》 조나단 패스모어 등 편저, 육현주 등 옮김, 한국코칭수퍼비전아카데미 (2025)

잠재한 다양한 관점을 드러낸다.

"전체는 부분의 합보다 크다"라고 한 아리스토텔레스의 말도 때로는 맞고 때로는 맞지 않는다. 팀이 구성원들의 합보다 더 높은 성과를 낼 수도, 더 낮은 성과를 낼 수도 있다. 그 무엇도 확신할 수 없지만, 함께 공유하는 장을 펼치면 집단지성이 발동하고 서로의 영감을 일으킨다. 팀코칭은 소통 방식을 서로에게 배우고, 서로 달라도 함께 갈 수 있다는 가능성을 발견한다. 이처럼 성과의 효과성도 있지만, 팀 학습의 부가가치를 높이 사야 한다.

실제로 중간 관리자급은 함께 일해야 하는 MZ 이후 세대와의 소통을 버거워하고, MZ 이후 세대는 조직 환경에 적응하는 것이 힘들다. 팀코칭 중 수평적 참여자 입장에서 의견을 개진하다 보면 서로가 얼마나 다른지를 체감한다. 절대적 신뢰나 이해는 있을 수 없지만, 같은 공간에서 성숙한 코칭 대화로 상호작용하다 보면 유연성과 수용성이 길러진다. 개개인의 뇌신경계가 서로 보이지 않는 신경전달물질을 주고받으면서 공명과 시너지의 에너지 파동을 경험하는 것이다. 이런 경험이 쌓이면서 팀으로서 어려움을 함께 돌파할 협력의 힘이 커진다. 팀의 현재 상태를 직시하고, 팀 안에서 자신의 위치를 직면하며, 협상과 타협으로 그 간극을 좁혀간다.

팀코칭을 마치고 나면 공통적으로 이런 소회가 나온다. 서로 왜 다른지를 알게 되었고, 그렇다면 무엇에 집중하고 무엇을 내려놓을 것인지 분별할 수 있게 되었다고.

기러기가 에베레스트를 넘는 방법

✳

로버트 B. 딜츠는 '홀론Holon'과 '홀라키Holarchy'의 개념을 설파했다. 개인과 팀, 조직은 그 자체로 전체기자 독립적인 시스템인 동시에, 더 큰 시스템의 일부라는 것이다. 이를 '홀론'이라 부른다. 하나의 개별적 전체로서 경험하는 우리 존재의 부분을 일반적으로 '에고ego'라 하고, 홀론(더 큰 존재의 일부)으로서 경험하는 부분을

'소울soul'이라 한다. 이 둘의 균형이 잘 이루어질 때 가능성은 극대화되고, 더 큰 홀라키에 접속되어 개인도 조직도 크게 성공한다고 본다.

딜츠의 SFM Success Factor Modeling Ⅱ 번역서《실리콘 밸리의 최고 기업은 어떻게 협업하는가》는 기러기 이동을 관찰한 결과를 역동적 팀의 특징에 대입해 설명한다. 전 세계 29종 이상의 기러기가 대부분 매년 번식과 월동을 위해 이동한다. 아시아의 납작머리기러기는 산소가 희박하고 기온이 영하 60도까지 떨어지는 해발 30,750피트의 에베레스트를 넘어 주기적으로 이동한다. 이것은 어떻게 가능한가?

첫째, 기러기들이 날개를 퍼덕일 때마다 상승기류가 생겨 뒤따르는 기러기들이 에너지를 덜 쓴다. 'V'자 편대는 혼자 날 때보다 71% 높은 비행 능력을 발휘한다. → **팀:** 공동의 목적과 공동체 의식을 공유하면 서로 영감과 에너지를 나누어 더 빠르고 수월하게 목적지에 닿을 수 있다.

둘째, 무리에서 이탈한 기러기는 단독 비행 중 갑작스러운 항력을 느끼고 빠르게 대형으로 복귀한다. → **팀:** 팀 안에서 서로 도움을 주고받을 때 비로소 힘이 생긴다.

셋째, 맨 앞의 새가 지치면 즉시 뒤로 빠지고 다음 새가 역할을 이어받아 대형을 유지한다. → **팀:** 사람들은 서로의 기술·능력·재능과 자원을 나누며 함께 의지한다.

넷째, 편대 비행 중 서로를 독려하기 위해 끊임없이 소리를 낸다. → **팀**: 서로 격려하는 문화가 자리 잡을 때 생산력이 커진다. 격려의 힘은 피드백의 질이 말해준다.

다섯째, 아프거나 다친 새가 있으면 두 마리가 함께 내려가 죽거나 다시 날 수 있을 때까지 곁을 지킨다. → **팀**: 힘든 시기가 닥치면 서로 부축하며 함께한다.

다양성이 시너지가 되는 순간

✳

그룹코칭이나 팀코칭은 독립적인 개인의 홀론을 인정한 채, 무수한 '나'들이 무리 지어 더 큰 홀라키로 나아간다. 팀이나 조직 역시 그 자체가 고유한 홀론으로서 또 다른 팀이나 조직과 협력하며 더 큰 홀라키로 나아가 번영을 이룬다.

공통된 목표 달성을 위한, 혹은 우리 조직만의 고유한 문화 조성을 위한 하나됨Oneness은 전체주의적 통일을 말하는 것이 아니다. 개인의 고유성이 존중되는 수용성을 바탕으로 공통점을 공유하고 공명하며 더 큰 에너지를 만든다. 각자가 다른 데서 오는 차이를 환대하는 다양성에서 시너지가 생겨나는 것이다.

팀의 성과는 동기와 역량이 함께 곱해져야 한다. 동기는 어떻게 생겨나는가. 팀 구성원들이 자발적으로 의미를 부여한 목적의 씨앗이 심어지고, 여기에 개개인의 열정과 감정이라는 불꽃이 더

해져야 한다. 팀으로서 성과를 내고 성취를 이룬 경험의 기억이 루틴화되면 하나의 조직 문화로 자리 잡는다.

실리콘밸리 기업들의 성공 공식이 국내에 그대로 적용된다고 볼 수는 없다. 그러나 세계적으로 손꼽는 대기업들이 사내 코치를 양성하고 자체 팀을 활성화하고 있는 분위기는 '협업과 리더십'을 어떻게 '팀십'에 적용하는지 잘 보여준다.

트라우마가 낳은
핵심 감정의 재해석

외상이 남긴 흔적들

✳

오랜 세월이 흘러도 아물지 않는 상처가 있다. 상처는 트라우마로 남아 한 사람의 삶에 깊은 영향을 끼친다. 개인에만 해당하는 이야기가 아니다. 우리 사회는 지난 몇 년간 집단 우울을 경험했다. 세월호 참사, 이태원 참사, 불법적인 비상계엄 선포와 뒤이은 제주항공 참사 등으로 수많은 국민이 고통을 겪었다.

사람들은 관련 보도를 보면서 분노하고 슬퍼했다. 일이 손에 잡히지 않아 휴대폰 화면만 쳐다보았다. 사건을 둘러싸고 증폭된 사회적 분노가 용암처럼 들끓었다. 해소할 방법을 찾지 못한 사람들이 도처에서 적절하지 못한 언행으로 서로를 할퀴고 증오했다. 나는 특히 일련의 사건들이 성장 과정에 있는 어린이와 청소년에게 미칠 영향이 걱정되었다. 처리되지 못한 감정과 신체 생리학적 반응은 우리 몸과 신경계에 고스란히 남아, 어느 순간 폭발하듯 터져 나올 수 있다. 외상적 기억과 관련 핵심 감정은 자아상을 부정적으로 만들기 쉽다.

'얼음 반응'은 인간의 생존 전략

✳

B는 가족 관계 안에서 종종 화가 치밀고 우울해진다. 어렸을 때부터 제멋대로였던 오빠는 지금도 동생을 함부로 대하고 부려 먹는다. 가족 이야기를 하면서 B는 한참 불만을 쏟아냈다. 수시로 일그러지는 표정에서 감정이 고스란히 전해졌다. 나는 질문을 통해 내밀한 지점까지 내려가기로 했다.

"그런 마음이시군요. 오빠 때문에 힘들다는 말씀으로 시작하셨는데 그러면서도 오빠와 꽤 자주 만나는 것처럼 보입니다. 그건 무엇을 의미하는 걸까요?"

"밉기는 해도 사정이 딱해서 자꾸 들여다보게 돼요. 조카들이 저를 따르니까 밥이라도 챙겨주고 싶고요. 막상 만나고 돌아오면 또 화가 나고 짜증이 나요."

"그럼, 저와의 대화를 통해 어떤 결과를 얻고 싶으신가요?"

B는 결코 상대에 끌려다니는 사람이 아니었다. 이웃들과 스스럼없이 어울리다가도 아니다 싶으면 단호하게 관계를 끊었다. 친절과 냉정을 분명히 구분할 줄 알고, 불이익 앞에서는 거침없이 맞섰다. 그런데 유독 오빠 앞에서는 약해졌다. 술에 취한 오빠가 큰소리라도 내면 자기도 모르게 얼어붙었다.

위협 앞에서 오도가도 못하는 '얼음 반응'은 B만의 증상이 아니다. 스스로를 보호하려는 자연스러운 대처 반응이다. 정신과 의사 문요한은 《나는 왜 나를 함부로 대할까?》에서 이를 생명체가 보이는 자동 반사로 설명한다. 생존이 위협당하면 자율신경계가 활성화되며 '긴장성 부동' 상태에 빠진다. 포식자 앞에서 죽은 척 얼어붙는 것, 우리는 이를 의도적으로 통제할 수 없다.

B는 오빠 앞에만 서면 힘없는 10대로 돌아갔다. 부당한 요구를 거절하지 못하는 자신이 혐오스럽고, 오빠에 대한 미움과 원망은 깊어만 갔다. 그러면서도 오빠가 잘 지내는지 자꾸 신경 쓰였다. 그는 사실 오빠와 우애 있는 남매로 지내고 싶었다. 코칭을 시작해야 할 지점이 바로 여기였다.

"오빠를 떠올리니, 지금 마음은 좀 어떠신가요?"

"내 몸은 어떻게 반응하나요?"

"잠시 눈을 감고 호흡을 좀 가다듬어 볼까요? 말문이 막히고 얼음처럼 얼어버리는 순간을 생각하면, 아주 잠깐이라도 떠오르는 이미지나 모습이 있는지요?"

나는 부드럽게 과거로 그를 초대했다. B는 눈썹을 파르르 떨며 입을 열었다.

"할머니요, 할머니. 할머니가 말 안 들으면 내쫓아버릴 거라고 했어요!"

B는 조부모 손에 자랐다. 조부모는 걸핏하면 이유 없이 때렸고, B는 울면 더 맞으니 꾹 참았다. 몸으로 느끼는 아픔보다 심리적 공포가 더 컸다. B는 버려질까 두려웠다. 살아남으려면 가만히 있어야 했고 뭔가를 요구해서도 거부해서도 안 됐다. 끽 소리 내지 않고 없는 듯 지내는 것이 군식구였던 B의 생존법이었다.

과거의 경험은 B에게 심리적 외상을 남겼다. 크면 다 잊을 줄 알았는데 지금도 불쑥불쑥 감정이 올라온다. 몸에 아로새겨진 폭력의 감각은 너무도 생생했다. 큰소리가 오가거나 조금이라도 압박이 느껴지면 예민해졌다. 버려지는 것에 대한 공포는 B가 가진 핵심 감정이었다. 어릴 적 조부모는 B의 생사여탈권을 쥔 권력자였다. 원가족에서 대장 격인 오빠는 그에게 과거 조부모와 같은 존재로 인식된다. B는 나이 들어 이빨 빠진 종이호랑이처럼 초라해진 오빠를 거부할 수 없다. 자기를 힘들게 하지만 내칠 수는 없는 사람, B는 오빠에 대한 양가감정으로 혼란스럽다. 머리로는 그래선 안 된다고 외치면서도, 현실에서는 오빠와 부딪힐 때마다 매번 얼어붙었다.

"오빠가 종이호랑이처럼 보인다고 하셨는데, 종이호랑이는 어떤 자세를 취하고 어떤 표정을 하고 있나요?"

"축 늘어진 채 엎드려 있어요. 눈동자에 힘도 없고요."

"지금 말씀하시면서 목소리가 작아지고 느려졌어요. 어떤 이유일까요?"

"호랑이가 센 척하지만, 실은 힘이 없잖아요. 불쌍하다는 생각이 들어요."

"지금 그 호랑이가 오빠라고 생각하면 어떠신가요? 하고 싶은 말씀을 하셔도 좋고, 떠오르는 어떤 생각이라도 좋아요."

"오빠, 오빠도 많이 늙었네. 엄마는 오빠만 챙기고 나는 신경 안 썼잖아. 아버지 돌아가시고 나를 할머니 집에 버렸어. 오빠는 데리고 갔으면서. 그때 내가 얼마나 많이 맞았는지 알아? 얼마나 서러웠는데. 이만큼 시간이 흘렀는데, 다 잊은 줄 알았는데… 오빠가 소리 지를 때마다 무서워서 얼어붙어. 나도 편하게 내 의견 말하면서 오빠 돌봐주고 싶어. 이제 오빠가 불쌍해."

마음을 쏟아낸 B는 홀가분해 보였다.

"이제 무엇을 해보실 수 있을까요?"

B는 더 이상 오빠에게 보호나 다정함을 구하지 않아도 될 것 같다고 했다. 오빠를 돌보는 지금 상황을 담담하게 바라보고 싶다고도 했다. 그는 스스로 가족의 의미를 새롭게 정의했다. 소리 지르는 오빠 앞에서 얼어붙는 대신 정중하게 자기 할 말을 하겠

다고 다짐했다. 여전히 두려웠지만 '형제애'로 보듬고 싶다는 순수한 마음이 이를 극복하게 했다.

핵심 감정을 언어화하라

✳

표현하지 못하고 억압된 감정은 복병처럼 일상을 흔든다. 그럴 때면 우리는 도망치거나 B처럼 얼어붙는다. 언제 나타날지 알면 대비라도 할 수 있을 텐데 그럴 수 없다. 무의식에 깊숙이 뿌리내린 과거의 트라우마는 시한폭탄과도 같다. 사소하고 우연한 자극이 트리거로 작동할 수 있기에 늘 노심초사하게 된다. 마침내 시한폭탄이 터지는 날이면 낯선 자기 모습에 당황하며 자책에 빠지기 십상이다. 이렇게 보면 인간은 자기 삶을 통제할 수 없는 나약한 존재처럼 느껴진다. 자기 내부에 무엇이 있는지도 모른 채 과거의 기억에 끌려다니는 피동적 존재 말이다.

일찍이 프로이트는 '무의식 결정론'을 주장했다. 인간을 움직이는 힘은 이성이 아닌 내면 깊숙이 자리한 무의식이라는 이론이다. B의 경우에도 딱 들어맞는 듯하다. 그러나 프로이트가 간과한 점이 있다. 바로 우리 인간의 주체성이다. 알프레드 아들러Alfred Adler는 과거의 경험에 어떤 의미를 부여하느냐에 따라 삶이 달라진다며 '자기 결정권'을 설파했다. 융은 재앙과 구원의 근원이 인간에게 있다며 의지를 강조했다. 그 외에도 많은 심리학자가 다양한 학설을 통해 '자기 인식'의 중요성을 확인했다.

핵심 감정은 '과거 경험'의 산물이다. 코칭에서는 이를 중요한 자원으로 여긴다. 우리는 정체를 알 수 없는 감정 앞에서 불안을 느낀다. 그러나 여기에 의미를 부여하고 언어화하면 달라진다. 핵심 감정이 지금의 고통을 부르는 범인이라는 걸 깨닫는 순간 불안의 힘은 약해진다. 이때 무의식을 수면 위로 끌어올려 과거와 직면하면서 '얼어붙은' 감정을 새로운 경험으로 녹여낼 수 있다. 현재를 조종하는 과거의 경험과 핵심 감정을 의식화하고 이를 재정의하는 것이다.

코치는 고객이 상처로 남은 핵심 감정을 만났을 때 혼란과 자책에 빠지지 않도록 돕는다. 그래서 이렇게 묻는다.

"그 핵심 감정 덕분에 나는 지금 무엇을 알게 되었나요? 핵심 감정을 알고 나니 어린 날의 내가 어떻게 보이나요?"

"너무도 외롭고 무서웠을 것 같아요. 너무 불쌍해요."

B가 말했다.

연민을 가지고 스스로에게 다가갈 때 변화는 시작된다. 자기 돌봄을 통해 현실을 있는 그대로 받아들이고 우리 삶을 긍정할 용기를 얻는다. 자기 돌봄은 곧 자기 결정권으로 주체적 삶을 살게 하는 든든한 파수꾼이다.

부정적 생각을 조종하는 핵심 신념 파악하기

극단적 사고를 바로잡자

✳

부정적인 생각은 한 번으로 끝나는 법이 없다. 꼬리에 꼬리를 물고 이어지면서 눈덩이처럼 불어난다. 정신과 의사 아론 벡Aaron Beck은 일찍이 이를 간파했다. 그는 자기 비하적 사고, 부정적인 시각 등의 속성을 연구하고 인지행동치료CBT, Cognitive Behavioral Therapy를 개발했다.

한 사람을 지배하는 사고는 경험과 학습을 통해 형성된다. 자기는 객관적이라고 생각해도 실상은 고정관념일 뿐인 이유도 여기에 있다. 부정적인 사고도 마찬가지다. '난 안 돼.' '불가능한 일이야.' '앞으로 하는 모든 일이 실패할 거야.' 같은 생각은 비약을 통해 극단적 선택으로 이어지기도 한다. 그러다 말겠지 하며 무시할 일이 아니다.

고3 시절의 내가 바로 그랬다. 의욕도 없고 목적도 상실한 채 인생의 낙오자가 될지 모른다는 불안에 휩싸여 있었다. '이것도 못 해? 넌 형편없는 사람이야' 같은 비난의 목소리가 내 안에서 들려왔다. 악마의 속삭임은 '나는 문제가 많아. 사람들을 실망시키게 될 거야' '나는 아무것도 이룰 수 없을 거야' 같은 잘못된 믿음으로 이어졌다. 그때는 그것이 잘못되었다는 생각조차 하지 못했다. 겁을 집어먹은 아이는 끊임없는 자기 비난에 시달렸고 이를 해소하려고 남 탓을 해댔다.

인지행동치료는 무의식 영역에서 작동하는 핵심 신념core belief 을 부정과 비약의 원인으로 본다. 신념은 난관을 극복하고 문제를 해결할 에너지를 제공하지만, 부정적 정서와 결합하면 현실을 왜곡한다. 잘못된 신념에 사로잡힌 사람은 애써 진실을 외면한다. 예를 들어, 실패는 곧 죽음이라고 믿는 사람에게 세상은 지뢰밭이다. 한 번의 실패로 자존감이 무너지면서 분노가 모든 것을 망쳐버린 자기, 혹은 세상으로 향한다. 아이러니하게도 사회적으로 인정받은 사람, 엘리트 코스를 걸어온 사람일수록 실패에 대한 두려움이 크다. 화려한 경력을 자랑하며 승승장구하던 사람이 한순간 무너진다. 지레 포기하고 도망가려고 한다. 인간이 얼마나 나약한 존재인지 증명이라도 하려는 듯이.

극단적 사고는 우리 사회를 관통하는 키워드다. '산업화'로 상징되는 노년층은 일이 곧 삶의 전부였다. 공동체의 목표가 나와 가정의 목표와 다르지 않았다. 그들은 힘든 일을 기피하고 자기 실속만 챙기려는 젊은 세대를 이해할 수 없다. 고생고생해서 이룩한 결실을 누리기만 하려는 그들이 마뜩잖다. 그들에게 일은 삶의 최우선 가치다. 시키면 해야 하고 안 되면 되게 해야 한다.

'MZ'로 불리는 젊은 세대도 극단적이기는 마찬가지다. 이들은 성공 확률이 높지 않으면 시도하지 않는다. 오죽하면 일부러 자기보다 못난 외모의 상대와 사귀는 '슈렉킹Shreking 연애'가 유행일까. 외모를 따지지 않고 내면을 본다고 포장하지만, 실은 '인물값' 안 할 상대에게 확실한 사랑을 받는 게 목적이다. 연애에 실패해도 '슈렉킹 당했다'고 핑계를 대면 그만이다. 이런 풍조 역시 실패에 대한 불안감을 반영한다.

삶에는 우열이 없다. 성공과 실패라는 이분법 사이에 행복의 공간이 있음을 배워야 한다. 지금 내가 도전하려는 이 일에 승산이 없다고 누가 단정할 수 있을까? 우리는 다양한 시도와 실패 속에서 성공을 일군 수많은 사람을 알고 있다. 성공한 사업가들의 삶은 성공과 실패가 다르지 않음을 보여준다. 실패의 경험치와 데이터는 남다른 내공의 자원이 된다. 시행착오 속에서 단단한 주체성이 만들어진다.

메타 모델을 활용한 부정성 극복

＊

취업 준비생 K는 거듭되는 실패로 몹시 지친 상태에서 코치를 찾아왔다. 어려운 여건에서도 충실하게 학점 관리를 해왔고 취업에 필요한 자격증이나 스펙도 갖췄다. 준비는 성실히 했는데 50회 가까이 탈락의 고배를 마시니 초조하고 불안하다. K는 끝없이 이어지는 부정적 생각으로 힘들어했다. 다음과 같은 그의 판단은 단단히 학습된 인지 오류의 종합판이었다.

- 이 정도로는 취업할 자격이 안 된다는 거지? (정신적 여과)

- SKY 출신이 아니면 안 된다는 건가? (이분법적 생각)

- 취업한 놈들은 다 행복할 거야. (과도한 일반화)

- 이때까지 연락이 없으니 모두 끝난 거지. (비약적 결론)

- M이 취업에 성공한 건 운이 좋아서겠지. (과소평가)

- 부모님께 죄책감이 드는 한편, 원망스러운 마음도 들어. (감정적 추론)

- 대기업이 아니면 안 돼. (당위적 진술)

- 난 역시 무능하고 못난 놈이야. (명명하기)

- 부모님이 돈 얘기하는 거, 나 들으라고 하는 거야. (개인화)

- 취업도 못 했으니 결혼은커녕 연애도 못 할 거야. (재앙화)

- 부모님은 내가 못마땅한 거야, 얼굴만 봐도 알 수 있어. (독심술)

이러한 생각은 자신을 옭아맸다. 그는 '별 볼 일 없는 집안에서 부모의 지원도 제대로 받지 못했다. 외모가 매력적이지 않고, 좋은 대학을 나온 것도 아니니 이런 결과가 생기는 것'이라고 굳게 믿었다. 실패, 부정성, 불신, 정서적 박탈감, 결함, 사회적 고립, 의존, 취약성, 버림받음, 굴복, 감정 억제. 가혹한 기준, 처벌 등 부정적 핵심 신념은 눈덩이처럼 불어났다.

NLP(신경언어 프로그래밍)의 '메타 모델'을 활용하여 이런 생각들이 과연 사실인지 탐색해 보기로 했다. 메타 모델은 인간이 사용하는 언어를 분석하여 패턴화하고, 특정한 패턴에 대한 코치의 적절한 대응을 통해 코칭 고객이 본인의 제한된 신념을 스스로 확인하는 기법이다.' 현장에서 코치는 고객이 주요한 정보를 '생략'하거나, 한두 번의 경험으로 '일반화'하거나, 주관적으로 생각해 잘못 '왜곡'하는 부분을 포착, 구체적 실체를 복원하는 질문을 한다. K에게 다음과 같은 질문을 던졌다. **(메타 모델 활용은 뒤의 3부 (202쪽)에도 자세히 언급된다.)**

외모

Q1-1. 자신의 외모가 탈락 요소였다는 것은 무엇을 보고 알 수 있나요?

Q1-2. 외모를 점수화하는 데 어떤 기준이 있을까요?

Q1-3. 사람이 빛나 보일 때는 언제인가요?

가정환경

Q2-1. 부모님의 지원도 제대로 받지 못했다는 것은 무엇을 말
하는 걸까요?

Q2-2. 사회적 지위가 높은 사람의 자녀들은 다 대기업에 다니
고 있나요?

Q2-3. 부모님이 없는 사람들은 아예 취업하지 못할까요?

출신학교

Q3-1. 좋은 대학을 나오지 않아서 안 된다는 것은 무엇을 보고
알 수 있나요?

Q3-2. 좋은 대학을 나오고도 취업하지 못한 사람은 없을까요?

Q3-3. 대학을 안 나온 사람이 성공한 경우는 없을까요?

K는 수치심을 느끼는 등 감정적 혼란을 경험했지만, 관점을 전
환하고 대안을 찾아나갔다. 우리는 또래의 취업 성공담이나 불리
한 조건에서 성공을 이룬 기업가들의 사례를 찾으며 정보를 재구
성했다. 고통스러운 상황을 극복한 삶에 주목하면서 교훈을 얻고
자 애썼다. 부정적 정서와 결합하는 핵심 신념의 실체를 파악하
고 자기 강점에 집중하면서 매력적이고 차별화된 자신을 만들어
갈 방법을 모색했다.

이것 아니면 저것, 아군 아니면 적군, 성공 아니면 실패, 100%

아니면 0%라는 사고의 폭력성을 걷어내야 한다. 우리 삶은 반으로 나눌 수 없다. 둘 중 하나가 아니라, 그 사이 여러 가능성 중 하나를 선택해야 하는 다층적이고 다중적인 지대가 있으며, 그곳을 우리는 살아내고 있다. 반대편 끝으로 갔다가 돌아오기도 하고, 중간지대에 머물러 있을 때도 있다. 극단적 사고는 충동성을 띠면서 잘못된 선택지로 향할 가능성을 높인다. 그럴 때는 지금 나를 지배하는 핵심 신념을 돌아보아야 한다. 내 안의 누군가가 포기를 종용하거나 자기혐오와 폭력을 조장할 때면 이렇게 외쳐야 한다.

“그만! 생각하기를 멈추겠어. 나에게 여유를 선물할래. 지금 생각이 다가 아니야.”

부정적 감정이
말해주는 것들

마음의 그림자, 무의식

✳

무의식이란 무엇이며 어떤 모습을 하고 있을까? 보통은 우리가 의식할 수 없는 마음 깊은 곳에 존재하는 본능적 충동쯤으로 이해한다. 실제로 무의식 안에는 경험기억, 생각, 감정, 충동, 욕구, 자동생각, 핵심신념, 심리도식 등이 있으며 이들은 우리 행동과 생각에 절대적인 영향을 미친다.

프로이트 이래로 무의식 연구는 발전을 거듭했다. 분석심리학의 창시자로 불리는 융은 무의식을 개인에서 인류 공통의 기억으로 확장하여 해석했다. 프로이트가 구의식을 자아에 의해 통제되어야 할 '결핍의 에너지'로 보았다면 융은 마음을 성숙하게 하는 '창조의 샘'으로 파악했다. 인류의 집단 무의식이 다양한 정신적 유산을 만들어냈다고 본 것이다.

무의식에 관한 탐구는 20세기에도 이어졌다. 들뢰즈와 가타리는 함께 쓴 책《안티 오이디푸스》에서 '욕망하는 기계desiring-machines'라는 개념으로 무의식을 생산적이고 창조적인 힘으로 설명한다.

코칭이 다루는 무의식의 개념은 융에게서 많이 빌려왔다. 융이 제시한 '마음의 구조' 이론에 우리 마음 핵심부에 있는 자기Self는 무의식의 그림자로 둘러싸여 있다. 그 바깥이 우리가 의식할 수 있는 자아Ego다. 융에 따르면 의식의 주인은 자아이지만, 집단 무의식의 주인공은 자기이다.

'부정적 감정'이 말해주는 것들

✳

K는 후배와의 갈등으로 힘들어했다. 후배와는 30년 넘게 알고 지낸 사이인데 최근 프로젝트를 함께하면서 다툼이 있었고 이 일로 감정의 골이 깊어졌다. 말을 꺼내기조차 힘들어하는 그에게 어떤 마음인지 물었다.

"말씀하시면서 숨이 끊어지는 느낌인데, 지금 감정이 어떤 상태이신지요?"

"마음이 무겁고 답답해요. 가슴 속에 뭔가 단단히 뭉친 기분이에요. 숨쉬기도 힘들어서 겨우 버티고 있네요."

"저와 잠시 호흡을 좀 깊게 해블까요? 호흡 외에는 아무 생각도 하지 마시고요. 깊게 마시고 깊게 내쉽니다. 평소보다는 좀 천천히…."

그는 호흡하는 동안 눈물을 흘렸다.

"지금 눈물이 묻어나는데 어떤 다음이신가요?"

"깊은 숨 쉬는 게 이리 힘들구나…. 그 친구가 발작하듯 저를 몰아붙이던 순간이 자꾸 떠올라서요."

"몸을 이완시키면서 숨을 마시고, 내쉬기 전에 잠시 참으며 그 상태로 머물러봅니다."

격해지는 감정을 추스르는 데는 시간이 필요했다.

"지금은 좀 어떠세요?"

"호흡에 집중하니 편해지네요. 번잡했던 마음이 숨과 함께 떨어져 나가는 듯해요. 후배가 잘못한 건 맞지만, 시간을 두고 기다리고 싶어요."

"솔직한 내 마음은 어떤 거예요?'

"자기를 계속 학대하고 있어요. 너무 가여워요. 안아주고 싶어요."

"지금 어디에 계신지 묘사해주시겠어요?"

"감옥 안이에요. 침대에 걸터앉아 있어요. 허탈한 마음으로…."

“허탈한 마음을 몸으로 표현하면요?”

“팔을 늘어뜨린 채 멍하니 하늘을 보고 있어요. 스스로에게 물어보니, 오히려 다행이야, 다른 사람이 책임지지 않아도 되잖아, 이렇게 말하네요.”

“그런 생각이 든 이유는요?”

“후배가 자진해서 빠지겠다는 걸 제가 만류했거든요. 그러다 문제가 생겼으니 제 책임이고, 그게 차라리 낫다 싶어요. 안 그랬으면 다른 사람이 책임져야 했을 테니까요.”

“이 순간 스스로를 어떻게 대하고 있나요?”

“이제야 숨이 쉬어져요. 한동안 부정적인 말을 달고 살았는데, 상황 자체가 힘들었나 봐요. 한결 편해졌어요. 바닥에서 올라올 부력이 생기는 느낌이에요.”

“오늘 평소와 달리 부정적인 표현을 하면서 어떠셨나요?”

“제 상태가 어떤지 들여다보지 않고 앞일만 고민하느라 몹시 지쳤던 것 같아요.”

생각에 잠기던 그가 미소를 지었다.

“한참 머물러 계시더니 웃으시네요.”

“연민이 느껴져요. 후배에게 잘해주고 싶었구나, 기대했고 거기에 미치지 못해 실망했구나….”

“어떤 알아차림을 한 걸까요?”

“결국 제 마음이 문제였어요. 연민을 베풀고 기대하고 실망하며 내 탓을 반복하는 악순환이었네요. 정말 후배를 위한다면 올바른 선택을 하게끔 도와야 했죠."

"처음 생각과 달라진 점이 있나요?"

"무조건 이해하는 게 사랑은 아니더라고요. 후배 스스로 자기 길을 찾게 하려면 때로 한계를 깨닫게 해줘야 한다고 생각해요."

"어떤 알아차림이 있으신가요?"

"연민에 휩싸여 진짜 내 느낌을 간과했어요. 나도 돌보지 못하고 후배 입장도 제대로 생각하지 못했고요. 어떤 사랑이어야 하는지 몰랐던 것 같아요."

"이후로 편안해졌음을 무엇으로 알 수 있을까요?"

"그 친구와 대화할 때 불쑥 올라오던 짜증이 이젠 없어요. 내 감정을 알게 됐으니까요. 후배에게 할 말을 할 수 있게 됐고, 그것이 사랑에서 비롯했다는 믿음도 생겼어요."

K는 코치의 질문에 답하면서 자각에 이르렀다. 호흡 명상으로 내면을 들여다보았고, 연민과 사랑이라는 이름 아래 숨은 진짜 마음을 만났다.

타자에 대한 사랑은 일방적인 배려만으로 이루어지지 않는다. K가 후배에게 느낀 불편한 감정은 융이 말한 '그림자'처럼 무의식에 숨어 그를 스트레스로 밀어 넣었다. 코칭을 통해 이를 알게 된 K는 자기를 소외시키지 않으면서 타자를 사랑하는 방법을 찾았다.

글쓰기로 완성하는 내면의 대화

✳

진짜 자기를 만나려면 마음 깊숙한 곳에 숨은 그림자에게 물어야 한다. '지금 어때? 괜찮아? 어떻게 하고 싶어?'라고. 그러면 몸과 마음을 휘저으며 스트레스를 일으키던 그림자가 잠잠해진다. 자기 존재를 이해받는 순간 제자리로 돌아간다.

그림자와 대화하는 또 다른 방법은 글쓰기다. 나는 아침에 눈을 뜨자마자 단숨에 노트 3장을 써나간다. 작가이자 영화감독인 줄리아 캐머런Julia Cameron이 제안한 모닝 페이지 덕분이다. 글쓰기를 통해 내 안의 '그림자'를 성찰한다. 마음이 지옥일 때 글쓰기는 특히 유용하다. 줄리아 캐머런은 모닝 페이지로 자기를 구원했다. 인생의 위기를 넘어 수많은 책과 시나리오를 집필하는 등 창조적인 삶을 일구어냈다. 나 역시 이러한 방식의 글쓰기로 효과를 톡톡히 보았다. 이를 바탕으로 '삶의 예술가'라는 그룹코칭도 진행하고 있다.

자유 글쓰기를 하다 보면 그 안에 담긴 부정적인 표현들에 깜짝 놀랄 때가 있다. 근심, 걱정, 불안, 두려움, 우울, 우려, 원망, 자책, 비난, 심지어 욕까지 등장한다. 그래도 괜찮다. 우리 마음의 그림자는 원래 그런 부정적인 감정들을 담아두는 저장고니까. 우리는 그런 감정을 억압하는 대신 떠오르는 대로 써서 흘려보내야 한다. 문장이 안 되어도 상관없고 앞뒤 맥락도 필요 없다. 그냥 떠오르는 대로 무조건 3장을 쓴다. 80일이 지날 때까지는 자신이 쓴 글을 읽지 않는다. 오로지 쓰는 행위 자체에 집중한다.

학습된 부정적 경험은 심리적 방어기제를 발동시킨다. 무의식에서 올라온 부정적 감정을 억누르면서 여기서 벗어나려 안간힘을 쓴다. 그러다 보면 스트레스를 받게 된다. 자동적인 반응이 불화의 불씨를 당기고 갈등을 일으킨다. 글쓰기는 이를 안전한 방식으로 해소하는 하나의 장이 된다. 그 안에서 우리는 감정 변화를 경험한다. 그리고 곧 안정을 되찾게 된다. 글쓰기가 그림자 안에 설치된 폭발물을 해체한 결과다. 이를 반복 연습하면 감정 조절이 쉬워진다. '쓰기'로 하는 마음챙김인 셈이다. 존재를 인정받은 그림자(무의식)는 인정투쟁을 거두고 자기 자리로 돌아간다. 그리고 그가 비운 자리를 사랑이 채운다. 세상에 나쁜 감정은 없다. K는 후배를 사랑했고 앞으로도 그럴 것이다.

최선의 관계는
자기 인식에서 시작한다

코칭은 인간관계를 다룬다

✳

코칭에도 다양한 분야가 있다. 주제에 따라 라이프, 리더십, 비즈니스, 커리어, 학습 등으로 나누고, 대상에 따라 임원, 장년, 청년, 시니어, 학부모, 청소년 등으로 나눈다. 그런데 어떤 분야든 공통 주제가 있다. 바로 '인간관계'다. 일터든 가정이든 갈등과 고통의 배후에는 늘 관계와 소통의 어려움이 있다.

타인과 어떻게 관계를 맺느냐에 따라 삶의 질이 달라진다. 문제는 이를 예측할 수도, 통제할 수도 없다는 데 있다. 앞으로 살면서 어떤 사람을 만나 어떤 관계를 맺게 될지 아무도 모른다. 게 다가 한번 맺은 인연은 사회적인 역할과 지위, 생계 같은 현실적 조건들 때문에 끊기도 어렵다.

관계는 예상하지 못한 곳에서 시작되고 끝난다. 애틋하고 귀하게 시작되었다가 원수처럼 헤어지는 경우도 있고, 그 반대의 경우도 있다. 소중하지만 놓아야 하는 인연일 때는 한없이 안타깝고 슬프다. 지긋지긋해서 떠났지만 지나고 나니 후회스러울 때도 있다. '시절 인연'이라는 말이 있듯이 인연은 타이밍이다.

관점을 바꾸면 서사가 바뀐다

✳

"코치님, 얘기 좀 나눌 수 있을까요?"

새벽 2시, 순례 여행중인 A로부터 카톡 메시지가 왔다. 동행한 사람들과 문제가 생긴 모양이었다. 떠나기 전부터 어느 정도 예상된 일이었다. 갈등의 조짐이 있었고 이 때문에 코칭도 받았는데 기어이 우려했던 일이 생긴 것이다. A는 당장 귀국하고 싶은 마음을 꾹 참고 하루하루를 견디는 듯했다. 급한 대로 메시지로 코칭을 진행했다.

"어떤 상태가 되기를 원하시나요?"

"마음이 편했으면 좋겠어요. 화를 참자니 몸까지 아파옵니다. 순간순간이 지옥 같아요."

육체적 피로가 따를 순례길에서 마음까지 상처 입었으니 극도로 예민해진 건 당연했다. 지병이던 요통도 심해졌다. 우선 감정을 추슬러야 했다. A에게 호흡 명상을 권했다. 호흡의 속도, 깊이, 몸을 관통하는 느낌에 집중하라고 했다. 들숨과 날숨을 교차하면서 널뛰던 감정이 가라앉았다.

"지금 어떤 감정을 느끼나요?"

"사람들이 나를 따돌리는 것 같아요. 혼자인 것 같아 힘듭니다."

고립감은 A가 가장 두려워하는 감정이었다.

"그런 감정을 느끼는 자신에게 어떻게 해주고 싶은가요?"

"괜찮으니까 겁내지 말라고 말해주고 싶어요."

"그렇게 말하는 자신을 보면서 어떤 느낌이 드나요?"

"제 안에 연약한 어린아이가 있지만, 이를 돌보고 위로하는 어른도 있는 것 같아요."

A는 차츰 안정을 찾아갔다. 몸의 감각에 집중하면서 과거에 머문 자기를 지금 여기로 데려왔다.

A는 일행과 운동을 하다가 즉흥적으로 순례 여행을 결정했다. 막상 일자가 가까워지자 하나둘 이탈했다. 요통에 동행자들과의 불화까지 걱정됐지만, 약속을 중요하게 여기는 A는 병원 치료까지 받으며 여행을 준비했다. 우려는 곧 현실이 되었고 A는 상처 받았다. 그러나 코칭을 받으면서 마음이 달라졌다. 신경전으로 감정을 소모하는 대신 내면을 들여다보기로 했다. 순례길은 사색하기에 더없이 좋은 기회였다.

내면의 목소리에 귀 기울이자 놀라운 일이 벌어졌다. A는 자신이 그토록 두려워하는 것이 '이별'임을 깨달았다. 헤어짐은 곧 배제를 뜻했다. 상처의 기원을 깨닫자 생각은 그동안 외면해온 가족 문제로 옮겨갔다. A는 슬하에 으누이를 두었는데 아들이 먼저 세상을 떠났다. 슬픔에 빠진 부부는 오랜 시간 방황했고, 사춘기의 딸아이를 돌보지 못했다. 딸은 부모 앞에서 의연해야 했고 말을 잃은 채 그림자처럼 지냈다. 오빠와 부모의 사랑마저 잃은 아이는 그 시간을 어떻게 견뎌냈을까.

A는 속죄의 시간을 보냈다. 낮에는 육신의 고통을 참으며 걸었고 저녁이면 딸아이에게 참회의 편지를 써나갔다. 딸아이도 그 마음을 받아들였다. 두 사람은 서로의 마음과 사랑을 확인했다.

A는 과거의 어리석음을 비난하는 대신 지금 여기의 깨달음에 감사했다. 스스로와 화해했고, 고통 속에서 세상과 사람을 재해석하는 힘을 얻었다. 부모 자식 간에도 타이밍이 있다. 다행히 두 사람은 더 늦기 전에 '시절 인연'을 후회 없는 사랑으로 채울 수 있었다. 순례길에서 참된 자신을 만남으로써 귀한 인연을 소중히 이어갈 수 있었다.

연민 기반 코칭의 지향성

✳

만남의 유효 기간은 얼마나 될까? 죽고 못 살 것 같던 관계도 허망하게 끝나는 것이 인간관계다. 오래도록 정성을 들여 유지하려 해도 뜻대로 안 된다. 그런가 하면 이미 끝났다고 생각했는데 엉뚱한 국면에서 이어지는 인연도 있다. 청산하고 싶어도 안 되는 끈질긴 사이도 있다. 어떻게 해도 설명이 안 되는, 관계의 물리학이다. 이는 관계가 상대적이라는 너무도 당연한 사실에서 온다. 사람마다 살아온 환경과 처한 상황이 다르다. 아무리 공감력이 뛰어난 사람도 이를 알아채기란 어렵다. 섣부른 판단은 오히려 관계를 파탄으로 몰고 간다. 상대를 알지 못할 때, 할 수 있는 최선은 자기 탐색을 통한 자기 인식력을 높이는 일이다. 나를 알면 타인과도 좋은 관계를 만들 수 있다.

관계는 내가 어떻게 하느냐에 따라 달라진다. 자기 감정 때문에 관계에 매달리는 일을 지양해야 한다. 그럴 때면 호흡을 가다듬고 자기 내부를 성찰해야 한다. 감정의 소용돌이에서 빠져나와서 나를 보호하고, 서로에게 상처를 주는 일을 그만두어야 한다. 성숙한 사람은 좋은 관계를 유지하고 해로운 관계를 멀리한다. 정말 내가 아끼고 보살펴야 할 사람에게 충실해야 한다.

임상심리학자 폴 길버트Paul Gilbert는 인간은 친절과 연민이라는 속성 때문에 지금처럼 번성할 수 있었다고 말한다. 그는 우리가 서로 돌봄을 나누도록 진화했다며, 연민을 바탕으로 인간 잠재력을 계속 키워나갈 수 있었다고 주장한다. 코칭에서도 이러한 연민 기반 기법이 널리 쓰이고 있다. 길버트는 연민이 곧 동기를 부여한다고 말한다. 달라이 라마 역시 "연민이란 단지 감정적 반응만이 아니라 이성에 기반한 확고한 의지이다. 따라서 다른 사람을 향한 진정한 연민의 태도는 그들이 부정적인 행동을 취할지라도 바뀌지 않는다"고 했다. 이는 비폭력 평화 운동이 어떻게 가능한지를 설명해 준다.

타인에게 연민을 가지려면 어떻게 해야 할까? 답은 놀랍게도 우리 안에 있다. 먼저 나의 부정적인 면을 연민의 시선으로 보아야 한다. 쉬운 일은 아니다. 많은 사람이 유독 자기에게 혹독하다. 이는 타인에 대한 태도에도 영향을 미친다. 자기에게 엄격한 사람은 타인에 대한 연민이 없다. 연민을 가지려면 이런저런 편견의 딱지를 붙이는 대신 매사에 열려 있어야 한다.

나는 개인적으로 연민 기반 코칭을 받으면서 비슷한 체험을 했다. 그런데 정작 나를 찾아온 고객에게 이를 소개하면 반응이 시큰둥하다. 자기 연민을 이기심과 혼동하는 경우도 흔하다. 그럴 수 있다. 나 역시 직접 체험하기 전까지는 그랬으니까. 방법은 어렵지 않다. 다음을 참고하여 내 안에 숨은 연민을 찾아보자.

1. 조용히 앉을 곳을 찾아 긴장을 풀고 심호흡을 한다.
2. 짧은 수행 동안 주의를 집중한다.
3. 다음 질문에 반응해 본다.

   Q. 당신은 연민을 어떻게 정의하나요?

Q. 코칭 수행에서 당신에게 연민은 얼마나 중요한가요?

Q. 내게 있는 나쁜 점으로 생각했던 것을 떠올려주세요.

Q. 그것에 연민을 느끼려고 해보세요.

Q. 당신은 연민을 어디서 느꼈나요?

Q. 어떤 느낌이었나요?

Q. 그것이 당신에게 어떤 영향을 미쳤나요?

Q. 이후에 당신은 어떻게 느꼈나요?

내 경우는 그동안 혐오한 것들에 주의를 기울이자 나 자신이 불쌍해서 마음이 아팠다. 뒤이어 갈등의 당사자들이 떠올랐다. 혼잣말로 '나처럼, 그도…'를 되뇌자 가슴에 심한 통증을 느꼈다. '연민'이라는 빛으로 새롭게 자기를 인식할 수 있었다. 내가 나를 다루는 방식으로 상대를 판단하고 조정하고 싶어 했음을 깨달았다. 모든 사람이 나와 같지는 않겠지만, 주의를 기울이다 보면 연민의 힘을 느끼게 될 것이다.

숱하게 만나고 떠나보냈던 인연들을 생각한다. 교만으로 내쳤던 인연이 되돌아오기도 했고, '시절 인연'으로 자위하며 영영 떠나보낸 적도 있었다. 한결같이 내 곁을 지키는 뭉근한 인연들이 새삼 고맙다.

내면의 대화로 키우는 마음 근력

자기 앞에서 솔직해지기

*

내가 속한 학회에는 '자저전自著傳 쓰기' 모임이 있다. 자서전과 형식은 같지만 '자저전'이라 이름 붙인 이유는, 자기 인식을 통해 작가author로서의 정체성을 부여하는 작업임을 강조하기 위해서다. 삶을 회고하는 과정은 용기가 필요하다. 잘한 것도 있지만 못한 것도 있고, 자랑스러운 나도 있지만 못난 나도 있다. 그 모든 것을 고스란히 맞닥뜨려야 한다. 그러다 보면 나 자신이 어딘가 낯설게 느껴진다. 고정된 자아상이 흔들리고 새롭게 자기를 발견하는 계기가 된다. 자저전 쓰기는 투명하고 치열한 자기 탐색과 자기 돌봄, 자기 인식의 과정을 거친다. 영광의 순간, 만신창이가 되어 좌절하던 순간을 언어화하면서 크나큰 기쁨과 허물을 벗는 고통을 동시에 느낀다. 자저전은 발간되지 않더라도 같은 학회 사람들은 볼 수 있으니 독자를 의식해야 한다.

공개적인 글쓰기에서 가장 고민스러운 게 프라이버시다. 어디까지 밝혀야 할지, 그래도 괜찮을지 고민이다. 그러나 이는 타인의 평가를 의식한 과도한 걱정임을 알게 된다. 어차피 모든 사람이 내 글을 좋아할 수는 없다. 사람은 각자 처한 환경 안에서, 자기 사고 틀에서 판단할 뿐이다. 우리가 원하는 건 공감과 소통이지 누구나 좋다고 말할 완벽한 글이 아니다. 외려 그런 글을 지향하는 걸 경계해야 한다.

나는 용기를 내기로 했다. 돌아보면 그동안 읽었던 책의 가르침도 그랬다. 작가들은 글 안에서 자신의 취약함과 정직하게 대면했고 그것은 커다란 감동으로 다가왔다. 그들은 앞서서 고통의 강을 건넌 선배이자 동료였다. 그들이 용기를 낸 덕분에 나를 비롯한 많은 이가 도움을 받지 않았던가? 실패와 두려움 그리고 부끄러움마저 당당히 세상에 드러냄으로써 오히려 사람들에게 위안과 희망을 주지 않았는가?

생각이 여기에 미치자 냉정하게 지나온 삶을 바라보고 타인의 비판에 아랑곳하지 않는 맷집을 키울 기회로 여겨졌다. 자저전 쓰기를 통해 오랫동안 내 안에 머물던 고통의 기억을 흘려보내기로 했다. 그것은 결과적으로 옳은 선택이었다. 막상 털어놓고 나니 별일 아니다 싶었다. 사람들은 생각보다 타인의 삶에 관심이 없다. 딱히 기억에 남겨두지도 않았다. 그때부터였다. 나는 자유로워졌다. 있는 모습 그대로 드러내도 부끄럽지 않았다. 두려움에 떨며 안전지대를 찾던 내가 낯설어졌다.

나는 나를 모른다

✳

A는 야심만만한 자수성가형 인물이다. 열정으로 목표를 이루고 회사에서 능력을 인정받아 승승장구했다. 그런데 직급이 올라갈수록 부하 직원들과 지내기가 힘들었다. 임원 리더십 코칭을 받을 기회가 생겼는데, 마침 다면 평가도 받게 됐다. 동료와 후배들이 작성한 피드백은 본인 기대와 크게 달랐다. A는 선택해야 했다. 모르는 체하며 넘어갈 것인지, 나를 돌아볼 기회로 삼을 것인지를.

A는 현명했다. 평가를 부정하기보다 코치에게 진솔하게 마음을 털어놓으며 직면한 것이다. A는 일은 잘 풀리지만 자주 외로움을 느끼고, 평가 결과를 받고 나니 더욱 조심스럽다고 했다.

"그들은 상사인 당신을 평가하면서 어떤 감정을 느꼈을까요?"

한참 생각에 잠기던 A가 답했다. 결코 편하지는 않았을 거라고.

"편한 마음이 아닌데도 평가한 그들의 의도는 무엇이었을까요?"

"마지못해서 했을 수도 있지만… 용기를 냈을지도 모릅니다.

저와 우리 팀이 잘 되기를 바라는 마음으로 의견을 낸 것이겠지요. 평소 제가 남의 말을 잘 안 들었거든요. 내가 지시하는 대로 따라오면 된다고 생각했으니까요.”

“이번 다면 평가로 무엇을 알아차리셨나요?”

“독불장군처럼 살아왔다는 걸 알게 됐습니다. 성과가 중요했고, 제 기준으로 판단하고 지시하기 바빴어요. 후배들이 미숙한 의견을 내놓더라도 함께 토론할 생각은 못 했습니다. 머릿속에는 해결할 ‘문제’만 있었지, 함께 일하는 사람들의 ‘마음’은 없었어요. 처음엔 배신감이 들었습니다. 괘씸하기도 했고요. ‘성과를 낸 내게 고마워하기는커녕 어디 감히?’라고 생각했죠. 그러다 입장을 바꿔보니 이해가 갔습니다. 성과만 따지고, 그 과정에서 그들이 겪었을 어려움은 외면했으니까요.”

“그 관점에서 보니 피드백이 어떻게 느껴지나요?”

“알려줘서 고맙다는 마음입니다. 그들도 나처럼 더 나은 조직을 만들고 싶었을 텐데, 그동안 내 의견만 내세운 건 아닐까 싶어요. 결국 서로 다 잘되기를 바라는 것일 텐데….”

A는 자기 말을 곱씹었다.

“이제 무엇을 해보시겠습니까?”

“한 사람 한 사람과 진지하게 대화를 나눠보고 싶네요. 너무 무겁지 않게 만날 기회를 만들도록 하겠습니다.”

중국 남북조 시대 양나라 황제 무제武帝는 《입신명성불의기立神明成佛義記》에서 이렇게 말한다.

"깨달음의 가능성은 살아있는 모든 것에게 있다. 순간마다 생멸하는 마음 속에 불멸의 마음이 있다. 그 마음은 무명無明에 덮여 있지만, 본래는 명석한 것이며, 여기에 깨달음의 가능성, 부처가 될 가능성이 있다."

불교는 참모습을 찾아 이르는 것을 '성불成佛'이라 한다. 코치라면 이런 시선으로 사람을 대해야 한다. 코칭 고객이 참모습을 찾게끔 도우려면 그 사람을 있는 그대로 느껴야 한다. 여기에는 '판단 중지epoche' 상태가 필수다. 내가 그 사람에 대해서 잘 안다고 착각하는 순간 왜곡이 시작된다. 코치는 '모르는Not knowing' 상태를 유지하면서 고객에 대한 순수한 호기심을 놓치지 않아야 한다.

이는 평범한 인간관계에도 적용된다. 우리가 어떤 사람을 안다고 하지만, 실은 파편적인 정보에 따른 판단에 불과하다. 절대적일 수 없다는 뜻이다. 게다가 만물은 끊임없이 변한다. 어제는 맞더라도 오늘은 틀릴 수 있다.

불확실성 시대의 자기 주도성

✳

현대 사회를 일컬어 '초뷰카VUCA' 시대라고 한다. 초뷰카는 급변하는 전황戰況을 가리키는 군사 용어에서 나왔는데 변동성volatile,

불확실성uncertainty, 복잡성complexity, 모호성ambiguity의 네 단어 머리 글자를 따서 만든 신조어다. 오늘날 우리가 사는 세상은 어떤 것도 미리 점칠 수 없는 불확실성을 특징으로 한다. 이런 세계에서 살아가려면 독선을 버려야 한다. 타자의 판단을 존중하는 열린 마음이 필요하다. 그래서 요즘 기업에서 DEI 전략이 주목받고 있다. 다양성diversity, 공평성equity, 포용성inclusion이 조직 관리의 핵심이 된 것이다.

'내가 옳다'라고 생각하는 순간 소통은 멈춘다. 현명한 판단을 하려면 상대성·다양성을 인정하고 존중해야 한다. 이는 코치로서 나 스스로 다짐하는 것이기도 하다. 이를 실천할 나만의 장치도 고안했다. 섣부른 판단이 올라오려고 하면 '만에 하나'라는 말을 되새긴다. 습관적으로 넘어갈 문제도, 이 경구를 떠올리면 다시 살피게 된다.

의사 결정은 물론 관계 설정에서도 이러한 전략은 유효하다. 내 선택이 타인에게 피해를 주지는 않을지 한번 더 점검한다. '내가 틀릴 수 있다'는 전제를 가지면 함부로 평가하는 대신 한 걸음 물러서서 지켜볼 수 있다. 타인을 수용하는 태도는 포용의 언어로 발현된다. 우리는 모두 틀릴 수 있다. 그러니 당신이 틀렸다 해도 큰 문제가 아니다. 이러한 사고는 A처럼 책임감에 짓눌린 이에게 숨 쉴 공간을 제공한다.

시대가 달라지면서 조직 문화가 확연히 바뀌고 있다. 단정하기 좋아하는 사람들일수록 자기 안의 모순이 많을 확률이 높다. 사람들이 모두 자기처럼 생각하는 줄 안다. 내가 그랬으니 남도 그럴 것이라 생각하는 것이다. 주관적 경험으로 상대를 판단한다는 뜻이다. 예를 들어, 자식의 작은 실수도 넘어가지 못하는 부모를 보자. 그의 마음에는 어린 시절, 같은 이유로 비난받았을 가능성이 있다. 이로 인해 내면화된 열등감을 자녀에게 투사했다는 뜻이다. 자녀 입장에서는 억울한 일기다. 소통에서 내 경험, 내 시각은 절대적이지 않다. 마찬가지 이유로 누군가가 나를 비판한다고 해서 의기소침할 일이 아니다. 그건 단지 그의 견해일 뿐이다.

　나를 규정하고 책임지는 건 오로지 나다. 타인이 함부로 나를 훼손하도록 허용해서는 안 된다. 나 스스로 진실하고 떳떳하면 그만이다. 그들과 나는 서로 다른 배경과 경험을 가진 존재로 어떤 식으로도 동일화될 수 없다. 비판과 비난을 일삼는 이들은 타인을 열등하게 취급함으로써 우월감을 느끼고 싶어 한다. 그러나 이는 허상이다. 실재하지 않는다는 뜻이다. 인간은 누구나 자기만의 개성과 가능성을 가진 존재다. 그들이 머릿속으로 그리는 우열의 질서, 경쟁의 가치관에 흔들릴 이유가 없다. 오직 내면의 자아와 끊임없이 대화하면서 스스로를 돌볼 일이다. 이럴 때 글쓰기가 큰 도움이 된다. 성찰한 내용을 글로 적는 과정에서, 타인의 평가를 절대시하지 않는 마음 근력이 키워진다.

자아를 지키는 3F 대화법

✳

마음 근력을 키우려면 상대의 비난을 상대적으로 받아들이는 연습이 필요하다. 이때 느낌과 사실을 분리하고 올바른 판단에 초점을 맞추는 '3F' 대화법이 도움이 된다. 자책감, 분노 등 부정적인 생각이 올라올 때도 유용하다. 3F는 감정feel, 사실fact, 초점focus을 다룬다. 다음을 참고하자.

"그것도 못 하나?"

'아, 기분 나빠. 저 인간이 나를 완전 바보 취급하네.' (feel)

'잠깐, 그게 사실인가? 내가 바보인가?' (fact)

'아니야. 서툴다고 해서 인간적으로 잘못된 건 아니잖아. 그의 말에 휘둘릴 이유가 없지. 중요한 건 같은 실수를 다시 하지 않도록 조심하는 거야.' (focus)

상대도 소통에 서툴 수 있고, 표현이 거칠 수 있다. 그렇다고 감정적으로 대응하다가는 스스로 2차 가해자가 될 수 있음을 유의하자. 물론 나를 상처 주려는 이도 얼마든지 있을 수 있다. 그럴 때는 또 다른 형식의 내면 대화가 필요하리라.

"당신이 너무 늦게 자료를 보내는 바람에 일에 차질이 생겼어요."

'사람들 앞에서 대놓고 나를 망신 주다니, 정말 너무하네.' (feel)

'저 사람의 의도는 뭐지? 내게 덮어씌우고 자기는 빠져나가겠다
는 거잖아. 아, 그런데 내가 늦게 보낸 것도 사실이지.' (fact)

'그래, 차라리 늦게 보내서 미안하다고 하자. 솔직하게 인정하고,
수습할 다른 방법을 찾아보자.' (focus)

상대는 내가 길길이 날뛰길 바라겠지만 나는 외려 솔직하게 인
정하는 태도를 보였다. 대안에 초점을 둠으로써 그의 의도에 말
려들지 않았다. 이러면 다른 이에게서 신뢰와 기회를 얻을 수 있
다. 어렵지만 인정하고 나면, 마음이 홀가분해진다.

내가 스스로 당당해질 때 삶에 주도성이 생긴다. 타인의 편견
과 비난을 경계하듯, 나 자신을 대하는 태도를 살펴보아야 한다.
나 역시 오해와 편견으로 타인을 평가하고 있지는 않은지 돌아보
아야 한다. 불확실하고 상대적인 소통 속에서 '진리의 문'을 열기
란 하늘의 별 따기만큼이나 어렵다. 오죽하면 수많은 철학자들이
무언가를 알면 알수록 모른다는 사실만 확인하게 된다고 하소연
했을까.

과학 기술이 발달한 오늘날에도 인간은 여전히 풀리지 않는 수
수께끼 같은 존재다. 세상의 모든 지혜를 다 모아도 인간을 이해
하기란 쉽지 않다. 그런데 어찌 평범한 사람인 내가 한 인간을 함
부로 평가하고 판단할 수 있단 말인가.

셀프코칭으로
수치심 다스리기

코로나19 사태와 또 한번의 위기

✳

"엄마, 나 사람 칠 뻔했어…."

야간 택배 일을 하던 아이에게서 전화가 왔다. 눈이 확 떠지면서 자리에서 벌떡 일어났다. 다행히 아무도 다치지 않았고 아이는 무사히 집으로 돌아왔다. 제대하자마자 돈을 벌겠다고 나선 아들은 탑차를 끌고 좁은 골목을 누볐다. 시간에 쫓기며 하루에도 수백 개씩 물건을 배송하고 나면 안 아픈 데가 없다. 식사도 제때 못 하니 만성 위염에다가 근육통을 달고 살아 수시로 병원 신세를 졌다. 그러다 사고가 났다.

"무섭고 겁났을 텐데 침착하게 수습 잘했네. 사람이 다치지 않고 너도 무사하니 다행이다, 정말 다행이다"라고 말하며 안심시켰다. 전화기 너머로 흐느끼는 소리가 들렸다. 모든 게 내 책임인 것 같아 가슴이 저려 왔다.

아이는 제대하자마자 생활 전선으로 내몰렸다. 내 상황이 좋지 않다 보니 생계를 도맡아 해결해야 했다. 제 월급의 3분의 2를 내게 보냈다. 아이의 건실함은 회사도 인정했다. 진작부터 현장 일을 접고 관리자로 오라는 권유도 받았다. 나는 고단한 삶을 잘 버텨주는 아이가 그저 고마웠다.

당시 나는 3년여 동안 혼자만의 동굴에 갇혀 전쟁을 치르고 있었다. 정신적 충격에서 벗어날 무렵 코로나19 팬데믹 사태는 또 한 번 위기를 몰고 왔다. 살아남고자 몸부림쳤지만 상황은 나아지지 않았다. 그 와중에 아들의 사고 전화를 받고 나니 정신이 번쩍 들었다. 사고 여파로 아이는 정직을 당했다. 힘들어하는 아이에게 도움이 되지 못하는 나 자신이 한없이 부끄러웠다. 당장 수입이 끊긴 상황에서 경제적인 문제를 해결해야 했다.

셀프코칭으로 편견 깨기에 나서다

✳

때마침 아는 동생과 통화를 했다. 무역업을 하는 그는 앤티크 상품과 홍차, 커피, 건강식품 등을 수입해 팔았다. 20년 넘게 속사정까지 나누는 친한 사이라 내 처지를 안타까워하며 판매 일을 권했다. 자기 마진을 포기하고 물건을 싸게 넘길 테니 한번 해보라고, 양심적으로 사는 사람인 걸 아니까 이렇게 제안하는 거라고 했다.

진지하게 고민할 수밖에 없었다. 그동안 부족함 없이 살아오며 주변에 베풀기도 했는데, 갑자기 상황이 안 좋아졌고 아들이 생계를 도맡다시피 했다. 어떻게든 기회를 잡아야 했다.

서툰 솜씨로 파워포인트를 열어 제품 소개 제안서를 만들었다. '육현주의 LSP Life Style Products'라는 이름으로 1인 스토어를 운영하기로 했다. 사람들 앞에 설 생각을 하니 얼굴부터 빨개졌다. 그러나 물러설 수 없었다. 친한 친구들부터 찾아 단체 대화방에 제안서를 올렸다. 반응은 다양했다. 바로 답신을 주는 이, 응원하는 사람, 모른 척하는 사람. 몇몇에게 피드백을 부탁하자 "좋아요. 위축될 필요 없어요. 다만 앞부분 장황한 설명은 빼면 좋겠네요" 같은 말이 돌아왔다. 총 17명이 주문했다. 그들은 노력하는 삶을 응원한다고 했다. 격려받았지만 마음은 편하지 않았다. 수시로 브레이크가 걸렸다.

"내 마음속에 어떤 고장 난 신념이 있기에 이렇게 반응하는 걸까?"

셀프코칭을 시작하자 곧바로 답이 나왔다. 이른바 선비 정신, 품격 있게 살아야 한다는 강박이었다. '품위'와 '고상'은 원하지 않았지만 미용실을 운영했던 엄다에게 가장 많이 들은 단어였다. 엄마는 자기 일이 품위 있다고 성각하지 않았고, 그 시선은 고스란히 내게 전이되었다. 취약함을 숨기는 이상적 자아상은 그렇게 탄생한다.

나는 시장통에서 만나는 상인들을 편견 어린 눈으로 바라보았었다. 겉모습만으로 사람의 격을 나누는 오만을 부렸다. 그들은 그저 정직하게 오늘을 사는 훌륭한 사람들이었다. 반면 세상을 재단할수록 내 마음 한편에서는 수치심과 두려움이 자라났다. 왜곡된 신념의 기원을 성찰하자 비로소 보이는 것들이 있었다. 단단한 편견 덩어리를 깨는 일은 내게 큰 도전이었다.

취약성을 드러낼 용기

✳

심리전문가 브레네 브라운은 저서 《마음 가면》에서 수치심을 다룬다. '불안, 수치심, 취약성' 등을 20년 이상 연구해온 그는 회피할수록 커지는 게 수치심이라고 했다.[2] 자기 회의와 자기 비난의 메시지를 영화에 등장하는 괴물 '그렘린'에 비유하며 이를 물리칠 방법으로 '언어와 이야기'를 꼽는다. 그의 충고를 받아들여 자기와의 대화로 수치심을 성찰하자 내 삶에도 전환이 일어났다.

트랜드 분석 연구자들은 가성비보다 가심비(가격 대비 심리적 만족도)를 강조한다. 본격적으로 판매 일을 시작한 나로서는 어떻게 이를 만족시킬 것인지가 고민이었다. 선비 정신은 잠시 내려놓아야 했다. 따지고 보면 강의, 코칭, 상담 등도 서비스 상품이 아니던가. 내가 축적한 삶의 경험과 지식, 지혜를 구조화해서 정당한 값을 매기는 것이 결코 품위 없는 일은 아니지 않은가. 그동안 나는 무슨 기준으로 품위 있는 일과 그렇지 않은 일을 구분 지었던가. 내면을 향해 쏟아지는 수많은 질문에 답해 나갔다. 그 과정에서 자기 취약성을 인정하고 받아들이자 용기가 생겼다.

"제안서는 안 살 사람을 설득하기 위해서가 아니라 살 사람을 찾는 과정이죠. 뭐가 어때서요?"

영업 교육의 달인으로 인정받던 지인이 해준 응원의 말이다. 그 한마디가 확 꽂히면서 자신감이 붙었다. 판단은 소비자의 몫이다. 나는 충실하게 상품을 소개하면 될 일이다. 좋은 상품을 팔고 사는 것, 그게 바로 "누이 좋고 매부 좋고"가 아니던가? 나는 스스로 가둔 감옥에서 빠져나오며 현실을 받아들였다. 취약성을 인정하고 세상 앞에 떳떳해졌다.

연말연시를 보내면서 목표를 두 개의 LSP로 잡았다. 하나는 'Life Style Products'로 내가 고른 제품을 체험할 고객을 모으는 일, 그다음은 'Life Solution Projects'로 코칭과 강의 서비스 고객을 확보하는 일이었다.

진심이 통했을까, 내 삶을 온전히 담은 이야기와 자신감 있는 행보는 사람들의 공감을 불러일으켰다. 위기의 순간을 넘기자 모든 것이 제자리로 돌아온 느낌이었다. 고비는 무사히 넘겼다. 그 램린이 또 설치기 시작한대도 드렵지 않다. 내면의 목소리에 귀 기울이고 따스하게 안아주면 어느새 녹아 버릴 것을 알기에.

과거의 나는 중요하지 않다

✳

잘못되면 어쩌나? 나를 우습게 보면 어쩌나? 괜히 관계만 나빠 지면 어쩌나? 우리가 새로운 일에 뛰어들 때마다, 관계 속에서 길을 잃을 때마다 들려오는 마음속 소리다. 숱한 걱정이 불안을 일으키고 수치심을 키운다. 생각일 뿐인데도 마치 기정사실로 받 아들이며 전전긍긍한다. 이는 잘못된 신념에서 비롯한 '오해'에 불과하다. 세상에는 좋은 사람이 많다. 내가 그들을 어떻게 대하 느냐에 따라서 내가 나를 대하는 방식도 달라진다. 마치 어릴 적 내가 시장 상인들을 편견 가득한 눈으로 바라보면서 내면에 수치 심을 키워왔듯이.

만약 내 안의 그렘린이 마음을 할퀴는 순간이 또다시 다가온다 면, 그때는 분명히 말해줄 생각이다.

"사람들이 나를 우습게 볼 수도 있어. 앞에서는 응원하면서도 뒤에서는 수군거리겠지. 그래, 네 훼방 때문에 일을 망칠 수도 있 어. 그래도 나는 물러서지 않을 거야. 남의 평가에 신경 쓰며 망 설이지 않을 거야. 네 무기인 수치심은 이제 소용없어. 그러니 이제 그만 나랑 잘 지낼 궁리를 하는 게 어때?."

몇 년 전 산에서 넘어져 다리가 부러졌다. 근 2년간 불편한 시간을 보냈다. 지금도 흉터가 남았지만 굳이 가리려고 하지 않는다. 관점을 바꾸었기 때문이다. 나는 그 흉터가 밉지 않다. 날이 궂으면 쑤시고 아플 때도 있지만, 그 역시 고마움으로 다가온다. 감각한다는 것은 살아있다는 증거이니까. 그날의 사고 이후 덤벙대던 습관이 덜해졌으니 오히려 행운이 아닐까. 경고 장치를 하나 달았으니 매사 신중하고 조심성 있게 행동하게 된다.

마음에 난 상처도 마찬가지다. 그날 이후로 나는 현명해졌다. 그럴싸해 보이는 것들에 현혹되지 않아야 한다는 사실을 배웠다. 부끄러움에 꽁꽁 싸맸던 일들은 편하게 드러낼 수 있게 되었다. 그러면서 나의 상처에 사람들이 별로 관심 없다는 것도 알게 되었다. 그들에게 나의 과거는 중요하지 않다. 지금 여기의 내가 어떤 사람인지가 중요할 따름이다.

내가 아는 '나'는 진짜 '나'일까?

스스로 만든 자아상에서 벗어나라

✳

우리나라에서 코칭은 아직 낯선 영역이다. 사람들은 심리 상담과 유사하게 여긴다. 기본적으로 자아 탐색 과정이 있다는 점에서는 비슷하다. 그러나 방향성이나 목즈에 있어 차이가 있다. 상담의 목적이 치유라면 코칭은 성장과 발전을 목표로 한다. 자신이 원하는 바를 명확히 알고, 관찰과 통찰의 과정을 거치며 고유성, 잠재성, 창조성을 발견한다. 코칭과 심리 상담의 차이는 뒤에서 좀 더 자세히 소개하겠다.

코칭은 이상적으로 생각하는 자리와 실제 자기가 선 자리와의 간극을 줄이기 위해 지난 기억을 때로는 소환하고 재구성한다. 두려움, 분노, 슬픔, 수치심, 무력감 때문에 살아있다는 생생한 느낌을 가질 수 없었던 사람이 탐색을 통해 진정한 자기Authentic-Self 와 만나는 장면은 숭고하다.

코칭이 진행되는 동안 의식과 무의식 사이에 팽팽한 긴장이 생긴다. 코칭 고객은 둘 사이를 오가며 무엇이 지금의 나를 만들었는지 탐색한다. 그 과정에서 고정관념이 하나씩 파괴된다. 그동안 당연하다고 생각했던 것이 사실은 진짜 나를 가리는 장막이었음을 알게 된다. 그동안의 앎을 내려놓고 새롭게 깨달음을 얻는다.

코칭은 우리가 살면서 겪는 인간관계 문제 대부분이 '자기 규정'에서 비롯함을 알려준다. 우리가 어떤 사람을 잘 안다고 생각할수록 관계는 꼬이기 쉽다. 그렇다고 판단을 영원히 유예할 수는 없는 일, 유일한 방법은 한계를 인정하는 것이다. 우리가 현재의 삶을 누리려면 '죽음'을 생각해야 하듯, 관계를 발전시키려면 서로가 낯선 존재임을 인정해야 한다. 눈에 보이는 게 다가 아니듯, 알고 있는 게 다는 아니다. 모른다는 것을 인정하는 순간, 현실은 얼마든지 달라질 수 있고 해결 가능성은 커진다.

이는 '나'와의 관계에서도 적용된다. 나는 나를 모른다. 내가 아는 나는 진짜 내가 아니다. 철학자 소크라테스는 "나는 단지 내가 모른다는 것을 알 뿐이다"라고 했다. "인간의 본질이란 무엇인가?" 하는 질문은 수천 년을 이어오도록 풀지 못한 난제다. 이 질문에 답하기 위해 철학자, 심리학자, 과학자, 신경학자, 뇌과학자, 경제학자, 법률가, 예술가 등 수많은 분야의 전문가가 고민을 거듭했다. 딱 꼬집어 "이것이다" 하고 결론 내지는 못했지만, 한 가지 사실만큼은 분명하다. 바로 우리는 우리 자신에 대해 무지하다는 것이다. 코칭을 통해 우리가 발견하는 사실도 이와 비슷하다. 자기를 이해하려면 스스로 '자기'라 믿고 있는 자아상에서 벗어나야 한다.

열린 마음이 관계를 복원한다

*

M은 35년간 공군 장교로 복무하다가 대령으로 예편했다. 나라를 위한 충성심 하나로 사명을 다했다. 장성이 되지 못한 아쉬움은 있으나 최선을 다했다고 자부한다. 전역 후 다른 직업을 고민했지만 여기서 멈추기로 했다. 자녀들도 다 컸고, 연금도 나오니 더 이상 자신을 혹사할 마음이 없었다.

운동을 좋아하는 M은 최근 자전거 동호회에 가입했다. 나이와 성별 상관없이 취미를 공유하는 분위기가 신선했다. 그런데 언제부터인가 마음이 불편하다.

젊은 친구들 말투와 태도가 거슬린다. 수직적 위계에 익숙해서 그런가? 이런 마음 자체가 꼰대라는 뜻인가? 열린 마음으로 대해야지 마음을 내려놓지만 불쑥 화가 치민다. 전역 전에도 신병

관리가 힘들다는 간부들의 고충을 들었지만 실감하지 못했다. 세대 차이야 있겠지만 서로 이해하면 될 일 아닌가 했다. 그런데 뒤늦게 일상에서 마주하고 보니 그게 아니다. 가까운 친구들에게 털어놓으면 안 가면 그만이지, 뭐 하러 불편한 데를 가냐고 한다.

코칭 첫날 M은 이런 이야기 끝에 고개를 절레절레 흔들었다.

"친구분 말씀처럼 동호회에서 탈퇴하는 것에 대해 어떤 생각이세요? 그게 코칭을 받으시려는 진짜 이유인가요?"

표면적으로는 젊은이들을 탓하는 듯했지만 뭔가 있었다. M은 아내와 자녀들과의 소통을 걱정하고 있었다. 동호회에서 의구심이 들었고, 그동안 놓치고 살아온 부분이 있을지도 모른다는 생각에 코치를 찾은 것이었다.

"변화를 민감하게 감지하고 적극적으로 대처하는 모습이 인상적이에요. 우리가 무엇에 초점을 두고 탐색하면 좋을까요?"

회차가 지날수록 대화는 새로운 국면을 맞았다. M은 자기 안의 핵심 신념을 만났다. M은 공군사관학교를 졸업하고, 군 생활을 하는 동안 가정을 꾸렸다. 모든 과정을 스스로 선택하고 결정했다. 그런 삶이 오래되면서 신념이 굳어졌다.

'당연히 해야지.' '의지가 약해서 그래.' '가족을 굶기면 안 돼.' '내가 희생하는 만큼 자식들도 본분을 다해야지.'

우열과 성취 중심의 사고였다. 쉽게 타인을 믿지 못했고, 감정을 드러내서는 안 된다는 생각도 깊었다. 이러한 신념은 새로운 집단에서 겉도는 결과를 낳았다.

M이 간직해온 '당위'는 자기에게만 적용되었다. 타인은 타인 나름의 가치관이 있다. 이를 인정하는 데 어려움이 있었고, 자유롭게 살아가는 젊은이들에 대한 분노가 거기서 비롯했다. 자기 확신은 강했지만 감정 표현은 서툴렀다.

"그동안 고수했던 신념이 삶에 어떤 영향을 미쳤을까요?"

"강압적이고 지시적이었죠. 제 뜻대로 안 되면 혼내거나 무시했던 것 같아요. 아내와 아이들에게 너무 미안합니다."

"지금 말씀하시면서 무엇을 느끼셨나요?"

"그런데도 제 뜻에 따라 준 가족들이 고맙죠."

"이제 무엇을 해볼 수 있을까요?'

M은 가족의 구체적인 피드백을 원했다. 아내의 평가는 긍정적이었다. 자기는 개의치 않는다고, 다만 자녀들과는 벽이 생긴 터라 노력이 필요할 것 같다고 했다. M은 진심 어린 사과를 했고, 명령하는 사람이 아닌 듣는 사람으로 변했다.

자기 긍정과 타인 존중

✳

M에게 필요한 것은 공감이었다. 동호회에서 생긴 불편한 마음은 그들을 이해하지 못한 데서 온 것이다. M은 코칭을 통해 자기 신념을 있는 그대로 받아들였다. 그럴 수밖에 없었던 이유를 인정

하니, 자기를 대하는 태도도 많이 누그러졌다. 홀로 생존하려 안간힘을 썼던 지난날을 받아들이고 긍정하자, 타인을 향한 시선이 달라졌다. 이제 M은 감정과 욕구를 억눌렀던 과거에서 벗어나, 있는 그대로 세상을 보고, 자유롭게 살아가는 법을 배우고 있다.

M은 자전거 타기를 좋아한다. 사람들과 함께 자연을 만끽하며 질주하고 싶어 한다. 페달을 밟을 때의 쾌감만큼이나 가족들과 소통하는 즐거움이 커지기를 원한다. 나는 그가 원하는 바를 반드시 이룰 것이라고 믿는다. 그에게는 자기 성찰이 있기 때문이다. 자발적으로 코치를 찾아왔으며, 매주 성실하게 자기 탐색을 계속했다.

우리 뇌는 신경회로를 바꿀 수 있다. 기억을 재구성하면 경험을 달리 해석한다. 오랫동안 우리를 지배해온 잘못된 신념을 바꾸는 일은 그렇게 이루어진다. M은 조금씩 달라지고 있다. 성공적인 코칭 경험은 그에게 개방성과 유연성을 선물로 줄 것이다. 자기 감정 앞에 솔직하고 타인을 존중하는 일이 불굴의 의지만큼이나 중요하다는 걸 M은 안다. 그런 깨달음을 얻은 이가 꼰대로 남을 일은 없을 거라고 감히 장담한다.

코칭과 심리 상담은 무엇이 다를까?

코칭이란 무엇인가

✳

여기서 근원적인 질문을 던지고자 한다. 코칭은 무엇일까? 낯선 개념을 쉽게 풀어 설명하려 해도, 어떤 관점에서 어떤 부분을 강조하느냐에 따라 정의는 달라진다.

현대 코칭의 문을 연 티모시 골웨이Gallwey, T는 저서 《이너게임》에서 코칭을 "성과를 극대화하기 위해 묶여 있는 개인의 잠재능력을 풀어주는 것"이라 정의했다. 코칭을 비즈니스에 접목한 영국의 존 휘트모어Whitmore, J는 《성과향상을 위한 코칭 리더십》에서 "가르치는 것이 아니라 스스로 학습하도록 돕는 것"이라 했다. 로버트 하그로브Hargrove, R는 코칭을 "사람들의 존재, 사고, 행동을 재창조하도록 강력하게 지원하는 파트너십"으로 규정했다.

(사)한국코치협회는 "개인과 조직의 잠재력을 극대화하여 최상의 가치를 실현하도록 돕는 수평적 파트너십"으로, 국제코칭연맹은 "고객의 잠재력을 최대한 발휘하도록 영감을 불어넣고 사고를 자극하는 창의적 프로세스 안에서 파트너 관계를 맺는 것"으로 정의한다.

이 정의들을 종합하면 공통 키워드가 보인다. 코칭은 고객의 자발성과 긍정성에 기반하여 미래 지향적 성장을 도모하고, 수평적 파트너십을 지향한다. 나는 실존주의와 존재론적 철학을 중시하는 입장에서, 내가 하는 코칭을 이렇게 정의한다. "변화를 기꺼이 받아들이는 개인과 조직이 자신의 존재 방식을 결정하고, 원하는 삶을 살기 위해 일과 삶을 재창조해가도록 사고 파트너로 함께 있는 것."

코칭의 본질

✳

코칭은 코칭 고객, 코치, 코칭 시스템의 3요소로 이루어진다. 이 세 요소가 균형을 이루며 유기적으로 작용할 때 코칭 효과가 발생한다. 코칭은 신뢰를 바탕으로 사람을 돕는 일이므로 '인간 이해'가 핵심이다. 인간 본성은 물론, 그들이 겪는 문제와 속한 집단, 나아가 사회의 속성까지 시스템적으로 이해해야 한다.

"인간이란 무엇인가?" "나는 누구인가?" 소크라테스와 부처로부터 이어져 온 이 질문을 코칭은 품고 있다. 본능의 존재, 욕망의 존재, 이성의 존재, 종교적 존재로서 주관적 삶을 경험하는 인간에게 정해진 답은 없다. AI로 대변되는 기술 혁명의 시대, 초뷰카 시대의 불확실성은 새로운 리더상을 요구한다. 이에 따라 깊은 자아 인식, 심리적 유연성, 인간을 향한 호기심의 대화, 공동체의 지속성에 대한 필요가 커졌다. 코치들은 이런 환경에서 독창적이고 현명한 해답을 찾는 이들의 파트너로 존재한다.

코칭은 다학제 통합 실용학이다. 철학, 심리학, 뇌신경과학, 경영학, 사회학, 언어학, 예술이 서로 연결되어 인간 이해를 시도한다. 행동적·인지행동적 접근, 인본즈의 접근, 실존주의 접근, 존재 중심 접근, 구성주의 접근, 시스템적 접근 등 다양한 틀 안에서 마음챙김, 소매틱, 신경언어 프로그래밍NLP 같은 세부 이론을 활용한다.

코칭과 상담은 무엇이 다를까?

✳

코칭은 일반 대중에게 아직 낯선 인적 서비스 개념이다. 그래서 "상담과 무엇이 다른가?"라는 질문을 자주 받는다. 둘 다 인간관에 대한 철학적 기반을 갖추고 다양한 기법으로 고객의 행동 변화를 이끈다는 점에서 비슷해 보인다. 그러나 결정적 차이가 있다.

첫째, 목적과 목표가 다르다. 코칭은 어떤 조건과 상황에서도 변화와 성장에 초점을 둔다. 인간은 성장하고 발전하려는 존재로서 자아 실현을 넘어 자아 초월까지 할 수 있는 주체라는 '인간 중심' 철학에 기반한다. 상담은 심리·정서적으로 어려운 상태에 처한 내담자가 문제 상황에서 빠져나오도록 돕는 것이 목적이다. 취약한 상태에서 벗어나 출발선에 다시 서게 하는 임상심리의 '의학 모형'을 택한다.

둘째, 전문가의 개입 정도가 다르다. "인간은 자신 안에 무한한 자원을 갖고 있으며 이미 자기 해답을 가진 존재"라는 믿음이 코칭의 기초다. 코치는 의식 확장을 위한 질문으로 고객이 자기 탐색과 자기 인식을 주도적으로 하도록 돕는다. 문제 해결의 주도권이 고객에게 있음을 인정하며 지지하고 격려한다. 상담은 내담자의 과거에 대한 의미 재해석이나 행동 수정을 다루지만, 상담가 주도로 해결책을 제시한다. 내담자를 치유하기 위해 진단하고 지시적으로 처방한다.

셋째, 심리 상태에 대한 관점이다. 코칭은 긍정심리학에 기반한다. 과거의 부정적 신호조차 재해석하는 힘을 기르고 관점을 전환하며 자기 답을 찾아간다. 한편 상담은 주로 부정심리학을 다루어서 문제에 초점을 맞추고 있다.

넷째, 가능성의 범위이다. 코칭은 잠재성에 대한 영감을 일깨운다. 과거의 사건조차 탐색으로 얻은 교훈이나 배움을 통해 동기 부여를 다시 한다. 과거의 일들을 자원화하여 새로운 에너지로 바꾼다. 상담은 과거의 원인을 파악하여 병리적 현상을 제거하는 데 집중한다.

다섯째, 시간의 방향이 다르다. 코칭은 미래 행동에 초점을 둔다. 과거로부터 얻은 통찰을 바탕으로 지금 여기서부터 새로운 미래를 설계하고 창조한다. 자신이 그려갈 미래를 충분히 상상하고 계획하며 실행에 옮긴다.

여섯째, 결과에 대한 책임 소재가 다르다. 코칭에서 코치와 고객은 합의하고 약속한 결과에 대해 상호 책임을 진다. 코칭 전, 코칭 중, 코칭 후에도 셀프 성찰로 자기 책임을 다한다. 상담은 결과에 대해 내담자에게 책임을 묻지 않으므로 치료에 오랜 시간이 걸릴 수 있다.

코칭의 확장

＊

닮은 듯 다르지만 코칭과 심리학은 상호작용한다. 협회에 따라 심리학회의 한 분과로 인정하는 곳도 있고, 코칭심리라는 독립 영역으로 보는 곳도 있다. 한국에서 코칭은 기업 임원 리더십이나 성과관리 등 비즈니스 수단으로 시작하여 조직의 인적 관리 차원으로 도입됐다. 그래서 코칭을 성과관리나 멘탈관리에 한정하여 이해하는 경향이 있었다. 이는 코칭을 지나치게 좁게 본 것이다.

한국코치협회와 국제코칭연맹 코리아챕터가 2026년 기준 23년을 맞이하면서 인증 코치가 20,000여 명에 이른다. 양적 팽창과 함께 코칭의 종류도 세분화되었다. 비즈니스, 라이프, 커리어·진로, 학습, 멘탈, 인간관계, 감정, 영성 등으로 나뉜다. 모집 단위에 따라 일대일 코칭, 그룹코칭, 팀코칭이 있다. 소매틱 코칭, 예술이나 명상과 접목한 코칭 등 고객의 니즈에 따라 유동적으로 설계할 수 있다. 방식 또한 대면, 화상, 전화, 혼합형 등 다양한 방식으로 진행된다.

모든 코치는 소속 협회나 국제 기구의 규약을 따라 고객을 보호하겠다는 윤리의식을 갖추고 있다.

장년층이 연습해야 할 '너'의 존중

신중년 그룹코칭 프로젝트

✳

건축가 고故 이일훈은 공간에 관한 새로운 통찰을 보여줬다. 그의 건축은 전통을 현대적으로 재해석한다. 의도적으로 공간을 '떨어뜨려' '불편하게' '밖에서' '동선을 늘려' 살기를 강조한다. 집을 뜻하는 '채'와 나눔이 합쳐진 '채 나눔'은 그의 공간 철학이 낳은 건축 설계 방법론이다. 효율성을 추구하는 현대 사회에서 그의 건축은 개개의 고유성과 느림의 미학을 강조한다.

60대 이상의 신중년 대상 그룹코칭 프로젝트를 진행한 적이 있다. 이때 이일훈 건축가의 채 나눔 철학을 참고했다. 그의 건축처럼 자기 공간을 유지하면서 타인의 공간과 이어지는 법을 찾아 가는 코칭을 기획한 것이다.

60대 이상 세대는 '우리'가 먼저다. 그래서 독립된 개인으로서 '나'를 바라보려는 노력이 부족하다. 오랫동안 전체주의적 교육 환경 아래에서 조직에 대한 맹신을 주입받아온 탓이다. 전체주의 는 '튀는' 사람을 싫어한다. '다름'을 인정하지 않고 '유별난' 것들 을 경계한다. 이런 사고방식을 가진 사람들은 "모난 돌이 정 맞는 다"는 속담처럼 조용히 군중 속에 섞여 있어야 편하다. 전체주의 의 또 다른 모습은 가부장적 권위주의다. 여기에 길들여진 사람 은 강자에게 받은 부담을 약자에게 전가하고 가정과 직장에서 권 위를 내세운다. 뭉치면 살고 흩어지면 죽는다는 믿음으로 살아온 이들에게 초고령 사회는 재앙이나 다름없다. 은퇴 이후를 생각해 본 적이 없기 때문이다. 사회적 압력도 상당하다. 독립적 주체로 살아본 기억이 없는데 어른으로서 본보기가 되어 달란다.

열린 마음으로 세상과 교우하기

✳

내가 맡은 프로젝트는 신중년의 삶에 활기를 불어넣기 위해 기 획되었다. 6명씩 두 그룹으로 나누어 오전과 오후에 각각 진행했 다. '꼰대'가 아닌 꽃을 떠받쳐줄 '꽃대'처럼 살려면 개별성을 지 닌 존재임을 알아차리는 게 중요했다. 그런 경험이 있는지를 먼저 물었다.

"나를 알아가기 위해 시간을 들인 경험을 들어볼 수 있을까요?"

"책을 읽거나 강연을 들으면서 나에 대해 생각해 본 적은 있어요. 하지만 따로 '나를 알기 위해 시간'을 만든 적은 없네요. 더군다나 여러 사람과 이런 자리에 참여한 건 처음입니다."

낯설어했지만 저항감은 있지 않은 듯했다. 코치의 질문에도 솔직히 답해주었다.

"낯선 일이겠군요. 그래도 우리가 이렇게 나와 우리에 대해서 대화를 나누다 보면, 10주 후에 무슨 일이 생길 거라 기대하나요?"

"미래를 진지하게 생각해 본 적은 없어요. 당장 터지는 문제 해결하느라 정신도 없었고요. 그러다 막상 은퇴하니까 마음이 텅 빈 거 같아요. 앞으로 어떻게 해야 할지 막막하기만 합니다."

"내 생애 가장 빛났던 순간은 언제였을까요?"

공통 질문을 던지자 참가자들의 입가에 미소가 번졌다. 누군가는 10대의 어느 모퉁이를, 누구는 20대의 풋풋한 연애 시절을, 치열했던 30대와 안정기에 접어들던 40대를 그려냈다. 모습은 각기 달랐지만, 모두 그 시절을 그리워하는 듯했다. 빛나던 순간을 감각적으로 다시 경험하자 일순 생기가 돌았다.

그룹코칭에서는 참가자 간 상호 작용이 활발하다. 몸으로 느끼고 마음을 나누면서 자기를 탐색해 나간다. 상대의 말이 내 생각을 바꾸고 나의 경험은 투사나 전이를 통해 타인에게 흘러간다. 지금 이 순간이 그렇다.

"그때의 나는 오늘의 내게 뭐라고 얘기할까요?"

"수고했다고, 그동안 열심히 살았다고 말하고 싶어요."

"그렇게 빛나던 네가 지금 왜 이렇게 주눅 들어 있느냐고 묻고 싶네요."

"그동안 자기를 돌보지 않았지만, 앞으로는 하고 싶은 일 하며 살라고 말하겠어요."

"지금껏 잘해 왔으니 앞으로도 잘할 거라고, 너를 믿는다고 말하고 싶어요."

참여자들은 질문을 통해 오롯한 '나'를 탐색하는 시간을 마련했다. 직장인으로서의 나, 가장으로서의 나가 아니라 개별성을 지닌 '존재'로서 나를 인식하는 전환이 일어났다.

10주간의 여정 속에서 자기를 돌아보며, '신중년'으로서 가져야 할 덕목들을 찾아나갔다. 무리하지 않기, 자기에게 친절하기, 유연하고 개방적인 사고 만들어가기, 역할로서의 자아를 내려놓고 참된 자기로 살아가기, 다양한 '나'들에 대한 인정과 지지, 일상에서 예술성 초대하기, 신체적·정신적 한계 인정하기….

장년층은 성과를 중시하는 상명하달의 수직적 조직에 익숙하다. 이런 관계에서는 언어도 일방적이다. 말하는 사람이 정해져 있고 '아랫사람'은 속을 숨기는 게 당연한 처세로 여겨졌다. 소통과 공감의 언어가 숨 쉴 곳은 어디에도 없었다. 그러나 이제는 새로운 세대, 달라진 환경 속에서 살아가야 한다. 더 이상 지시와 명령은 통하지 않는다. 서로 존중하는 소통의 언어를 배워야 한다.

건축가 이일훈의 '채 나눔' 철학은 개별적 공간과 존재를 인정하는 데서 시작한다. 이들은 집이라는 공간 속으로 수렴되면서 서로 연결되어 시너지를 낳는다. 여럿의 '나'가 모여 긍정의 에너지를 쏟아낸다. 각 채의 기능과 쓸모가 다름을 받아들이고 공존의 미학을 배운다. 채 나눔의 건축에는 채와 채를 연결하는 복도와 회랑, 그를 가로지르는 마당이 존재한다. 우리는 여기서 연결과 휴식을 경험한다. 채 안팎을 오가면서 바람, 햇빛, 비나 눈을 마주하며 바깥세상과 교우한다.

'채 나눔'의 교훈은 어울림에 있다. 나와 상대의 존재를 인정하면 공존할 수 있다. 여기에는 희생도 권위도 없다. 바람이 통하는 공간을 거닐고 햇살을 맞으며 숨을 쉴 수 있다. '나'를 통과하며 온기를 더한 바람은 '너'의 공간에 가닿는다. 스스로 서서 서로를 살리는 우리가 된다. 연결의 공간에서 '나'는 떨림과 울림을 경험한다. 팽팽해진 긴장과 느슨해진 마음이 뒤섞이는 그곳에서 타자와 만난다. 한 사람의 서사가 타인의 삶에 영향을 끼친다. 이야기가 한데 어울리고 섞이면서 아름다운 무늬를 이룬다.

이일훈 건축가가 남긴 '채 나눔'의 철학처럼 지금 우리가 써가는 이야기도 다음 세대에 교훈을 남길 것이다. 평범한 일상의 언어가 누군가의 영감을 깨우고, 기억에 남아 영원히 이어질지 모를 일이다. 서로의 창조성을 일깨우며 감응하는 존재로 사는 일은 늘 새롭다.

타인에 대한 믿음이 먼저다

✳

국제코칭연맹ICF은 '코칭 마인드셋 구현'을 코치의 핵심 역량 중 하나로 명시하고 있다. 이는 "개방적이고, 호기심이 많으며, 유연하고, 고객 중심적인 사고방식(마인드셋)을 개발하고 유지"하는 것으로 정의된다. 이는 지속적인 학습과 개발 참여, 고객의 자율성 인정, 성찰적 훈련 개발 등을 핵심 요소로 삼는다. 실행 지침은 "코치는 선택에 대한 책임이 고객 자신에게 있음을 인정"하는 것이다. 얼핏 들으면 책임 회피로 오해하기 쉽지만 실은 정반대다. 코칭은 인간을 스스로 온전하고, 자원이 풍부하며, 주도성으로 자기 일을 해결하는 존재로 본다.

발달장애인 서은혜 작가는 화가와 연기자로 활동하고 있다. 그는 다큐멘터리 〈니얼굴〉에서 이렇게 말한다. "사람들이 '힘들어서 어떡해요' '피곤해 보여요'라고 말할 때는 속상해요. (하지만) '멋있다, 해내는 것이 자랑스럽다, 보기 좋아요'라고 할 때 기분이 좋죠." 서은혜 작가의 말은 비장애인이 자주 놓치는 부분을 다시 한

번 일깨워준다.

　요즘 MZ세대들도 비슷한 곤란함을 겪는다. 어른들은 안쓰러운 마음으로 걱정하지만, 듣는 사람은 외려 힘이 빠진다. 이는 코칭연맹의 실행 지침 중 "코치는 자기 자신과 다른 사람들이 상황과 문화에 의해 영향을 받을 수 있음을 인지하고 개방적 태도를 보인다"는 항목과도 잘 통한다. 내 눈에 힘들어 보인다고 그들이 해내지 못할 것이라고 생각하는 것은 섣부른 예단일 수 있다. 그래서 코치들은 언제나 '나는 모른다'와 '비판단(에포케)'의 프레즌스를 유지하기 위한 마음챙김과 수련을 한다. "감정 조절 능력을 개발하고 유지한다"는 실행 지침을 이행하고자 감정적 민감도를 높이려 실험하고 코칭 고객의 성장과 발전을 위해, 더 큰 존재로 믿고 바라보는 언행과 태도를 기른다. "정신적, 정서적으로 매 세션을 준비한다"는 지침을 위해 명상하거나 산책 중 사색, 책 읽기, 글쓰기를 꾸준히 한다. 이처럼 '나' 중심 패러다임에서 '고객' 중심 패러다임으로 넘어가기 위한 부단한 노력, 내 마음이 아닌 그의 마음을 알려고 노력하는 일 자체가 코칭의 출발점이다.

팀코칭으로 일군 팀십

조직 관리의 핵심이 된 소통 문제

✳

초연결 사회로 진입하면서 '다양성'이 주목받는다. 인권 영역에서는 오래전부터 다루어온 주제지만 기업 경영에서 논의된 것은 비교적 최근이다. 글로벌 기업을 중심으로 조직 형태, 기업 운영 방식, 리더십 부문에서 관련 정책과 제도를 확립시키려는 노력이 이어지고 있다. 기업 특성상 조직 관리는 성장의 필수 동력이다. 과거에는 구성원 개인의 능력을 신장시키는 데 초점을 맞추었으나 오늘날은 이들 간의 상호작용을 어떻게 관리할 것인지가 중요해졌다.

시너지를 내는 팀코칭이나 그룹코칭은 새롭게 떠오른 조직 관리 방법론이다. 팀코칭에서는 '포용성'을 강조한다. 개인의 배경을 이해하고 최적의 과제를 부여하는 일, 커뮤니케이션의 효율성을 극대화하는 일은 기업 성장에 필수적이다. 이때 개인의 '배경'에는 성별, 세대, 민족, 인종, 국가, 출신, 학력, 건강, 결혼 유무, 자녀 유무, 언어 등은 물론 성격, 신념, 가치관 등이 포함된다.

우리나라는 세대 간 소통 문제가 큰 이슈다. 소위 'MZ 이후 세대'와의 인식 차이로 곤란을 겪는 사례가 자주 보고된다. 나는 '다양성'에 관한 진지한 접근이 문제를 해결할 수 있다고 본다. 세대 간 불통은 어느 날 갑자기 생긴 문제가 아니다. 구세대와 요즘 세대의 성장 배경은 크게 다르다. 현 세대는 자기를 중심으로 판단한다. 직장 생활도 마찬가지다. 야근이나 권위적인 지시를 당연하게 받아들이지 않는다. 보수가 적고 업무량이 많은 직장은 언제든 그만둘 준비가 되어 있다. 반면 기성세대는 수직적 관계에 익숙하고 소속감을 중요하게 생각한다. 당연히 갈등이 생길 수밖에 없다. 이 문제를 풀려면 '다름'을 인정하고 다양하게 소통해야 한다. 서로를 있는 그대로 받아들였을 때 실마리가 생긴다.

컨스텔레이션 기법

✳

그룹, 팀, 조직에는 관계 시스템이 작동한다. 상호 연결되고 상호

의존적인 관계 안에 놓여 서로 영향을 주고받는다. 모든 시스템에는 숨겨진 역동성이 있는데, 이를 시각화하여 구조적 문제를 해결하고 성과를 극대화하려는 접근 중 하나로 컨스텔레이션 기법을 도입한다. 컨스텔레이션은 쉽게 말하면 마음의 관계망을 눈앞의 입체적 지도로 나타내는 것이다. 그렇다면 드러나지 않지만 엄연히 존재하는 집단의 역동성을 어떻게 드러낼 것인가?

존 휘팅턴은 관계성을 사고 중심의 대화에서 전인간적, 전신체적 지식으로 확장한다. 구성원 모두의 신체성을 도구로 사용한다. 시스템에서 어떤 일이 일어나는지, 구성원들의 무의식적 공간 배치를 통해 패턴이 드러나고 지도를 그리게 된다. 구성원 스스로 위치성을 갖기도 하고, 그 자리에 없는 구성원이나 이해관계자는 대리인을 세워 배치한다. 관계의 어려움, 고착된 문제, 새로운 자원 발견 등에서 해결의 실마리를 얻는다. 머리뿐 아니라 '마음과 영혼'까지 영향을 끼쳐, 말로 표현할 수 없는 무언가와 깊게 연결한다. 이는 머리, 가슴, 장을 하나로 연결하여 통합하는 소매틱 코칭이다. 공간 이동이나 배치 후, 있는 그대로 보는 것만으로도 시스템 이해의 돌파구를 찾는다. 진단하고, 자원화하고, 새로운 관계 형성을 위한 다양한 대화가 가능하다.

독일의 심리치료사 베르트 헬링거는 조약돌, 레고 캐릭터, 체스 말 등을 활용한 컨스텔레이션을 소개하기도 했다. 도구를 활용하면 전체 시스템을 조망하면서 팀 구성원 스스로 메타뷰를 가진다. 팀 시스템을 완성하면서 자신의 위치를 찾고, 풀어놓으면서 새로운 자원에 접근할 수 있다.

팀코칭에 적용한 자기 위치성(정체성) 찾기

✳

군인들을 대상으로 팀코칭을 한 적이 있다. 참여자들은 신생 부대의 부대원이었다. 신생 조직인 만큼 구성원 간 신뢰감과 안정감 확보가 시급했다. 장교와 부사관, 사병이 섞여 있는 9명이 팀이었다.

리더인 소대장은 임관한 지 오래되지 않았고, 부사관과 사병은 다른 부대에서 일정 기간 전우애를 다진 사이였다. 표면적으로는 문제가 없는 듯해 보였지만 사전 인터뷰를 해보니, 소대장이 부사관보다 나이가 어린 데다 홀로 떨어져 있는 섬처럼 소통에 어려움을 겪고 있었다. 또 소대원들과 친해지고 싶은 기대와 함께 부사관과의 보이지 않는 신경전으로 긴장하고 있었다. 군대 내 위계에 의한 형식적인 의례와 절차만 따를 뿐, 아직 사적으로 부사관이나 사병들과 관계가 형성되지 않았다.

팀에 대한 특성 파악이 어느 정도 되어 나름의 코칭 설계를 해두었다. 그러나 현장은 살아있는 사람을 만나는 일이라, 언제나 상황과 맥락에 따라 전환할 준비가 되어 있어야 한다. 아니나 다를까, 소대장은 자리가 불편한지 이리저리 살피며 긴장하고 있었다. 반면 부사관은 오히려 여유롭다 못해 능글맞기까지 했다. 사병들은 눈치를 살피며 불편한 기색을 드러냈고 팀코칭이 무엇인지, 왜 여기 와 있는지도 모른 채 시간만 때우고 가자는 듯한 이도 있었다.

군인은 몸을 쓰는 사람들이라 감정도 몸으로 즉각 반응한다는 것을 고려하여, 컨스텔레이션을 이용해 개인의 위치성을 찾는 작업을 시작했다. 소대원들에게 계급 상관없이 입대 순서대로 원을 그리며 서보라고 했다. 진행 중에는 침묵하면서 자기 자리를 찾으며 어떤 느낌이 드는지 관찰하라고 했다. 어색한 듯 엉거주춤 오간 후, 원이 생겼다. 자신들의 위치가 맞는지 서로 입대 날짜를 확인하고 각자 위치를 조정했다.

"자기 위치가 어떻게 느껴지나요? 처음에 자리 잡은 그곳과 조정을 한 후와는 어떤 차이가 느껴지나요?"

내가 묻자 각자 이런저런 이야기를 했다. 소감을 모두 듣고 나서, 가장 나중에 부대원이 된 사람한테 바로 앞 사람과 마주 보며 이렇게 말하도록 했다.

"먼저 와 계셨군요. 당신이 여기 있지 않았다면, 나는 지금 여기 없었을 것입니다."

부대원이 한 사람 한 사람 앞 사람에게 릴레이식으로 이어갔다. 제일 끝에 있는 오래된 사람은 이 자리에 없지만 이 자리를 거쳐 간 수많은 선임자에게 똑같은 방식으로 말하게 했다.

다음에는 가장 먼저 부대원이 된 사람이 바로 뒷사람에게 다음과 같이 말하게 했다.

"어서 오십시오. 먼저 이곳에 와서 배운 것을 기꺼이 당신에게 전달하겠습니다."

한 사람 한 사람씩 건너가며 릴레이로 이어갔고, 가장 마지막의 사람은 아직 오지 않은 미래의 후임에게 같이 말하게 했다. 처음에는 키득대고 장난스럽게 시작했는데 서로 눈을 마주보며 또박또박 전하는 중에 분위기가 자못 진지해졌다. 뒤로 갈수록 어깨와 등을 토닥이기까지 하며 눈을 맞췄다. 그들의 눈빛에서 상대의 시간에 대한 존중과 서로 연결되어 있다는 유대감을 느끼고 있다는 걸 알 수 있었다.

컨스텔레이션이 끝난 후에는 팀의 MVC(미션, 비전, 핵심 가치)를 수립했다. 목적을 정렬하고 하나의 팀으로 엮을 자원을 발굴하고자 각자의 강점을 찾았다. 경험 중에 습득한 기술이나 전문성을 다양하게 수용했다. 그들은 팀 문화에 기여할 부분을 자발적으로 구성해 나갔고 예상되는 장애를 어떻게 극복할지 다양한 접근법을 토의했다. 정리된 내용을 바탕으로 실행 계획을 세웠다. 그런 다음 마지막으로 다시 한번 컨스텔레이션으로 원 만들기를 했다.

"이번에는 계급 순서대로 섭니다. 자기 자리에 머물면서 주변에 누가 있는지, 내 위치는 무엇을 해야 하는 자리인지 생각해 보세요.”

숙연한 가운데 내면 에너지의 파장이 흐르는 것이 느껴졌다. 나는 그들이 깊이 머물 수 있도록 침묵하는 시간을 가졌다. 나는 준비한 실뭉치를 꺼냈다. 첫 사람이 실마리를 잡은 상태에서 오늘 얻은 통찰과 다짐을 말하고는 누군가에게 넘겼다. 이어서 그 사람이 다짐을 말하고 역시 실 끝을 잡고, 다음 사람에게 실뭉치를 넘기는 식으로 계속했다.

모두가 그렇게 한 번씩 이야기하고 나니 놀라운 광경이 펼쳐졌다. 눈앞에 아름다운 별자리 하나가 빛나고 있었다. 자기가 잡은 실을 놓치는 순간, 이 별은 형태를 잃어버릴 것이었다. 누군가가 팽팽하게 당기면 전체가 영향을 받으면서 파동이 일었다. 말하지 않아도 그 긴장과 이완을 눈치채며 균형을 잡기 위해 그들은 조금씩 조정하고 있었다.

“지금 우리에게 무슨 일이 일어났나요? 어떤 통찰을 얻으셨나요?”

질문을 던지자 다양한 답변들이 돌아왔다.

“우리가 서로 연결되어 있다는 느낌이 강하게 들었습니다.”

“내 위치가 어디인지 똑바로 인식하는 계기가 되었습니다.”

“상사에 대한 불평불만을 가졌던 스스로를 돌아보게 되었습니다.”

"새 팀의 리더로서 책임감과 소외감을 동시에 느꼈는데 이번에 자신감이 생겼습니다."

"우리가 한 팀이라는 생각이 들었습니다."

"친밀감이 생기면서 부대 생활이 즐거워질 것 같은 예감이 들었습니다."

"서로가 소중한 사람이라는 걸 느꼈습니다."

마음을 나누고 나서 어깨동무하고 큰소리로 파이팅을 외쳤다. 코칭 초기의 긴장감이 사라지고 모두가 편안한 표정으로 하나가 되었다. 지금 이 시간과 공간이 가지는 의미를 생각하며 자기 탐색을 계속했다. 상대를 존중하는 다음, 팀의 목적·비전·핵심 가치를 공유하면서 성공할 수 있다는 확신을 얻었다.

부사관은 새로 상관으로 모셔야 하는 소대장에게 본능적인 반감이 있었다. 텃세일 수도 있고 초반 기 싸움일 수도 있다. 위계상 고개를 숙이면서도 소대장을 가늠하거나 자신의 존재감을 드러내고 싶었을 수도 있었다. 그런 그에게 입대 순으로 진행한 초반 컨스텔레이션은 어떤 의미였을까. 존중받는 인사를 들으며 자기 존재를 인정받는 안정감을 느꼈을 것이다.

반면 소대장은 어땠을까. 가뜩이나 존재감 부재에 위기감을 느끼고 있는데 입대 순이다 보니 사병보다 뒤로 밀리기도 했다. 자신의 자리에 저항감이 일었을 것이고, 이런 상황을 연출한 코치가 원망스러웠을 수도 있었다. 그러나 팀코칭이 진행되는 동안 상황은 달라졌다. 소대의 모습과 비전을 함께 그려가면서 소대원들에 대한 이해가 깊어졌다. 서로 인터뷰하고 의견을 나누는 과정에서 각자의 특성과 스타일을 파악했다. 소대원들도 소대장의 인간적인 면모를 볼 기회를 얻었다.

마지막 계급 순 컨스텔레이션에서 그들은 기꺼이 자신이 누구인지, 어떤 역할을 해야 하는지를 받아들였다. 자리에 없는 선임에 대한 존경과 존중, 앞으로 올 후임에 대한 환대가 이어지면서 뭉클한 감동이 흘렀다.

나와 너의 존재를 인정하고 존중하며 환대하는 경험. 그것이 원니스Oneness다. 이 하나됨의 기억이 그들 몸에 새겨졌다.

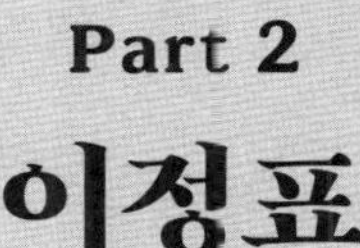

Part 2
이정표

내가 원하는 삶을
선명히 그리기

우리는 코스모스(우주)에서 나왔다.
코스모스를 알고 변화시키고자 태어난 존재다.

— 칼 세이건 —

의식지도로
변화를 설계하라

데이비드 호킨스의 의식지도

✳

정신과 의사 데이비드 호킨스David Hawkins 박사는 오랫동안 인간의 영적 진화를 연구해왔다. 1971년부터 20년간 '신체운동학' 연구를 기반으로 의식지도를 만들었으며 의식의 힘과 '참나True-self'를 찾아가는 여정에 관한 많은 책을 썼다.

호킨스의 의식지도는 감정, 지각, 태도, 세계관, 영적 신념 등을 반영하여 신에 대한 관점, 자기에 대한 관점, 수준, 에너지(힘) 크기, 감정, 과정의 항목으로 구성된다. 항목별로 1부터 1,000까지 수치화되어 있으며, 200은 부정적 영향력과 긍정적 영향력 사이의 평형점이다. 200 아래로 내려갈수록 에고 중심적 충동을 특징으로 한다. 500 이상부터는 영적 앎에 관심이 더해지고 600 이상에서는 인류 이익과 깨달음의 추구가 일차적 목표가 된다. 700에서 1,000까지의 삶은 인류의 구원에 봉헌한다. 이러한 의식지도를 통해 우리는 자기를 돌아보고 스스로 삶을 개선할 수 있게 된다.

지도를 펼쳐 내 의식의 좌표를 확인하라

✳

C는 외국에서 사는 동생 일로 상심에 빠져 있었다.

"막냇동생 전화를 받고 마음이 안 좋아요. 제게는 아픈 손가락 같은 자매거든요. 동생 여덟 살 때 엄마가 돌아가시고, 아버지가 재혼하면서 새엄마 아래서 자랐죠. 나이 차이가 꽤 나서 제가 엄마처럼 챙겨줬어요. 제가 결혼하기 전에는 아침마다 머리 땋아주고 옷 입혀준 다음 출근했지요. 동생은 대학 졸업하고 호주로 연수를 갔다가 거기서 간호사가 되었어요. 다행히 한인 부잣집에 시집가서 한시름 놓나 했는데, 그만 이혼했어요. 그래도 간호사로 일하면서 남매 키우고 열심히 살았어요. 그러다 급격히 몸이 나빠졌습니다. 작년에 유방암 수술을 받았고, 자궁에도 혹이 생겨 나팔관 제거 수술까지 했죠. 마지막으로 본 게 작년 9월인데 그 후론 통 연락이 안 됐어요. 전화해도 안 받더군요. 지난 일요일엔 조카들에게 전화해서 제발 연락 좀 하라고 했죠. 이튿날 문자가 왔는데, '몸이 너무 아파서 연락하지 않았어. 언니가 알면 힘들어할 테니까'라고 적혀 있더군요. 마음이 너무 아파요."

그의 떨리는 목소리에서 동생에 대한 깊은 사랑이 느껴졌다.

"그런 일이 있으셨군요. 그래도 담담히 말씀하시는 게 스스로 중심을 잡는 느낌입니다. 어떠세요?"

"코칭을 받으면서 힘을 얻은 것 같아요. 동생도 힘들 텐데 나까지 약한 모습 보이고 싶지 않기도 하고요. 제 속마음도 살펴보았습니다. 동생이 초등학생일 때는 먼저 돌아가신 엄마를 원망했어요. 키우지도 못하고 가버리면 어떡하냐고, 왜 내게 떠넘겼냐고요. 그런데 이제는 그런 마음이 없어요. 그저 동생이 건강하기만 바랄 뿐입니다. 그래서 어제도 동생 힘내라고, 너랑 비슷했던 사람도 열심히 치료받아서 괜찮아졌다고, 걱정하지 말라고 문자 보냈어요."

"동생이 이런 언니 마음을 안다면 어떨 것 같나요?"

"언니한테 걱정 끼쳐서 미안하다고 생각하겠죠. 그러니 더 힘을 내야겠어요. 제가 너무 걱정하는 모습 보이지 않으려고 해요."

"지금 그런 알아차림을 하고 나니 어떠신가요?"

"동생 문자를 받았을 때는 우울했었는데 지금은 괜찮아요. 마음이 단단해졌어요."

"그 외에 고객님이 할 수 있는 건 뭐가 있을까요?"

"그냥 이야기 들어주고 함께 있는 것 자체가 중요하죠."

실의에 빠진 C에게 현실에서 실현 가능한 방법을 찾아보도록 했다.

"동생에게 사랑을 표현할 창의적인 방법을 한번 생각해 볼까요?"

"보고 싶을 때, 동생에게 한국행 비행기 티켓을 보내주고 싶은데 부담을 느끼는 것 같아요. 우리가 가면 동생이 신경 쓸 것 같고…. 어떻게 해야 동생이 편하게 도움을 받아들일까 고민 중이에요. 전원주택을 지어서 별채를 동생에게 주려는 생각도 있어요. 지난번에 한국 왔을 때는 펜션을 하나 빌려서 형제자매들이 행복한 시간을 보냈어요. 남편이 처제인 동생에게 용돈도 두둑이 챙겨줬습니다. 나중에 동생이 미안해하더라고요. 그래서 그러지 말라고, 너는 자격이 있다고 말했어요. 성품도 훌륭하고 그 자체로 빛나는 사람이라고 말했어요. 진심으로요."

"네. 동생을 사랑하는 마음이 그대로 느껴졌어요. 지금 말씀하시면서 표정부터 밝아지고 목소리에 윤이 났고요. '지금 동생에게 사랑을 보내고 계시는구나' 싶었습니다."

"맞아요. 동생과 함께한 시간을 떠올리면 행복해요."

그는 마음에 힘이 생긴다고 했다. 긍정의 힘을 알아차리고 느끼던 순간이었다.

"동생 생각에 우울하던 때와 지금은 무슨 차이일까요?"

"동생을 바라보는 관점이 달라요. 가엾게만 여기는 게 결코 좋은 태도가 아니네요. 막내에 대한 죄책감 때문이었나 봐요. 그래서 우울했습니다."

"같은 맥락에서 동생분이 몇 개월씩 연락을 끊으면서 느끼는 감정이 어떨지 생각해 볼까요?"

"몸이 아프고 삶이 뜻대로 안 되니 힘들겠죠. 다른 사람에게 짐이 되나 싶어 부끄러울지도 모르겠네요. 아, 이런 생각은 미처 하지 못했어요. 막내 입장보다 제 마음이 우선이었어요."

"그럼 이제 막냇동생을 한번 볼까요? 그는 어떤 사람인가요?"

"막내는 훌륭하고 매력적인 사람이에요. 키도 크고 씩씩하거든요. 당차게 사회생활하면서 엄마 노릇도 잘하고 있어요. 제가 멋대로 동생 상을 왜곡하고 있었어요. 자꾸만 불쌍한 존재로 만들려고 했어요. 걱정만 하고 부정적인 감정만 드러냈어요. 물질적으로 잘해주는 것보다 자랑스러운 동생이라고 말해주는 게 더 필요했는데…."

세션이 끝나고 데이비드 호킨스의 의식지도에 관해 추가적인 설명과 해석을 보냈다. C는 자기 의식 에너지 수준이 어떻게 바뀌는지 느꼈다. 의식 지도의 가장 하위인 20의 비참함을 동반하는 수치심과 무력감을 동생을 대신해 상상했고, 자신은 30의 죄책감에 지배당한 채, 자기 자신을 비난하고 피해의식을 느꼈다. 동생을 레벨 75인 불행하고 슬픈 사람으로 규정함으로써 후회하며 우울해하는 자신을 느꼈다. 전부 200이하의 에고 중심적 충동으로 동생을 규정하니 에너지 소모가 극심해지고 우울해질 수밖에 없었다.

평가와 판단을 배제하고, 있는 그대로 수용하여 250 지수의 중립, 더 나아가 350의 받아들임으로 나아가니 에너지 수준이 높아졌다. 존재 자체로 소중한 동생에게 사랑을 보내는 순간, 의식 지수 500의 높은 수준 조건 없는 사랑으로 의식 수준이 상승했다. 사랑이 일상이 되는 순간 540의 기쁨을 누리게 된다. 급기야 600의 평화로운 상태로 마음은 고요하고 평온하며 온기를 띤다. C는 이제 동생에 대한 죄책감에 괴로워하지 않는다. 동생의 불행에 집착하지도 않는다. 그에게 남은 것은 앞으로 동생과 함께할 소중한 시간과 무한한 사랑뿐이다.

일상에서 우리는 부정적인 감정에 에너지를 쏟고, 자신을 파괴하려는 유혹에 굴복할 때가 있다. 그런 순간에는 의식지도를 펼치고 좌표를 확인하는 것만으로도 전환할 수 있다. 긍정적인 말과 행동만으로도 변화가 시작된다. 지도는 우리가 가야 할 길을 알려준다. C는 비로소 그 길을 찾았다.

데이비드 호킨스의 의식지도

	의식 수준	감정	관점	과정·영향	에너지 장 구분
역사적 성인에 해당	1000 ~ 700	깨달음	존재	순수한 의식, 언어 불가능, 초월성	상위
매우 높은 수준	600	평화	완벽	초월성, 행복, 직관, 신성함	상위
	540	기쁨	완전함	연민, 인내, 지속적인 긍정성	상위
	500	사랑	경외	무조건적, 용서, 치유, 이타주의	상위
높은 수준 (과학·철학· 합리성의 영역)	400	이성	의미 있음	지성, 분석, 추상화, 과학, 의학	중위
	350	받아들임	조화	비판단적, 삶과의 균형, 자유	중위
	310	자발성	희망적	적극적인 참여, 성장 의지, 헌신	중위
	250	중립	만족	비판단, 비방어적, 유연성, 안정	중위
'의식 상승'이 시작되는 기준점	200	용기	가능	변화의 임계선, 에너지의 시작, 시도	평형점
낮은 수준 (심리적으로 "닫힌 상태"이며 에너지가 소모)	175	자부심	경멸	방어적, 거만함, 오만, 오류 부인	하위
	150	분노	적대적	공격, 복수심, 폭발적, 증오	하위
	125	욕망	실망	갈망, 중독, 만족 불가능, 채움	하위
	100	두려움	위협적	불안, 편집증, 철회, 방어	하위
	75	슬픔	비극적	상실, 후회, 의존, 우울증	하위
	50	무감정	절망적	무기력, 포기, 빈곤, 만성적	하위
	30	죄책감	악의적	비난, 자기혐오, 피해의식, 파괴	하위
	20	수치심	비참함	굴욕, 자기 파괴, 회피, 배제	하위

단계적 목표 수립 전략에 필요한 것들

변화와 적응을 위한 코칭

✳

코칭은 매우 개별적인 작업이다. 고객도, 코치도 매 순간 달라지고, 세션의 맥락 역시 반복되지 않는 단 한 번의 경험이다. 지금 내 앞에서 코칭을 받는 고객조차 지난번과 동일한 사람이 아니다. 심지어 코칭을 시작하던 순간과 진행되는 중, 또 끝날 때의 고객도 그때 그 고객이 아니다. 고대 철학자 헤라클레이토스의 "같은 강물에 두 번 들어갈 수 없다"라는 말처럼 코칭은 코칭 관계 속에서 끊임없이 변화한다.

변화가 상수인 시대환경에서 개인과 조직은 생존과 성장을 위해 노력할 수밖에 없다. 조직은 개방시스템으로 내외부 환경의 도전을 끊임없이 받는다. 기하급수적으로 발전하는 기술 변화를 따라 시장 트렌드를 선도하고, 새로운 문화도 만들어가야 한다. 조직의 효율성을 유지하려면 개인의 적응 수행은 필수적이다. 개인은 신기술을 배우고 역량을 개발한다. 적응 과정에서 두려움과 불안이라는 저항을 만나는 것은 누구나 마찬가지다. 그러나 불편함을 극복해 가는 과정에서 능력은 키워지고 동기는 강화된다. 조직과 개인이 신념과 가치를 정렬하고 서로의 요구에 부합하려 노력할 때, 양쪽 모두에 긍정적인 영향이 미친다.

리더의 잘못된 신념이 조직 전체를 붕괴시키는 사례는 무수히 많다. 변화에 대응하는 유연성은 기업의 생존 조건이다. 그래서 이들은 막대한 예산을 투입해 개인과 조직의 문화를 재정비한다. 팀코칭이나 팀 빌딩 등을 통해 MVC(미션, 비전, 가치)를 확립한다.

NLP(신경언어 프로그래밍) 기법은 개인과 조직을 변화시켜, 빠르고 쉽게 탁월한 결과outcome를 얻게 하는 과학적 심리 기술이다. 이를 위해 심리학, 언어학, 컴퓨터 과학 등 다양한 분야의 전문가들이 프로그램을 개발했다. 여기에는 뇌의 가소성 원리나 긍정성 신경회로 끼워넣기, 혹은 소마틱과 인지적 결합 등이 동원된다. 감각과 언어적 요소를 활용하여 신념을 재구성하고 주관적 경험과 사고 패턴을 변화시켜 새로운 행동을 유도한다. 세계적인

NLP 마스터 로버트 딜츠Robert Dilts는 개인과 조직의 변화와 성장을 촉진하는 6단계 모델을 제시한다. 여기서는 상위 레벨의 변화가 하위 레벨에 영향을 미치며 존재Being의 알아차림과 성찰이 행동Doing의 변화를 이끈다.

신경언어 프로그래밍 6단계 모델

단계	명칭	핵심 질문	주요 내용
1	환경	언제? 어디서?	외부적 제약이나 기회, 시간, 장소, 외부 조건, 상황 및 주변
2	행동	무엇을 하는가?	관찰 가능한 구체적인 행위, 반응, 습관, 실제적인 활동
3	역량	어떻게 할 수 있는가?	행동을 유도하는 전략, 기술, 기술 습득 능력, 지식, 잠재력
4	가치/ 신념	왜 해야 하는가?	동기 부여의 근원, 중요한 원칙, 세상과 자신에 대한 가능성 및 제약에 대한 믿음
5	정체성	나는 누구인가?	자기 인식, 역할, 자아상, 자신이 누구라고 믿는가에 대한 근본적인 정의
6	영성/ 목적	누구를 위해? 무엇을 위해?	삶의 궁극적인 의미, 대의, 소속감, 전체 시스템 속에서의 역할, 비전

박사 논문을 준비하는 E는 부모와의 갈등으로 무척 의기소침해진 상태였다. 우리는 먼저 그의 현재 위치를 정확히 이해하고 전략을 세우기 위해 신경언어 프로그래밍 6단계 모델을 이용해 탐색 질문을 이어갔다.

【1단계: 환경】

"내가 이루고 싶은 목표와 관련해서 지금 어떤 상황에 있나요?"

"아직 박사 학위를 따지 못해서 조급하고 마음이 붕 떠 있는 것 같아요."

"원하는 결과를 얻으려면 어떤 지원이나 자원이 필요할까요?"

"부모님은 집안 행사 참석을 계속 바라시는데, 저는 시간이 부족해요. 논문을 마칠 때까지 기다려주셨으면 합니다."

【2단계: 행동】

"지금 말씀하신 바를 이루기 위해서 어떻게 하면 좋을까요?"

"역정 내실 것 같아 걱정이긴 하지만, 지금 말하지 않으면 부모 탓만 할 것 같습니다.

【3단계: 역량】

"부모님께 말씀드리기 위해서 어떤 것이 필요할까요?"

"저는 설득력이 있는 편입니다. 솔직하게 말씀드리면 수용하실 것 같기도 해요."

【4단계: 가치나 신념】

"그렇게 행동하게 하는 원동력은 무엇일까요?"

"부모님은 저를 신뢰하세요. 평소 부모님 뜻에 어긋나는 행동을 한 일도 거의 없고요."

"그런데 지금까지 요청드리지 못한 이유는 무엇일까요?"

"제 무능함을 드러내는 것 같아서 두려웠습니다. 비난받을까 걱
정도 됐고요."

【5단계: 정체성】

"용기를 내는 자기 자신이 어떻게 느껴지나요?"

"걱정을 떨치고 제 삶의 본질에 충실히 하려는 것 같아요. 사실
이런 걱정은 기우일지도 모르죠."

【6단계: 영성 혹은 목적】

"본질에 충실한 삶, 이후에는 어떤 꿈을 품게 될까요?"

"전 사람들이 좀 더 환한 웃음을 지으며 자기 삶에 다정해질 수
있도록 돕겠습니다."

E와의 코칭은 지금 그가 처한 상황[1단계: 환경]을 점검하면서
시작했다. 목표에 도달하려면 현재 상황을 올바르게 파악해야 한
다. 그리고 나서 무엇을 할 수 있을지[2단계: 행동] 구체적인 실천
방안을 고찰한다. 이를 실현할 그 사람만의 능력[3단계: 역량]을
살피고 자신의 긍정적인 의도를 확인하면서 무의식적 역량을 발
견하도록 고객을 지원한다. 이로써 변화를 위한 마음가짐[4단계:

가치나 신념]을 강화하고 동기를 끌어올릴 수 있다. 이 과정에서 잘못된 고정관념이나 신념을 바꾸는 작업도 병행한다. 이후 자신에 대한 상[5단계: 정체성]은 무엇인지 질문을 이어간다. 마지막으로, 앞으로 어떤 삶을 살고자 하는지 물으며 더 큰 자신의 모습을 보도록 시야를 확장시켜 준다[6단계 : 영성 혹은 목적].

이 과정은 단계별로 어려움을 탐색하고 전략을 세우는 데 도움이 된다. E는 마지막 회기에서 자신이 단순히 당장의 문제만 해결하려는 것이 아니라, 더 큰 삶의 방향을 고려하고 있다는 점을 확인했다.

기업이나 조직 차원에서 보았을 때, 환경 → 행동 → 능력 → 가치·신념 → 정체성 → 영성·목적 수준의 상향식 진행은 단기 목표를 달성하기 위한 전략을 수립할 때 좋다. 만약 개인이나 조직의 목표가 미정인 상태라면 거꾸로 영성·목적, 즉 자기 삶의 목적이나 존재 이유 등에 관해 먼저 진지하게 고찰하는 식으로 진행한다. 목적을 찾으면 정체성이 분명해지고 동기가 강화된다. 그러면 자연스레 기존의 가치관과 신념도 재정비할 수 있다.

단계적 모델로 그려보는 사랑의 의미

✳

나는 많은 사람이 갈망하는 '사랑'이라는 주제를 로버트 딜츠의 단계적 모델에 비추어 다시 생각해 보았다. 그리고 이를 단계적 모델로 그려보았다.

우리 삶은 사랑 속에서 시작된다[1단계: 환경]. 사랑은 한 자리에 머무르지 않고, 관계의 깊이에 따라 단계적으로 확장된다. 처음에는 함께 시간을 보내고 경험을 주고받는 사랑으로 출발한다[2단계: 행동]. 사랑을 유지하기 위해서 효과적인 소통 능력을 기르고 갈등을 해결하려는 노력을 기울이고, 공감력을 높이고 연인과의 관계를 잘 유지시킬 기술을 익힌다[3단계: 역량]. 시간이 지나면서 사랑을 통해서 관계에서 가장 중요한 신뢰감이나 개인적 신념을 중요하게 생각하는 [4단계: 가치나 신념] 단계로 발전하고, 이후에는 조건과 상황을 넘어 '나는 사랑받는 존재다', '나는 영원한 사랑을 줄 수 있다'와 같이 존재 자체를 인정하는 핵심 정체성 기반의 사랑으로 나아간다[5단계: 정체성]. 가장 깊은 차원에서는 사랑의 관계가 물리적 제약을 넘어 세상에 기여하거나 개인의 삶을 초월하는 [6단계: 영성·목적] 수준으로 확장되기도 한다. 이때 사랑은 단순한 감정을 넘어 삶의 의미를 구성하는 요소로 자리한다. 그래서 사랑하는 사람을 잃더라도 관계가 즉시 사라지는 것은 아니다. 기억과 경험, 정신적 유산을 통해 계속 이어진다.

실제로 이건 나의 이야기이기도 했다. 10여 년 전 돌아가신 엄마를 이제는 가슴에 품었지만, 요즘도 함께 대화를 나눈다. 눈을 감으면 가슴속 어느 곳에 장場이 펼쳐지고, 거기 두 손을 잡은 엄마와 내가 있다. 함께 있다는 느낌만으로도 충만하다. 아무것도 하지 않아도 저절로 미소가 피어난다. 지금 여기와 연결된 엄마의 사랑을 느낀다.

책을 쓰면서 나는 신념 체계를 재정립하는 시간을 가졌다. 다양한 명상과 의식 일기 쓰기, 선배들의 코칭을 받으면서 내 안에 똬리를 틀고 있던 숱한 가정과 전제를 만났다. 당혹스럽기는 했지만 밉지는 않았다. 오히려 정체를 드러내주어 고맙다는 생각이 들었다. 재인식과 재구성의 단계를 거치며 실험하고 배울 수 있어서 좋았다. 나 자신을 부정하고 회피하느라 에너지를 빼앗기는 대신, 있는 그대로 수용하면서 모순을 흘려보내고자 했다. 변명이든 저항이든 무언가를 하려 애쓸수록 진실과 멀어진다. 그냥 토닥토닥 등을 두드리듯, 내 몸을 통과해 잘 흘러가도록 둘 일이었다.

지금의 나는 이 책을 처음 쓸 때의 나와 다르다. 붙잡고 있던 무언가를 놓은 덕분이다. 코칭이라는 탐험의 결과다. 자기 탐구는 삶을 더 아름답고 뜻깊게 한다. 그런 의미에서 코칭은 생명이다. 감사이고 용서다. 무엇보다 사랑이다. 많은 이가 자기 삶을 행복으로 이끄는 내면의 셀프 코치가 되기를 바란다.

나 자신을
추앙하라

추앙의 역설

✳

수년 전 〈나의 해방일지〉라는 드라마가 화제였다. 한 가족을 중심으로 이야기가 펼쳐지는데 배우들의 연기도 좋았지만 '추앙하다'라는 유행어도 인기가 있었다. 보통 '추앙하다'는 권력자에게 보이는 태도로, 관계의 불균형을 떠올리게 한다. 그런데 드라마에서는 '높이 떠받들어 우러러보다'라는 원뜻을 비틀어 '진정한 존중'을 의미하는 말로 사용한다. 엄숙성은 빠지고, 사회에서 무너진 자존감을 지지하는 '구원 같은 단어'로 기능한다.

주인공 염미정은 이 말을 수시로 쓴다. 마치 칸트의 정언명령처럼 추앙을 요구한다. 사랑하는 이에게 무조건적인 지지와 존중, 애정을 요구한다. 그렇다면 왜 사람들은 이 말을 좋아했을까? 존중받지 못하는 이가 많다는 의미일지도 모른다.

드라마를 보며 내가 그동안 추앙했던 사람들이 떠올랐다. 나는 그럴 만하다고 생각되면 기꺼이 추앙했다. 뭔가 얻어내려는 목적은 없었다. 순수하게 상대를 추켜세우고 다른 사람 앞에서 자랑했다. 문제도 생겼다. 어느 순간부터 추앙을 '권리'처럼 여기는 사람도 있었다. 복종을 요구하고, 선을 넘고, 가스라이팅을 시도하기도 했다. 또 자기 기대에 못 미치면 화를 냈다. 그때 깨달았다. 추앙하는 마음과 추앙받는 마음은 다르다는 것을.

몸이 망가지고 정신이 피폐해진 뒤에야 용기를 냈다. 끊어내야겠다고. 타인을 추앙하느라 정작 자신을 추앙하지 않았던 스스로에게 자책과 연민이 함께 밀려왔다. 타인을 추앙하는 데서 자기 존중으로 제자리를 찾아오기까지 꽤 긴 시간이 걸렸다. 나는 침묵을 택하고 내면 작업으로 들어갔다.

자기 존중으로 자존감이 높은 사람이 지닌 세 가지 면이 있다.

첫째, 정신 건강을 확보하여 행복한 삶을 주도적으로 영위한다. 스스로의 능력과 삶을 대하는 태도를 믿기에, 힘든 일이나 실패 앞에서도 문제 해결에 집중한다. 모험을 즐기고 어떠한 도전에도 긍정적인 태도로 자신을 관리한다. 부정적인 감정이 올라와도 이내 알아차리며, 스스로를 소중히 여기는 자기 정화를 통해 내면의 균형을 맞춘다. 자연히 우울증이나 불안 장애 같은 취약성에서 비껴간다.

둘째, 타인과의 관계에서 경계를 분명히 설정하고 서로 존중하는 태도를 지닌다. 상대에게 의존하기보다 스스로 충족하는 힘을 키워 수평적 관계를 유지한다. 자신을 진정으로 사랑할 때 타인에 대한 이해도 깊어져, 건강한 대인 관계로 이어진다.

셋째, 자신의 일과 삶에서 무한한 창조성을 발휘한다. 자신이 목표를 달성할 능력이 있다고 믿고, 좋아하는 것을 분명히 알기에 스스로 동기를 부여한다. 그들에게는 영원한 실험이 있을 뿐, 실패가 없다. 모든 상황을 학습의 기회로 삼고, 자신의 강점과 약점을 객관적으로 파악하여 시도·개선하면서 잠재력을 최대한 발휘한다. 자유로워진 만큼 자신이 가진 끼와 재능을 마음껏 펼친다.

결국 자기 존중은 자기 번영의 길을 놓는 일이다.

갑질에 지친 사람들

✳

S는 직장을 다니며 박사 과정을 공부하고 있었다. 그러나 지도 교수와 관계가 원만하지 않았다. 지방의 직장을 다니면서 서울에 오가며 학업을 수행하는 일은 쉽지 않았다. 지도 교수가 주관하는 모임에 적극적으로 참여하지 못하기도 했다.

지도 교수는 자주 S를 비난했다. S는 내가 잘못했으니 할 말이 없다고 스스로를 눌렀다. 그러다 본격적으로 논문 준비에 들어가자 상황은 심각해졌다. 지도 교수는 사소한 일로 트집을 잡고, 부당한 요구를 했다. S는 박사 과정을 포기해야 할지 고민할 지경에 이르렀다. 그러는 사이 동기들과 후배들까지 졸업을 했고 S는 초조해졌다. 학문적으로 존경하던 분이어서 지도 교수로 모셨는데 실상을 알고 나니 감당하기 벅찬 사람이었다. 일방적인 훈계와 지시로 말문을 막아버리니, 그 앞에서는 늘 얼어붙었다.

S에게 당면한 문제를 물었다.

"직장 일도 벅찰 텐데 박사 학위는 왜 따고 싶은 걸까요?"

그는 놀란 듯 눈을 크게 뜨고 잠시 말을 잇지 못했다.

"그러게요… 왜 박사가 되고 싶은 걸까요? 남들처럼 스펙을 쌓기 위해서였을까요? 따두면 도움이 되겠지 싶어서였을까요? 저도 잘 모르겠네요"

나는 그가 자기 생각 속에 머물도록 잠시 기다렸다.

"머무르면서, 지금 어떤 마음이신가요?"

"질문을 받고 보니, 제가 본질을 놓치고 있었던 것 같습니다. 공부의 목적을 생각하지 않았어요. 겁을 먹고 지도 교수님 비위만 맞추고 있었네요. 배움은 뒷전이었고요. 스트레스 속에서 '계속해야 하나'만 고민했고, 그러다 보니 공부는 소홀했습니다. 목적이 분명했으면 교수님이 뭐라 해도 제 길을 갔겠죠."

S는 박사 학위를 취득하고자 했던 원래의 목적을 떠올렸다. 박사 과정에 들어갈 때 세웠던 비전, 현장에서 만난 사람들, 사회적 기업이나 스타트업 운영자들에게 도움을 주고 싶었던 마음. 목적이 선명해지면서 문제의 초점도 바뀌었다.

"목적을 분명히 하고 나니, 처음에 해결하고 싶었던 문제에 변화가 있나요?"

"중도 포기 고민보다 어떻게 논문을 완성할지에 집중하고 싶습니다."

"원하는 바를 이루기 위해 지도 교수님과의 관계는 어떻게 해야 할까요?"

"관계의 어려움 때문에 주저앉는 건 맞지 않겠네요. 대화를 시도해 보고, 안 된다면 지도 교수를 바꾸는 것도 생각해야겠습니다."

이후 S는 지도 교수와 대화를 나누고 학위를 무사히 마쳤다.

추앙, 존경, 권위는 당사자가 연출해 내는 것이 아니다. 그와 관계하는 사람들의 진심이 모아졌을 때 비로소 부여되는 영예다. 추앙받는 사람은 추앙하는 사람의 마음을 알아야 한다. 그리고 겸손해야 한다. 당연하다는 듯 요구하는 사람은 추앙받을 자격이 없다. 특히 권력이 작동하는 수직적 관계에서는 이러한 위험이 더욱 크다. 아랫사람은 몸을 사리며 권위에 따르고, 윗사람은 자아도취에 빠져 권력을 휘두른다. 이런 관계는 서로를 병들게 한다. '갑질'은 폭력적인 방식으로만 행사되지 않는다. 은밀하고 모호한 방식의 통제 역시 마찬가지로 피해를 끼친다.

코칭을 받기 전 S는 지도 교수의 갑질에 지친 상태였다. 지극히 개인적인 일이라 외부 도움을 받기도 힘들었다. 다들 견디면서 사는데 왜 너만 유난이냐는 소리를 들을 게 뻔했다. 그런데 실상을 알고 보니 지도 교수는 S뿐만 아니라 다른 제자도 힘들게 하고 있었다. S는 용기를 내어 지도 교수에게 자기중심적 태도를 돌아보고 타인을 배려해 달라고 요구했다.

경청은 결국 자기 존중

✳

코치는 직업 특성상 변화와 성장뿐 아니라 상처, 좌절, 혼란 속에 있는 사람을 만난다. 처음 코칭에 참여한 고객들은 코치를 '특별한 노하우를 가진 사람'으로 기대하고 의존하려 한다. 그러나 코치는 정답을 주는 이가 아니다. 더 나은 삶을 꿈꾸는 이들과 길을 찾는 일에 동행하는 파트너다.

코칭은 고객과 '탐색 – 발산 – 수렴'의 과정을 거치며 코칭 고객 고유의 성을 세워가는 일이다. 이때 코치는 직접 개입해 답을 주려는 유혹에서 벗어나야 한다. 내가 더 많이 알고 있다고 생각하는 순간, 상대를 판단하고 평가하기 때문이다. 스스로 유능하다는 생각이 드는 때를 특히 경계해야 한다.

코치에게는 기다림의 지혜가 필요하다. 코칭 중간중간 스텝이 꼬이기도 한다. 우여곡절 속에서 대화하고 경청을 거듭한다. 고객이 원하는 바, 지향하는 곳, 그의 눈길이 가닿은 그곳에서 과연 무슨 일이 일어날지, 고객의 말 뒤에 숨은 진심은 언제쯤 드러날지, 그저 '추앙하는' 마음으로 기다리며 듣는다. 코칭 고객의 감정을 수용하고 때로는 침묵으로 함께 머물러주며 공감한다. 상처투성이의 고객을 만날 때는 특히 이러한 기다림의 태도를 유지해야 한다.

경청에도 요령이 따른다. 경청은 텍스트만 듣는 것이 아니다. 전체적인 맥락을 살피면서 즉시적 공감의 반응, 적절한 반영과 질문으로 상대가 한 말을 되비추고, 이해한 것을 확인하는 과정이다. 스스로에게 하는 내면 대화도 마찬가지다. 이 과정에서 자기 감정을 이해하고 스스로 표현할 수 있게 된다. 또한 내면의 무의식을 반영하는 비언어적 신호(표정, 움직임, 말의 억양)를 관찰하고 알아차린다. 그렇게 자신의 내면을 안전하게 드러내고, 숨겨져 있던 감정을 이해할 수 있게 된다. 그때 비로소 변화가 시작된다.

온전한 수용과 존중을 경험하면 새롭게 세상을 보게 된다. 상처 입은 내면의 소리에 귀 기울일 때라는 것을 알게 된다. 경청과 적정한 탐색이 상호작용하면서 깨달음의 순간이 찾아온다. 거듭할수록 자신의 참모습이 더욱 빛난다. '눈에 보이는 것' 이면의 근원적인 힘과 빛을 발견한다. 내가 살아있음을, 서로가 서로를 살리고 있음을 깨닫는다. 공감의 언어와 편향 없는 상호 작용은 우리 뇌에 새로운 신경회로를 만든다. 미세한 변화를 읽어내고 에너지의 흐름이 바뀌고 있음을 알아차린다. 내면의 선율에 몸을 맡긴 채, 둥글게 둥글게 원을 돈다.

자기 존중을 위한 내면 작업에서 나는 엘리자베스 퀴블러-로스의 '죽음·애도의 5단계'를 그대로 적용했다. 내가 무시해 왔던 나의 목소리를 전적으로 경청하기 의해서였다. '죽음, 상실, 애도'를 통해 웰 다잉이 곧 웰빙임을 설파한 그녀의 30년 연구는 탁월하다.

첫 번째 단계는 부인Denial이다. 상대가 잘못되었다고 생각하기 이전에 끊임없이 나를 의심하고 부인했다.

두 번째 단계는 분노Anger다. 내게 이런 일이 일어났다는 것에 분노했고, 상대를 용서할 수 없었다.

세 번째 단계는 협상Bargaining이다. 분노만으로는 괴로움이 떨쳐지지 않는다는 것을 받아들였다. 나를 살리고 싶어졌고, 어떻게 해야 할지 스스로 묻고 또 물었다.

네 번째 단계는 우울Depression이다. 살기 위해 노력하는데도 자꾸 감정적으로 가라앉았다. 내가 무능해서, 내가 못나서 일어난 일이라는 무력감이 강하게 밀려왔다. 삶 자체가 두렵기 시작했다.

다섯 번째 단계는 수용Acceptance이다. 모든 감정과 왜곡된 신념을 직면하며 주의 깊게 경청한다.

이미 지나간 일임을 알아차리고, 다시 나의 주도권을 되찾은 것에 감사함을 느꼈다. 도망가지 않고 스스로에게 귀 기울이며 '유일한 내 편'으로 내가 함께했음에 감사했다. 내게 보내는 경청은 결국 자기 존중이다.

폭군 물리치기

✷

어떤 관계는 이별이 필요하다. 나를 희생하는 관계, 상대의 자만과 권력욕을 자극하는 관계가 그렇다. 이런 관계에 있으면 상대가 규정하는 '나'에 사로잡혀 진짜 나를 잃는다. 이런 관계는 단호하게 끊어야 한다.

사람들이 추앙하는 어떤 이가 실상은 대단히 자기중심적이며 권력 지향적인 나르시시스트일 경우가 있다. 앞에서는 모두를 수용하는 듯 행동하지만, 이해관계가 얽히면 부당한 갑질로 상처를 줄 때도 있다. 과거 순수한 사람이었지만 명성과 권력을 얻은 후 그렇게 변하기도 한다. 내가 이런 관계 상황에 놓여 있다면 상대가 이중적이거나 권력 지향형 인물은 아닌지 의심해 보아야 한다. 또 그런 그를 옹호한 나 자신이 혹시 가스라이팅 당해온 건 아닌지 살펴보아야 한다.

무례한 폭군에게서 자유로워지려면, 내면의 분노를 잘 다루어야 한다. 내가 예속 상태에 있음을 인정하고 표현해야 한다. 한 번에 어렵다면 단계적으로 접근할 수 있다. 먼저 자기 상황을 인정하는 데 노력을 기울인다. 어느 정도 받아들였다면 이후 찾아드는 수치심과 자책, 후회라는 감정을 견디는 시간이 필요하다. 그러고 나면 내면의 분노는 서서히 모습이 바뀐다. 다음은 견디기 힘들었던 감정을 말로 표현할 단계다. 가족이나 믿을 만한 친구에게 피해 경험을 용기 있게 털어놓자. 타인에게 말하는 순간 나를 괴롭혀 온 감정에서 해방될 수 있다.

이제 가해자와의 대면이다. 그에게 내가 느낀 모욕감과 상처를 분명하게 전달한다. 보복당할까 두려울 수도 있다. 그러나 그가 단지 비겁하고 겁 많은 '폭군'이었다는 사실을 깨달을 가능성이 더 크다. 약자에게 잔인한 사람일수록 당당한 사람 앞에서는 쉽게 고개를 숙인다. 설령 그가 또다시 모욕과 폭력을 행사한다 해도, 이전과는 다르게 대응할 것이다. 두려움에 떨면서 권위에 복종하던 나는 사라졌기 때문이다.

오랫동안 정신적으로 지배당한 경우는 시간이 더 필요할 수 있다. 중요한 것은 시작하겠다는 의지다. 세상에서 가장 귀한 '나'를 위해 행동해야 한다. 용기를 내면 스스로 회복하고 다시 일어설 수 있음을 깨닫게 된다. 그런 사람은 수치와 공포, 분노 같은 감정에 휘둘리지 않고 맞설 수 있다. 여유 있게 웃으면서 상대에게 사과를 요구할 수 있다.

상처 입은 사람은 외부적 폭력은 물론 내 안의 수치심과도 싸워야 한다. 비겁했다는 생각, 나는 아무것도 아니라는 생각에 괴롭다. 그럴수록 비난의 화살을 자신에게 쏘는 게 맞는지 의심해야 한다. 회피가 능사는 아니다. 나는 잘못이 없다. 문제는 인간에 대한 예의를 모르는 무례한 사람들이다. 그러니 타인을 존중할 줄 모르는 폭군들에게 알려주어야 한다. 추앙하고 추앙받는 관계보다 사랑하고 사랑받는 관계가 훨씬 힘이 세다는 것을.

코칭의 목표는 주체인 '나'

아픔을 견디는 자기만의 방식

＊

후배로부터 전화가 왔다. 그런데 분위기가 평소와 달랐다. 주저함, 난감함, 불가해함, 체념이 느껴졌다. 사춘기 자녀 문제였다. 아이가 왜 살아야 하는지 모르겠다며 무기력증을 호소한단다. 평소 주의력결핍과잉행동장애ADHD를 의심할 만큼 활동적이던 아이였다. 사춘기라고 넘기기에는 상태가 심각해 보였고, 부모는 어찌 해야 할지 몰라 가슴이 답답하다고 했다. 전화기 너머로 무기력증을 지켜보는 가족의 마음이 전해졌다.

상황은 단순하지 않았다. 아이는 아무것도 하려 하지 않았다.

1교시부터 줄곧 엎드려 자고, 훈계하던 선생님도 지쳤는지 사실상 방치 상태였다. 집에 돌아오면 휴대 전화에 매달려 전자책이나 영화를 봤다. 그런데도 좋아하는 영어와 수학은 꾸준히 공부했고, 학원 수업도 빠짐없이 들었으며 시험 성적도 잘 나왔다. 다만 싫어하는 과목은 완전히 손을 놓았다.

부모로서는 당혹스러울 수밖에 없었다. 후배 부부는 성실하게 일하며 '좋은 부모'가 되기 위해 노력해 왔다. 아이와 종종 공연을 보고 다양한 체험 활동도 했다. 그러던 어느 날, 담임 선생님이 정신과 상담을 권유하자, 가슴이 철렁 내려앉았다. 병원에 데려가면 아이에게 낙인이 찍힐까 두렵고, 내버려두자니 증세가 나빠질까 걱정이다. 어디서부터 잘못된 건지 알 수가 없었다.

전화기 너머 후배(아이 아빠)의 이야기가 계속되던 중 문득 '지그시'라는 단어가 떠올랐다. 사전적 의미로는 '조용히 참고 견디는 모양'이다. 후배의 마음이 그렇지 않을까. 이러지도 저러지도 못한 채, 그저 버티고 있는 상태. 그 속에는 얼마나 큰 상심이 자리하고 있었을까.

당사자인 아이 역시 '지그시' 아픔을 견디고 있을지 모른다. 무너지지 않으려 억지로 몸을 일으켜 학원으로 가는 것일 수도 있다. '나 여기 살아있어'하고, 스멀스멀 올라오는 무기력을 조용히 누르고 있는지도 모른다. 생각이 여기에 미치자 마음이 아려왔다.

상대 중심의 코칭 대화법

✳

대화를 나눠보니 아이 엄마는 강인한 사람이었다. 어떤 상황에서도 믿음을 놓지 않겠다고 했다. 아빠 역시 아이를 이해하려고 노력하겠다며 의지를 다졌다. 무기력이나 우울감 등의 감정 이면에는 두려움이 자리 잡고 있다. 두려움은 공포로까지 확장되어 삶을 흔들기도 한다. 마음이 꺾이고 좌절감은 커진다. 그러니 꼭꼭 숨은 두려움을 찾아내야 한다.

무기력에 빠졌다는 말은 곧 원하는 바가 있다는 뜻이다. 후배의 아이도 하고 싶은 일이 있다. 그래서 늘어져 있다가도 문득 털고 일어나 학원에 가는 것이다. 이 정도라면 충분히 가능성이 있다. 아이의 마음을 헤아려보자. 그 속은 도전하려는 욕구와 포기를 종용하는 목소리가 부딪치는 전장戰場이다. 마음 사회의 판도가 수시로 바뀐다. 엎치락뒤치락하다가 불쑥 아이의 진심이 전쟁터 한가운데에 모습을 드러낸다. 이 상황에 저항하고 있다는 뜻이니 얼마나 다행인가. 가족이라면 이 마음을 지지해 주어야 한다. 나는 이 지점을 후배 부부에게 강조했다.

"아이가 얼른 예전 모습을 되찾았으면 좋겠다고 하면서도, 계속 해야 할 일에 대해서만 말씀하고 계시네요."

"애가 바뀌어야죠. 부모가 뭘 할 수 있어요?"

"정말 부모로서 할 수 있는 것이 없다고 생각하세요? 그럼 이

곳은 왜 찾아왔나요?”

“······생각해 보니 아이에게 바라기만 했네요. 정작 아이가 무얼 힘들어하는지는 몰랐네요. 아이 때문에 내가 겪는 어려움만 생각했던 것 같아요.”

타인을 내가 바꿀 수 있을까. 영향을 끼칠 수는 있지만 바꿀 수는 없다. 내가 바꿀 수 있는 것은 나 자신뿐이다. 부모들은 자녀에게 문제가 생기면 어떻게 교정할 수 있는지에 특히 초점을 둔다. 하지만 먼저 자녀의 현재 상태에 주목하고, 자녀를 둘러싼 환경부터 탐색해 나가야 한다. 주변 인물과 사건이 어떻게 작용하는지, 그 사실들을 어떤 관점으로 보고 재정의해서 자원화할지에 관심을 둬야 한다. ‘내가 바라는 자녀의 모습’이 되도록 다그치는 게 아니라 자녀가 ‘지금 현재 처해있고 헤쳐갈 자신의 모습’을 상상하도록 도와주어야 한다. 그 과정에서 부모로서 무엇을 지원하고 기다려야 하는지 알아내고 구별해야 한다. 이는 즉, 부모가 양육자로서의 자기 자신에게 집중해야 한다는 뜻이다. 그렇게 현실과의 틈을 줄여 나가야 한다.

“그렇다면 이제 본인 얘기를 한번 해볼까요?”

후배는 두려움을 느끼고 있었다. ‘아이 상태가 나아지지 않으면 어쩌지?’ ‘이러다 평생 병원 신세를 지는 건 아닐까?’ 그는 아직 일어나지 않은 미래를 걱정하며 비관하고 있었다. ‘그동안 내

양육 태도에 문제가 있었던 걸까?' 하는 죄책감도 있었다. 그러는 사이 무기력 쪽으로 기울고 있음을 깨달았다.

"그렇다면 지금 할 수 있는 일은 무엇일까요?"

"기다려야죠. 아이도 힘들잖아요. 지금 마음은 어떤지, 어쩌고 싶은지 물어보고 걱정하지 말라고 말해줘야죠. 언제든 도와줄 사람이 곁에 있다는 걸 알리고 싶습니다."

가족이라는 안전지대 만들기

✳

청소년기 아이들은 불안정한 시기를 지나고 있지만, 그래도 부모에게 마음의 공간을 열고 있다. 부모가 지금 어디 있는지, 어떤 시선으로 자신을 바라보는지 늘 확인한다. 다만 부모에게 손을 내밀려면 믿음이 필요한데 신뢰는 하루아침에 만들어지지 않는다. 기다리지 못하고 닦달하면 관계는 무너진다. 또 부모가 기다림을 포기하면 아이들은 안전지대 밖으로 도망친다. 거리에서 방황하거나, 나쁜 의도로 접근하는 사람들의 호의를 쉽게 믿게 된다.

무기력에 빠진 아이에게는 시간이 필요하다. 부모가 불안한 마음에 비난하지 않았는지 돌아보자. 청소년기는 가족 간 안전지대를 구축할 시기이기도 하다. 지그시 다가가고, 기다려주고, 지긋한 눈빛으로 바라봐주는 것. 아이들이 가장 필요로 하는 것이다.

직면과 포용으로
자기 돌봄을 실현하라

지식생태학자 유영만 교수는 2024년에 100번째 책을 출간했다. 전문 작가가 아닌 사람이 무려 100권의 책을 써냈다는 사실은 단연 화제가 되었다. 그 출판기념회에서 유교수의 스승이 축사를 했는데 내용이 의미 깊었다.

조실부모하고 용접공으로 생계를 이어가던 제자에게 스승은 희망의 빛이었다. 스승은 가난 때문에 꿈을 접어야 했던 제자에게 든든한 버팀목이 되어 주었다. 학업을 이어갈 수 있도록 아르바이트 자리를 마련해 주고, 미국 대학에 절절한 추천서를 보내 학비와 생활비 일부를 지원받게 도왔다. 평생 멘토로 곁을 지켜온 스승은 이제 환갑이 넘은 제자를 바라보며 눈가를 붉혔다.

제자는 스승의 사랑과 지원 아래서 자신만의 서사를 써나갔고 많은 책을 출판했다. 100번째 책의 제목 《코나투스》는 스피노자가 말한 철학 개념으로, 스스로의 존재를 유지하려는 힘, 즉 근원적 욕망과 에너지를 뜻한다. 인간에게는 실존을 유지하려는 본능이 있다. 어쩌면 우리는 그 에너지를 충분히 인식하지 못한 채, 환경과 조건을 탓하며 너무 쉽게 자기 길을 포기하는지도 모른다.

꿈을 이루려면 삶의 목적성을 깨달아야

✳

복학생 G는 진로만 생각하면 불안하다. 전공에 흥미가 없어서 시간만 낭비하고 있는 건 아닌지, 다른 길을 찾아야 하는 것은 아닌지 고민이다. 예민한 성격 탓에 생각이 많아지면 두통이 생기고 소화도 안 되었다. 그는 10회기 코칭을 계획했는데 첫 회기부터 조급한 마음을 드러냈다.

"첫 주제로 이 이야기를 다루고 싶은 이유는 무엇일까요?"

"이 생각들이 지금 자기 삶에 어떤 영향을 미치고 있나요?"

질문을 이어가자 불안 증세를 호소했다. 3분간 짧은 호흡 명상을 함께하고 충분히 그럴 수 있다며 그의 마음을 다독였다.

"지금 탐색하고 싶은 진로 이야기는 인생에서 얼마나 중요한가요?"

“사람에게서 일은 꼭 필요하죠. 독립하려면 자기 일이 있어야 합니다.”

“그 일은 어떤 조건을 갖춰야 할까요?”

“돈보다는 하고 싶은 일인지가 중요하죠. 저는 치유 관련 일을 하고 싶어요.”

G는 적성에 맞지 않는 전공을 그만두고 간호조무사 공부를 하고 싶어 했다. 실행 계획도 구체적으로 짜놓은 상태였다. 도움이 될까 싶어 편입 일정을 그에게 알려주었다. 일주일 후 다시 만났을 때 계획대로 잘 진행되고 있는지 물었다.

“지난 한 주, 실행하기로 한 일들은 어떻게 진행되었을까요?”

G는 학원 몇 군데와 상담했는데 아무래도 어려울 듯하다고 했다. 방향을 바꾸어 병원 코디네이터 쪽을 알아보고 있다고 했다.

“지난 회기에 말했던 간호조무사와 오늘 말하는 병원 코디네이터에서 어떤 연관성을 생각할 수 있을까요?”

한참을 고민하던 G는 이렇게 말했다.

“학점 관리가 안 된 상태라 도전 자체가 무리라는 생각이 들었고 간호조무사 일도 만만치 않아 보였어요. 곧바로 마음이 식었습니다. 병원 코디네이터도 어떻게 될지 모르겠어요. 겉보기에는 매력적이지만, 현실은 또 어떨지 모르죠. 제가 너무 쉽게 포기하는 걸까요. 부모님이 늘 저더러 끈기가 없다고 하셨는데 맞는 말씀 같네요. 쉽게 흥미를 잃고 자꾸 다른 걸 찾아다니니, 이런 저를 저도 못 믿겠어요. 불안합니다."

우리는 누구나 지금보다 나은 미래를 꿈꾼다. 그러나 노력한다고 모두가 원하는 결과를 얻는 것은 아니다. 우리는 때때로 '자기를 희생해야 목표를 성취할 수 있다'고 믿지만, 이는 착각이다. 꿈을 이룬다는 말은 자기 운동성, 즉 코나투스에 충실한 길을 걷는 것이다. 인간은 상향성을 지녔지만 동시에 매우 취약한 존재다. 이런 취약성을 인정하지 않고 무작정 앞으로만 달린다면 작은 돌부리에도 쉽게 넘어지기 마련이다.

꿈을 이루려면 삶의 목적성을 제대로 이해해야 한다. 무조건 노력하자고 외치기 전에 내가 누구인지, 어떤 사람으로 살고 싶은지를 알아야 한다. 나는 이 세상에 왜 존재해야 할까? 하는 근원적인 질문을 던지면서 자기와의 대화를 시도해야 한다.

코칭을 진행하며 G는 그동안 중요한 선택을 회피해왔음을 알아차렸다. 불안을 피하려 이것저것 건드리기만 하는 패턴을 반복했다. 그래서 우리는 인생 목적을 찾아가는 일을 우선으로 삼았다. G는 삶을 길게 바라보는 연습이 필요했다. 긴 호흡으로 생각하면 단기적 성과나 결과에 얽매이지 않을 수 있다.

G는 자신이 어떤 상태일 때 탐색에서 포기로 넘어가는지 관찰했다. 그 감정의 연결고리를 살펴본 결과, 그는 진로를 선택할 때마다 부모를 포함한 타인의 욕망에 흔들려왔음을 깨달았다. 출발

지점이 이미 어긋나 있었던 셈이다.

길은 늘 내 안에 있다

✳

《서른살이 심리학에게 묻다》의 저자 김혜남 정신분석의는 오랫동안 파킨슨병을 앓아왔다. 2001년에 진단을 받았으니 벌써 수십 년이다. 그동안 그녀라고 절망하지 않았을까. 만약 절망의 순간마다 주저앉았다면 그가 쓴 여러 권의 책은 탄생하지 못했을 것이고, 독자도 위로받지 못했을 것이다.

파킨슨병은 저자의 삶을 크게 바꿔 놓았다. 그러나 절망에 빠지는 대신 그날그날 할 수 있는 것을 즐기는 삶을 목표로 삼았다. 그러자 숙제 같던 삶이 축제가 되었다. 미리 죽음을 상상하고 고통을 불러오기보다 지금 여기에 살아있는 삶을 끌어안은 용기 덕분이었다.

나는 성적 비관과 입시 경쟁으로 괴로운 청소년들을 떠올린다. 차별과 폭력에 고통받는 여성들, '쓸모 있는 사람'이 되지 못했다며 자책하는 중장년들의 쓸쓸한 뒷모습도 떠오른다. 절망 속의 사람들은 공통으로 지독한 고립감을 느낀다. 아무도 손을 내밀어 주지 않을 거라 생각하고, 자신은 그럴 만한 가치가 없다고 여기기도 한다.

그러나 그럴수록 우리는 저마다 존엄한 존재라는 사실을 인정해야 한다. 어느 순간에도 누군가의 삶에 기여하려는 선한 이웃들이 도처에 있고 우리 삶은 큰 인드라망처럼 서로 연결되어 있다. 우리를 가로막는 것은 외부 현실이 아니라 내 안의 두려움일 때가 많다. 자기를 드러낼 용기, 취약성을 인정할 용기. 어떤 순간에도 자기 자신을 버리지 않는 선택이 필요하다. 사람들은 내 말에 귀 기울일 준비가 되어 있다. 부디, 자신을 향한 사랑을 버리지 않기를 바란다.

안정된 삶, 보장된 미래는 사실 환상에 가깝다. 미래는 통제할 수 없다. 자신을 믿고 오늘을 충실히 살아갈 뿐이다. G처럼 앞날에 대한 불안 때문에 잠 못 이루고 있다면, 그건 자기 자신을 다시 찾을 시간이라는 뜻이다. 타인의 욕망을 충족시키느라 스스로를 소홀히 했다면, 가면을 쓴 채 연기자처럼 살아왔다면, 이제 주인공으로 무대에 설 차례다. 이는 존재 이유를 찾고 목적지를 정하는 일에서 시작한다. 나는 누구인가, 무엇을 하고 싶은가, 어떻게 살고 싶은가? 곰곰이 생각하며 내면을 살피다 보면 길이 보이기 시작할 것이다.

몸챙김에서
몸돌봄으로

슬픔을 다독이는 몸챙김

✳

P를 모셔 온 건 그녀의 셋째 딸이었다. 남편을 여읜 후 P는 삶의 의미를 잃었다. 마음고생이 얼마나 심했던지, 운신마저 힘들어했다. 자식들이 몸에 좋다는 보약을 가져다주고 온갖 정성을 기울였지만 소용이 없었다. 70대의 고령인 데다 몸이 안 좋아 짜증이 늘었고 함께 사는 아들과의 갈등도 심해졌다. 그래도 딸이 여러 번 당부한 듯, 코치인 내게는 무척이나 깍듯하게 대하셨다. 첫날에는 우리가 하려는 일이 무엇인지, 코치가 개입할 수 있는 범위는 어디까지인지 설명드리고 이해를 구했다. 다행히 P는 코치를

신뢰하는 듯했다.

P에게 어떤 상황인지부터 물었다. P는 눈에 초점을 잃은 채 자신은 무능하고 쓸모없는 사람이라며 한참 동안 신세 한탄을 이어 갔다. 그런 평가 뒤에 숨은 자식들과의 관계가 궁금했다.

"함께 사는 아드님 말고, 따님들은 엄마를 어떻게 표현하나요?"

P의 얼굴에 엷은 미소가 번졌다.

"우리 딸들이 참 착해요. 큰딸은 '엄마 아니었으면 자기는 지금까지 살지도 못했을 거다'라고 하고, 불쌍한 둘째는 큰 병을 얻었는데 내가 걱정이라도 할라치면 아무 걱정하지 말라고, 씩씩하게 떨쳐내고 일어날 거라고 하지요. 셋째 딸은 엄마 하고 싶은 대로 하라고 해요. 이제 엄마 인생 살라고, 더 이상 희생하지 말라고요."

"따님들이 어머님을 진심으로 사랑하고 있다는 게 느껴집니다. '엄마 인생을 살라'는 셋째 따님의 말씀이 특히 인상적인데, 어머니 살아온 이야기를 조금 더 들려주실 수 있을까요?"

"가난한 집안 장남에게 시집와서 죽어라 고생만 했어요. 시동생들 다 공부시키고 결혼시키고…. 시아버지가 일찍 돌아가셔서 제 남편이 가장 노릇을 했습니다. 없는 살림에 시댁 식구들 챙기려고 이를 악물고 살았지요. 내 자식들에게는 못 해줘도 시동생들, 부모 없는 설움 느끼지 않게 하려고 무던히 애썼어요. 그런데 나이 먹고 보니 그게 다 무슨 소용이었나 싶더군요. 내 자식들 먼저 챙겼어야 했는데, 그때 잘 못 해줘서 둘째가 저리 병을 얻었나 싶어요. 모든 게 후회스러워요. 어디서부터 잘못된 건지도 모르겠고… 내가 힘내야 자식들 반찬이라도 챙겨줄 텐데 혼자 일어서기도 힘드니… 나는 누구인가 싶고, 그냥 영감 따라 죽고 싶다는 생각까지 들어요. 자꾸 눈물만 나고….”

P는 이내 눈시울을 붉혔다.

“그러셨군요. 이토록 지극한 마음이시니 자녀분들이 어머니께 하고 싶은 거 하면서 살라고 했군요. 자녀들은 엄마의 인생이 어떻길 바라는 걸까요? 어머니는 무엇을 하고 싶으셨나요?”

“군말 없이 남편 말 따르면서 살았습니다. 남편이 하는 가구 공장에서 억척스레 일했어요. 곰처럼 일만 하다가 죽은 남편 생각하면 지금도 마음이 아파요. 성실한 양반이었는데 사는 데 바빠서 애들한테 신경을 많이 못 썼어요. 애들이 불쌍하지, 나는 딱히 하고 싶은 것도 없고… 그냥 말이라도 제대로 하면서 살고 싶어요. 누구 눈치 안 보고 내 마음이나 생각을 잘 표현하고 싶어요. 아! 나한테 못되게 굴거나 잘못한 사람한테는 호통도 치고요. 억울하게 당하고만 있고 싶지는 않아요. 반대로 혹시 내가 잘못한 게 있으면 사과하고 싶어요.”

“지금 떠오르는 사람이 있을까요?”

“함께 살면서 자꾸 싸우는 아들도 있지만, 아픈 둘째한테 특히 미안해요. 며칠 전에도 전화로 그랬어요. 얘가 결혼할 때 내가 반대했거든요. 사위가 영 마음에 들지 않아서요. 자기들끼리는 좋아 죽겠다는데 그것도 못마땅했고요. 제 몸 아픈 지금도 둘째가 남편이랑 아이들 챙기느라 살림하면서 몸을 혹사하는 게 속상했어요. 통화하다가 괜히 부아가 나서 '네 서방은 뭐 한다냐? 평생 네게 돈을 많이 가져다주길 했니, 뭘 했니? 왜 네 몸 버려가며 그러고 있냐?' 하고 화를 냈어요."

"그렇게 하신 일이 지금은 어떻게 느껴지세요?"

"내 자식이 불쌍하니까 사위가 원망스러워요. 내 딸 편하게 눈치껏 움직여주고 하면 좀 좋아요?"

"둘째 따님은 여전히 남편을 못마땅해하는 엄마를 어떻게 느낄 것 같으세요?"

잠시 침묵이 흘렀다.

"우리 딸이 너무 마음 아파했을 것 같네요. 본인은 참 행복하다고 했거든요. 애들 착하고 남편도 다정해서 좋다고…. 그런데 전 한 번도 그 말을 믿지 않았어요. 실상은 참고 살면서 겉으로만 행복한 척하는 거라고 생각했으니까요. 그 애 마음을 몰라준 거죠. 아픈 와중에도 전화해서 이 반찬은 어떻게 만드느냐 묻고 가족 이야기도 해요. 그때도 진심으로 받아들이지 않았어요. 제 마음에 안 드니까 좋은 일이 생겨도 축하해주고 싶지 않더라고요."

"지금 눈물이 살짝 맺히셨어요. 어떤 마음이신 걸까요?"

"미안해요. 고생스러워도 우리 딸이 행복하다면 그만인데, 그 자체를 인정하고 축복해줬으면 됐을 걸…. 딸도 내 눈치를 많이 봤겠죠. 자기 남편을 인정 안 해주니 얼마나 속상했을까요. 내가 뭐라고 할 때마다 남편 역성을 들던 장면이 떠오르네요. 어이구, 어쩌누. 미안해서 어쩌누…."

P가 눈물을 터뜨리며 가슴을 쳤다. 나는 그가 자신의 공간에 충분히 머물도록 가만히 기다렸다.

"이제 조금 진정이 되셨을까요? 잠시 저와 숨 고르기를 해볼까요? 깊숙이 숨을 들이마셨다가 발끝까지 숨을 보낸다고 생각하고, 천천히 내쉬어 보세요. 몇 번 반복해 볼게요."

"이제 힘을 조금 빼고, 자기 몸을 가만히 쓸어주고 감싸주며 쓰다듬어 주시겠어요?"

격정이 가라앉으면서 경직되었던 P의 몸과 얼굴이 조금씩 풀렸다. 이제 둘째 딸에 대한 마음을 구체화할 차례였다. P와 함께 냉장고 앞에 섰다. 문을 열고 둘째 딸에게 해주고 싶은 반찬이 있는지 물었다. P는 피식 웃더니 금세 알아차린 듯 활기를 띠셨다.

"우리 애가 꽃게무침을 좋아하는데 그거랑 멸치도 볶고…."

"따님 맛난 거 먹일 생각하니까 기쁘신가 봐요. 어떠세요?"

"그러게 말이에요. 속 애기를 해서인지, 딸 생각 때문인지, 마음이 조금 편해지네요."

"일어선 김에 저랑 거실을 한 바퀴 돌아볼까요? 걸을 때 다른 생각은 하지 마시고, 발바닥에 느껴지는 감촉을 느껴보세요. 기분이 어떤지 들여다보시고, 걸을 때 어디가 아프고 어디가 불편한지 주의를 기울여 볼까요?"

이후로 P의 태도는 적극적으로 변했다. 코칭이 끝난 지 며칠 지나지 않아 소식을 전해왔다.

"코치님이 나를 일으켰소. 수백만 원짜리 보약도 아무 소용 없었는데, 이제는 일어나고 싶어졌어요. 우리 둘째 딸에게 미안하다고도 해야겠고, 맛난 것도 만들어 주고 병원도 따라다니려면 내가 정신 차려야지요."

돌봄으로 치른 이별 의식

✳

몸의 감각에 집중하는 '몸챙김'은, 지금 이 순간에 머물며 마음의 회복을 돕는 '마음챙김'에서 자주 쓰인다. 정신과 의사 문요한은 몸챙김을 '몸과 마음이 만나도록 따듯한 주의를 몸에 기울이는 것'으로 설명한다. 우리 몸은 수단이 아닌 삶의 동반자로, 충분히 존중받아 마땅하다. 이러한 '몸존중body-esteem'은 '몸자각body-awareness'과 '몸돌봄body-care'으로 이어진다. 자기 치유, 자기 사랑, 자기다움의 통로로 나아가는 몸챙김은 곧 마음챙김mindfulness이다. P와의 코칭에서 내가 주목했던 부분이기도 하다.

"허리가 아파." "다리가 저려." "소화가 안 돼." "가슴이 답답해."

P의 몸은 끊임없이 말을 걸고 있었지만, P는 걱정과 염려의 덫에 사로잡혀서 몸존중을 하지 않고 방치했다. 외부 자극이나 대상을 감지하는 오감 외에 몸 내부 상태를 감지하는 내부 감각을 완전히 무시했다.

몸과 마음은 서로 연결되어 영향을 미친다. 마음이 산란하고 힘들면 무기력해지고, 그 상태가 길어지면 몸까지 망가진다. 그러나 몸에 대한 재해석과 훈련을 하면 마음이 회복될 수 있다. 몸을 챙기고 몸을 쓴다는 것은, 지금 여기 살아있는 '나'를 다시 일깨우는 일이다.

P에게는 내부 신체 감각에 대한 인식이 먼저 필요했다. 우리 몸의 움직임, 위치, 긴장 상태를 감지하는 운동 감각, 심장 박동이나 호흡, 장기의 움직임을 감지하는 내장 피드백, 균형 감각을 맡는 미로전정迷路前庭의 피드백을 차분히 느끼는 연습이 중요했다. 우리는 호흡과 보디 스캔body scan을 통해 발가락부터 머리끝까지 몸의 각 부위에 관심과 주의를 기울였다. 들이쉬고 내쉬며 열감, 통증, 긴장도, 압력 등을 하나하나 느껴보도록 했다. 이를 통해 몸 자각이 일어났다.

특히 허리와 엉덩이 사이가 단단하게 긴장되어 있다면 "부드러운 허리"라고, 내가 원하는 상태를 말하며 스스로에게 사랑의 빛을 보내 보도록 했다. 처음에는 말장난처럼 느껴졌지만, 나를 향한 비난을 내려놓고 따듯함을 제공하면 조금씩 편안해진다. '아프면 안 돼'라는 생각은 잠시 내려두고, 그저 따듯한 숨결을 불어넣으며 몸에 힘을 빼고 이완하는 연습을 했다. 이렇게 스스로 몸 돌봄을 실행해 나갔다. 어딘가 특별히 더 긴장되고 아프다 싶으면 앉아서든 누워서든 호흡을 가다듬고, 그 부위에 마음의 빛을 쬐어 주기로 했다.

우리는 몸존중 – 몸자각 – 몸돌봄의 사이클로 서글픔과 무력감을 조금씩 내려놓으며, 몸의 감각에 따뜻한 주의를 기울였다. 호흡과 걷기로 몸이 이완되자, 지금 이 순간에 머무는 힘도 커졌다. 몸과 마음을 오가며 자기를 관찰하고 성찰하는 훈련이었다. 한없이 무겁고 부정적인 감정에 휩싸여 있던 P는 마음의 변화를 맞았다.

P는 주어진 상황 안에서 좋은 추억을 만들고자 최선을 다했다. 사위에게 진심으로 대했고, 딸을 사랑하고 아껴준 것에 감사의 뜻을 전했다. 병원 앞에 방을 구해 틈나는 대로 둘째 딸과 시간을 보냈다. 마지막 가는 길이 엄마의 사랑으로 가득하기를 바랐다. 고생스럽고 안타까웠지만, 스스로 슬픔에만 빠져 시간을 보내지 않으려 노력했다. 모든 상황을 있는 그대로 받아들이며, 하루라도 더 즐겁게 딸과 지내려 애썼다. 안타깝게도 P의 둘째 딸은 그로부터 1년을 채 넘기지 못하고 세상을 떠났다. 그러나 그녀는 어머니를 일으켜 세우고 하늘나라로 갔다. 그렇게 더없이 아름다운 이별 의식을 치렀다.

P는 장례식장에서도 끝까지 자리를 지켰다.

"엄마답게 우리 딸 끝까지 잘 보내주려고 했어요. 그동안 마음 아프게 했던 일들도 다 털어놓고 이야기했어요. 우리 딸 아무 걱정 없이 하늘나라에 가라고, 제가 할 수 있는 최선을 다했습니다."

생물학적 유한성을 가진 우리 모두는 죽음 앞에 평등하다. 어쩌면 인생의 마지막은 가장 아름다워야 하는 시간인지도 모른다. 사랑하는 딸이 가족들의 따듯한 배웅을 받으며 떠날 수 있도록 만든 어머니의 마음이 오래도록 가슴에 남았다.

'문제'가 아닌 '사람'에 주목하라

코칭의 인간 중심 접근법

✳

정신분석에서 시작된 '대화 기법'은 기능적 장애나 정신적 어려움 치유가 중심이었다. 그러나 20서기 중반, 인간 잠재력 운동 Human Potential Movement과 매슬로Maslow의 인본주의 심리학(1968)이 등장하면서 대화적 접근을 치유 목적에 한정할 필요가 없다는 움직임이 형성된다. 이 흐름 속에서 코칭기 '인간의 성장을 촉진하고 성공 동기를 부여하는 것'으로 자리 잡기 시작했다.

1980년대에는 GROW 코칭 모델이 등장한다. 목표 설정Goal – 현실 파악Reality – 전략 탐색Options – 실행 계획Will으로 구성된 구조적 모델로, 인간의 잠재성과 가능성에 초점을 둔 접근법이었다. 이 모델은 실질적 성과를 만들어냈고, 사회 변화와 함께 코칭 수요가 폭발적으로 증가했다.

기계론적 사고로 성공만을 좇던 시대가 지나며 사람들은 비로소 '진정한 행복'에 대해 질문하기 시작했다. 스트레스 관리, 회복력, 삶의 과제를 다루는 분야가 주목받으면서 긍정 심리학과 NLP(신경언어 프로그래밍) 등의 접근도 함께 성장했다. 코칭에서도 마음챙김, 소매틱 코칭, 존재 코칭, 실존 코칭, 영성 코칭 등으로 세분화되며 보다 입체적인 인간 중심 접근이 발전했다.

기업 환경도 변화했다. 다양성·형평성·포용성DEI, ESG(환경 environment, 사회social, 지배 구조governance) 경영 등이 중요해지면서 진성 리더십의 목적 경영, 팀코칭 등이 주목받았다. 오늘날 기업 현장에서는 인간 존중의 수평적 관계 형성, 새 시대에 걸맞은 리더십, 구성원의 성장을 보장하는 성숙한 팀십을 목적으로 한 코칭이 활발하게 이루어지고 있다.

다만 코칭의 인간 중심 접근은 시간이 필요하기에 당장의 성과를 우선하는 조직에서는 망설일 수밖에 없다. 코치 역시 빠르게 해결책을 제시하고 싶은 유혹에 빠질 수도 있다. 하지만 그렇게 얻은 답은 지속성을 갖지 못한다.

코칭의 기본은 언제나 '사람'이다. 고객을 '스스로 답을 찾을 수 있는 존재'로 바라보는 것. 이 원칙을 지킬 때 변화가 일어난다.

코칭은 통찰을 일으켜 '지혜로운 자기self'를 발견하게 하고, 현명한 의사 결정과 창의적 문제 해결이 가능하도록 돕는다. 고객은 대화 속에서 생각이 확장되고, 자신에 대한 이해가 깊어지며, 무엇을 원하는지 스스로 표현하게 된다. 이는 목표를 명확하게 설정하고 실행력을 확보하는 기반이 된다.

결국 코칭은 지식 전달이 아니라 패러다임 전환을 위한 것이다. 최소한의 에너지만 쓰려는 우리 뇌의 보수적인 속성을 인정하고 조금씩 이를 바꾸도록 유도한다. 존중으로 마음에 온기를 채우면 뇌는 유연해지고 다채롭게 창발한다. 지나친 개입은 오히려 성장과 창조성 발현 기회를 빼앗는다. 현명한 코치라면 당장 답을 내고 싶은 조급함을 내려놓고 기다릴 수 있어야 한다.

스스로 답을 찾아가는 시간

✳

H는 10년간의 부산 생활을 정리하고 서울로 돌아갈 계획이다. 그런데 이삿날이 다가올수록 스트레스가 커졌다. 집도 팔리지 않는 데다 최근에는 하자가 발견되어 마음이 복잡한 상태였다. 온라인 코칭 화면 속 H의 표정은 평소보다 훨씬 어두웠다.

"목소리가 좀 먹먹한 듯한데 어떠신가요?"

"서울로 다시 가려니 걱정이 앞서네요. 이곳에서 보낸 시간이 많아서인지 아쉬워요. 아이들도 여기서 학교를 다녔는데⋯ 생각이 많아요.”

부산에서 학업을 마친 H의 자녀들은 각각 서울과 캐나다에서 생활하고 있다.

“이사를 준비하면서 복잡한 감정을 만나셨군요. 지금은 좀 어떠세요?”

“마음이 이렇게 가라앉을 줄은 몰랐어요. 저도 당황스럽습니다.”

“그럼 오늘은 어떤 부분에 초점을 맞춰 이야기하면 좋을까요?”

“아이들과 함께했던 시간이 그립습니다. 익숙했던 공간과 이별하는 걸 어떻게 받아들여야 할지 이야기하고 싶네요”

“지금 말씀하신 주제에 이름을 붙인다면 무엇이 좋을까요?”

“……‘이별 의식’이 괜찮겠네요”

“지금 이별 의식이라 명명하니 어떤 느낌인가요?”

“감정이 명확해지는 것 같아요. 이별의 시간이구나. 이제 마침표를 찍어야 하는 시간이 왔구나….”

그 여운이 이어지도록 잠시 침묵을 지켰다.

“미련이 남아 정리를 못 하는 제가 보이네요. 헤어져야 한다고 생각하니 아쉬워서 마음이 힘든 것 같아요.”

“스트레스 상황이었던 집수리 문제가 이제 어떻게 보이나요?”

“공사가 난항을 겪으며 힘들었는데, 한편으로는 이 집이 정을 떼려나 싶었어요. 나보고 뒤도 돌아보지 말고 가라고 하는구나, 이별 의식이었구나….”

H가 참았던 눈물을 터뜨렸다.

"제가 이렇게 운 적이 거의 없는데… 화가 나고 귀찮아서 힘들기만 했어요. 그런데 지금은 이 집에서 참 행복하게 살았다는 생각이 들어요. 고맙고 감사해요. 잘 정리해서 넘겨주고 싶어요."

"말씀하시고 나니 후련하신가요? 어떠세요?"

"정리해야 할 게 많아서 복잡했는데, 이 과정이 나에게 필요한 이별 의식 같아요. 천천히 잘 마무리하고 싶어요."

"몇 번의 곡절을 겪고 알아차리셨는데 어떠신가요?"

"조급함이 조금 사라졌어요. 추억은 소중히 간직하면서 잘 이별할게요."

H는 정리 계획을 구체적으로 세웠다. 버릴 것, 가지고 갈 것, 나눌 것을 목록으로 만들겠다고 했다. 자녀들도 온라인으로 이별 의식에 참여해 각자의 기억을 정리하기로 했다.

"아이들도 이 집과 제대로 이별할 시간을 가졌으면 좋겠어요. 모두 성인이니까, 독립이 무엇인지 함께 생각할 기회가 되겠죠."

"자녀들뿐 아니라, 고객님도 심리적 독립을 하시려는 듯한데, 다음 행보는 어떤 걸까요?"

"몸과 마음이 한결 가벼워졌어요. 이제 제가 원하는 삶을 살아야죠. 물건을 정리하는 것처럼 앞으로 어떻게 살지 계획도 적어보려고요."

"그런 알아차림을 하시게 된 것을 축하드립니다. 대화 중에 정리된 것 혹은 새로이 발견한 것들이 있다면 어떤 것일까요?”

“이별에 초점을 두었을 때는 마음이 울적하고 힘들었어요. 그러다 ‘이별 의식’을 하는 중이라고 생각하니 달라졌습니다. 새로운 시작, 앞으로의 삶을 계획할 수 있겠어요. 미래에 대한 기대감으로 마음이 설레네요.”

믿음이 결과를 만든다

✳

코치를 찾는 많은 고객은 혼자 고민을 해결해 보려 애쓰는 이들이다. 감정도 다양하고 사연도 깊다. 코칭은 그들 내면에서 꿈틀대고 있는 진짜 마음을 찾는 작업이다. 옳고 그름에 대한 편향된 시각, 사회적 기준에 맞춰야 한다는 부담감, 실패에 대한 두려움이나 불안감, 왜곡된 자아상 등 고객을 부정적 사고에 가두는 요소는 많다. 이러한 것들은 쉽게 수면 위로 드러나지 않는다.

코칭은 말해지지 않은 부분을 스스로 알아차리게 하고 그 순간 비로소 자유가 시작된다. 내가 진정 아파하고 있는 것이 무엇인지 알게 된다. H가 알아챈 것은 ‘이별’이라는 감정 뒤에 숨어 있던 마음이었다. 낡은 집이 아니라, 아이들과 보낸 시간과 ‘엄마 역할’과의 이별이었던 것이다.

내면 대화는 익숙한 채로 머물고 싶은 마음과 변화를 원하는 마음 사이에서 길을 잃은 나에게 손을 내민다. 내면의 소리를 경청하며 함께 탐색하다 보면 진짜 원하는 것이 무엇인지, 장애물이 무엇인지 스스로 발견하게 된다. 통찰이 찾아오고, 마음의 여러 층위가 자연스럽게 정리된다.

필요할 때는 용기 내서 도전적인 질문도 서슴지 않아야 한다. 내 안에는 이미 변화의 결과를 알고 있는 풍요로운 '평행자아'가 있다. 망설이는 내가 평행자아와 만나면 한 걸음 떨어져 자신을 바라볼 수 있다. 부족하다고 여겼던 자신이 사실은 꽤 괜찮은 사람이라는 사실을 발견하기도 한다. 설령 부족한 면이 있더라도 있는 그대로 받아들이는 용기를 얻게 된다. 스스로 봉인했던 내적 에너지가 깨어나면서 진정한 힘이 느껴지는 순간이다.

이런 경험이 거듭되면 나라는 존재의 가능성을 믿는다. 진정한 자아를 발견한 사람은 스스로 목표를 정하고 기꺼이 실천한다. 방법은 늘 내 안에 있다. 사람이 아닌 문제에 매몰되면 이 점을 간과하게 된다. 문제 하나만 해결하고 말 일이 아니다. 스스로 자기 존재의 눈부신 성장을 믿고 실현하도록 도울 수 있다. 그 과정은 모험으로 가득하지만, 평행자아의 응원을 받으며 결국 스스로 목적지에 도달할 것임을 굳게 믿는다.

창조성을 끌어내는
질문의 힘

상상력을 깨우는 핵심 질문

✳

고3이 된 K를 만났다. 한 달에 한 번씩 독서 코칭을 진행해 온 학생이었다. 그날 그는 학교에서 '핵에너지'를 주제로 학술대회가 열린다며 도움을 요청했다. 나는 아이디어를 스스로 찾아갈 수 있도록 질문으로 대화를 열어갔다.

"핵이란 무엇일까요? 물리학적 개념 말고 다른 의미에서 핵을 이해할 수 있을까요?"

"음… 에너지의 중심 같은 이미지를 떠올리게 돼요."

그는 전형적인 답을 내놓았다.

“그렇군요. 그렇다면 핵이 주제인 학술대회에 참가하게 된 계기는 무엇인가요?”

“우리 인류에게 중요한 주제라고 생각합니다.”

“문과 학생으로서 인문학적 접근을 해 본다면 어떨까요?”

“핵은 기술적인 문제 아닌가요?”

K가 고개를 갸웃했다. 나는 이전에 함께 읽었던 철학서를 소환했다.

“철학자들이 공통으로 고민했던 주제가 무엇이었나요?”

“인간을 도구화하는 것에 대한 고찰이었습니다.”

K는 내용을 잘 기억하고 있었다.

“이를 핵에너지에 대입하면 어떤 생각이 떠오르나요?”

“그러고 보니 사람이 핵에너지를 수단화하고 있네요.”

“인류가 핵무기를 개발하고 산업과 의료 분야에서 사용하는 목적이 뭘까요?”

“결국은 안전하고 행복하게 살려는 거 아닐까요?”

“핵이 실제로도 그런 역할을 하고 있을까요?”

“음, 그건 생각을 좀 해보아야겠네요. 핵무기가 너무 많고 또 발전소 사고로 많은 사람이 죽고 지구가 오염되기도 했으니까요.”

“지금 뭔가 알아차린 듯한 표정인데, 말해줄 수 있을까요?”

“중요한 건 핵이 아니라 우리 인간이라는 생각이 들어요.”

“그건 무슨 의미인가요?”

"핵을 정말 잘 사용하려면 철학이 있어야 한다고 생각해요. 오로지 이익을 위한 수단으로 삼으면 큰 피해를 볼지도 모르니까요."

K는 핵에너지를 다룰 때 '사람'과 '철학'을 중심에 두어야 한다는 결론에 다다랐다. 이후로 다양한 각도로 핵에너지라는 주제를 탐색했다. K는 호기심이 강한 학생이었다. 인문학적 소양을 갖췄고 선한 마음이 있었다. 그는 자기 꿈은 교사라며 포부를 밝혔다. 어려운 사람들의 앞길을 밝히는 등불이 되고 싶다고도 했다. 입시 준비로 바쁜 와중에도 새터민 중학생을 대상으로 과외 봉사활동을 했다. 코칭을 통해 자신의 방향을 다시 확인한 그는 교육대학에 진학했다. 그와 함께했던 독서 코칭은 지금도 행복한 추억으로 남아 있다.

나는 코칭에서 상상력을 자극하는 질문을 적극적으로 활용한다. 과거의 실패로 위축된 사람은 스스로의 가능성을 좁게 본다. 코치는 그 경험을 재해석하고 자원화하도록 돕는다. 이를 위해 고객이 과거의 강점이 드러났던 장면을 떠올려 보게도 하고, 5년 후나 10년 후의 미래 모습도 함께 상상하게 한다. 이때 핵심은 그 순간으로 들어가 머물면서 마치 지금 일어나는 일처럼 생생하게 오감으로 충분히 느끼는 것이다.

이 과정을 거치면 많은 고객은 새로운 방향을 찾고, "이제 무엇을 하면 좋을까요?"라는 코치의 질문에 새로운 아이디어를 내기 시작한다. 낡은 정체성과 결별하고 변화가 일어나는 순간이다. 그때 고객은 자유로운 영혼을 느끼기도 한다. '어디든 갈 수 있다'는 가능성에 눈이 뜨이고 마치 호기심 많은 아이처럼 세상을 다시 탐구하는 기분이라고 말하기도 한다. 코치는 그 아이의 꿈을 듣고, 무엇을 알아차렸는지, 무엇이 가능해졌는지 계속 묻는다. 그러면 고객의 얼굴에 화색이 돌고 생기가 넘친다.

'마음의 수레바퀴'와 앎의 속성

✳

변화와 성장을 원하지만 어딘가에 막혀서 더 나아가지 못할 때가 있다. 당면한 문제에 허덕이느라 시야가 좁아지고 생각의 한계를 느끼기도 한다. 이 문제를 도우려 코치들은 끊임없이 질문을 던진다. 그럼으로써 고객이 인식을 확장하고 관점을 전환하도록 안내한다. 그 과정에서 깨달음이 일어난다. 모든 곳, 모든 것, 모든 때에 무시로 '앎'이 일어난다. 고객 안에 잠재된 창조성은 앎의 과정 안에서 새로운 시각과 참신한 아이디어를 만들어낸다. 이로써 고유한 자기다움을 발견하게 되는 것이다.

한국코칭수퍼비전아카데미의 김상복 코치는 이러한 알아차림을 '앎'으로 설명한다. 그에게 앎은 세계, 사물의 다양성, 신체성을 지닌 행위로 개별 장소나 시간 안에서 대상의 다의성을 충분히 고려하면서, 교류하는 가운데 사실과 현상을 파악하는 것이다. 앎은 크게 경험-앎, 관계-앎, 대화-앎, 역전이-앎, 연상-앎, 경계-앎, 구성-앎, 침묵-앎 등 여덟 가지 경로를 통해 획득된다.

신경심리학자 대니얼 시겔Daniel Siegel은 알아차림을 '마음의 수레바퀴' 모델로 설명한다. 이때 중심축은 알아차림 그 자체이고 테두리는 알아차릴 경험의 대상이다. 경험 대상은 다음 네 가지가 있다. 첫째로 신체 감각이다. 우리는 호흡이나 심장 박동 같은 내부의 움직임을 알아차릴 수 있다. 두 번째는 감정과 기분이다. 세 번째는 생각과 인지 과정, 네 번째가 타자 혹은 외부 세계에 대한 인식이다.

코치는 질문을 통해 알아차림을 유도하고 촉진한다. 이로써 고

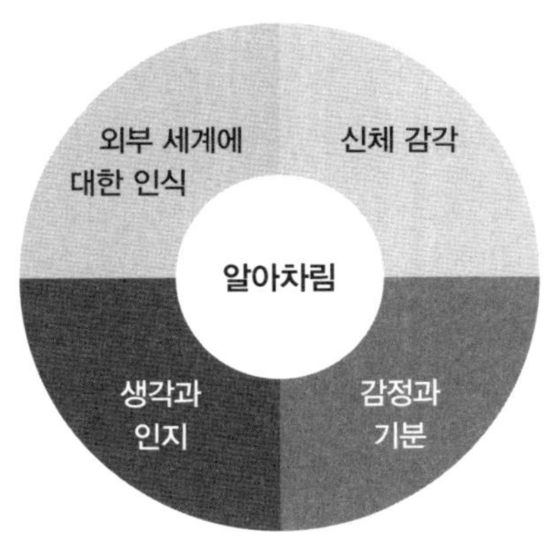

마음의 수레바퀴

객은 고정관념에서 벗어나 새로운 삶을 탐색할 수 있게 된다.

사람은 상향성을 가진 존재다. 본능적으로 더 나은 시간, 더 나은 세계를 추구한다. 이를 가능케 하는 것은 바로 상상력이다. 극작가 조지 버나드 쇼는 "상상력은 창조의 시작"이라고 했다. 알아차림으로 '나다움'이라는 고유한 세계가 열리면 무한한 미래가 열린다. 현대 과학도 사고의 회로를 조정하는 훈련이 잠재력을 극대화한다는 사실을 증명하고 있다.

창조성을 끌어내는 질문 28개

✳

코치의 질문은 고객의 창조성을 끌어내는 언어적 행위라고 할 수 있다. 상상력을 자극하는 질문은 고객을 새로운 선택으로 이끈다. 예를 들어 코치는 미래 시점, 기적 상황, 가정 상황 등 다양한 질문을 활용해 창조적 사고를 확장한다.

이 질문들은 일상에서도 충분히 활용할 수 있다. 친구, 동료, 가족과의 대화에서 던져보면 생각의 깊이가 달라지고 관계도 새롭게 보인다. 누군가와 이야기하기 어렵다면 스스로에게 질문해도 좋다. 대답을 적어 내려가다 보면 마음속에 잠들어 있던 상상력이 자연스럽게 깨어난다. 누구에게나 꿈꿀 자유는 있다.

1	정말 원하는 삶은 무엇인가요?
2	정말 어떤 일을 하고 싶은 걸까요?
3	자신의 모습을 무엇에 비유할 수 있을까요?
4	비즈니스를 무엇으로 은유하고 싶은가요?
5	지금 말씀하신 상황을 은유적으로 표현하면 어떤 이미지가 떠오르나요?
6	지금 말씀하신 것은 사실인가요?
7	열정을 열 배로 올릴 방법은 무엇인가요?
8	전혀 새로운 방법을 생각해 본다면 어떤 게 있을까요?
9	자신의 꿈을 다 이룬 내 모습을 상상해 보세요. 미래의 내가 지금의 나에게 뭐라고 말해주고 싶은가요?
10	내가 엄마라면 어떻게 할까요?
11	지금 내가 고민하는 문제를 팀장도 고민하고 있다면 뭐라고 얘기해주고 싶은가요?
12	지금 그 느낌은 몸의 어디에서 느끼는 걸까요?
13	지금 그 느낌을 은유적으로 표현하면 무엇이 떠오르나요?
14	지금까지 하신 말씀을 가장 자기답게 표현한다면 어떻게 하시겠어요?
15	당신이 정말 하고 싶은 일은 어떤 것일까요?
16	당신이 정말 소중하게 여기는 것은 무엇인가요?
17	성공한다면 꼭 하고 싶은 일은 어떤 것인가요?

18	이번에는 어떤 부분을 좀 바꿔 보고 싶은가요?
19	내일 눈을 떴는데 기적이 일어났어요. 원하던 상태가 모두 이루어져 있다면 어떻게 달라져 있을까요?
20	당신이 BTS 멤버 중 한 사람이라면, 어떤 일을 하고 싶어질까요?
21	당신이 박찬욱 감독이라면, 어떤 영화를 찍어보고 싶은가요?
22	당신이 회사 대표라면, 지금 이 문제를 어떻게 하라고 하고 싶은가요?
23	이 일을 시작하기 전으로 되돌린다면 어떻게 다르게 해볼 수 있을까요?
24	5년 후, 당신의 삶은 어떻게 바뀌어 있나요?
25	우리 조직에 변화를 가져다줄 것은 무엇인가요?
26	아무런 제약이 없다면 지금 우리의 목표를 어떻게 다루고 싶은가요?
27	궁극적으로 당신은 어떤 삶을 살고 싶습니까?
28	당신의 묘비에 어떤 문구가 새겨져 있으면 좋을까요?

'말하여지지 않은 것'이
실마리다

갈등과 화해 가능성

＊

Z는 경계성 치매 상태인 어머니와 불화를 겪고 있었다.

"살가운 아들이 되고 싶었는데 못 그러고 있어요. 어머니에게 짜증을 내는 제가 싫어요. 이 상황을 잘 대처하고 싶습니다."

"잘 대처한다는 것은 무엇일까요?"

"대화를 잘하고 싶어요. 지금은 말이 통하지 않아서 어머니 비난만 하게 됩니다."

"어머니는 어떤 분이신가요?"

Z는 어머니의 삶을 이야기했다. 별난 아버지 곁에서 자식들을

돌보며 헌신하신 분이라고. 현재는 경계성 치매 상태로 일상생활은 가능하지만, 돌봄센터의 도움을 받는다고 했다. 그리고 가끔 부적절한 말이나 행동으로 가족들을 곤란하게 한다고 했다. 특히 친척에 대한 험담이 가장 힘들다고 덧붙였다.

"어머니는 아들을 어떻게 보고 있을까요?"

"편하게 대하지는 않으세요. 부탁할 일도 저보다 돌봄센터 직원에게 하십니다."

"내가 짜증 날 때, 내 속마음에는 어떤 기대가 있을까요?"

Z는 잠시 생각하다가 말했다.

"어머니가 예전처럼 건강했으면 하는 마음이 있는 것 같아요. 치매라는 현실을 받아들이지 못해서 답답해하고 있었네요. 어머니가 솔직하게 말하지 못하는 이유를 이해하려 하지도 않았고요."

Z는 어머니를 '경계성' 치매라고 표현했지만, 더 진행되었을 가능성도 있다. 치매는 겉으로 멀쩡해 보여도 말과 행동에서 변화가 나타난다. 그는 그 사실을 이제 막 인식하고 있었다.

문득 내 어머니 생각이 났다. 생전에 자식들에게 눈 한번 흘긴 적 없던 엄마가 돌아가시기 전 보여 준 행동은 극단적이었다. 엄마의 분노 앞에서 나는 큰 슬픔을 느꼈다. 그 곱던 엄마 마음 안에 저토록 날카로운 비수가 숨겨져 있었다고 생각하니 괴로웠다. 그동안 못되게 굴었던 자식으로서 속죄할 기회로 삼자고 스스로를 위로했다. 생전에 감정 표현을 제대로 못 하신 분이니, 마음 편히 속내를 풀어내면 영혼이 가벼워질까 하는 생각도 들었다. 그러나 이미 일상적 대화가 가능하지 않아 속사정을 들을 수는 없었다. 어머니는 내 후배와 요양원장에게 하소연을 쏟아냈을 따름이다. 나와 함께하는 시간에는 정이라도 떼려는 듯 모질게 대하셨다. 나는 씻김굿이라도 하듯 받아들였다. 내가 사죄할 기회를 주시는 듯해서 차라리 속이 편했다.

Z의 어머니도 크게 다르지 않을 것 같았다. 감정은 우리 뇌가 인지적 기능을 잃고서도 오랫동안 남아 자기를 드러낸다. 평생 환대받지 못했던 Z 어머니의 감정이 병을 얻은 이제야 터져 나오고 있는 건 아닐까. Z의 어머니에게 다른 선택권이 있을까.

내 안의 그림자와 친해지기

✳

작가 로버트 그린Robert Greene은 저서 《인간 본성의 법칙》에서 인간에게는 누구나 내면의 그림자가 있으며 이를 감추고자 많은 에너지를 쓴다고 했다. 일상에서 드러나는 징후를 통해 그 존재를 알게 되는데 이를 네 가지로 정리했다. 첫째는 평소와 달리 모순된 행동을 하는 경우다. 둘째는 느닷없이 화를 내거나 원망하는 등 자제력을 잃을 때다. 셋째는 격렬한 부정이다. 넷째는 무책임한 행동을 멈춤으로써 양심의 가책에서 벗어나려는 모습이다.

누구나 한 번쯤 겪었을 일이다. 작가가 말한 '내면의 그림자'가 존재감을 알릴 때 우리는 쉽게 당황한다. 그러나 내면의 입장에서 보자면 어쩔 수 없는 선택이다. 우리 안의 그림자는 규정된 현대 사회에서는 허용되지 않는다. 그렇다고 마냥 억누를 수는 없다. 갑자기 자기 존재를 드러내는 그림자를 상대하는 방법은 하나, 바로 '공존'이다. 그의 존재를 인정하고 받아들이는 일, 애정을 갖고 지켜보는 일이다.

로버트 그린은 성공한 삶을 사는 사람들의 공통점을 '진정성'에서 찾았다. 그런 사람들은 자기 단점을 수용하고 실수를 인정한다. 어린아이처럼 털고 일어나 새로운 세상을 향해 나아간다. 그런 사람들은 천진함과 장난스러움, 즉흥성과 호기심을 갖고 있으며 자기뿐 아니라 타자에게도 열려 있다.

로버트 그린의 통찰은 셀프코칭으로 자기 인식을 하는 데 유효하다. 내면의 그림자는 스스로 발견했을 때는 물론, 타인에게 지적당했을 때도 모습을 잘 드러낸다. 당장 당혹감과 놀라움이라는 일차적 감정이 올라와 얼굴이 빨개지거나, 창백해지거나, 행동이 부자연스러워지는 등 신체감각적 변화를 겪는 것이다. 잇달아 수치심이라는 핵심 감정까지 건드려지면 자제력을 잃고 급발진한다. 배우자나 가족 관계에선 더욱 심화되는데, 이는 뇌신경과학에서 자신과 동일시하는 현상 때문이라고 설명한다. 그래서 친밀한 관계에선 지적도, 반응도 더 격렬하다. 이를 사랑이란 이유로 합리화하지만, 자신의 그림자가 투사되는 경우로 흔하게 일어난다. 내면의 그림자는 억누르면 반동으로 더 튀어 오른다. 또 없애려 한다고 해서 없어지지도 않는다. 잘 '공존'하는 지혜를 발휘해야 하는 이유다.

이런 속성을 이해하고 자신을 있는 그대로 인정하는 것이 중요하다. 비난으로 스스로를 고립시키지 말고, 어떤 지점에서 예민해지거나 감정이 폭발하는지, 무엇을 혐오하는지 호기심 어린 마음으로 관찰하자. 관찰한다는 것은 이미 나를 감정과 분리해 제3의 눈으로 보기 시작했다는 의미다. 무의식이 순식간에 드러나는 1차 감정에 이어, 자동화된 핵심 감정과 왜곡된 신념 등을 알아차린다.

그림자의 존재를 인지했다면 그다음 할 일은 수용이다. 가만히 생각을 멈추고 머물러, 지금 여기로 돌아온다. 호흡을 가다듬거나 물을 한 모금 마시는 등 간단한 행동으로도 환기가 된다. 이렇게 머물러주는 것은 내 그림자를 온전히 받아들이고 인격에 통합하는 현존이다. 잔뜩 긴장한 근육을 이완시키며 몸을 살짝 움직여줘도 좋다. 부정성에 관한 예민함을 완화하면서 자기 실수나 콤플렉스를 재해석해 본다.

배우자나 부모, 자녀 간에 상대의 그림자를 발견했을 때는 어떻게 해야 할까. 위와 마찬가지 프로세스로, 직접 지적하거나 교정하려 들기보다 상대의 의도를 묻거나 지금 여기로 돌아올 수 있도록 돕는다. 물을 가져다주거나, 잠시 호흡을 고르거나, 침묵으로 환기해 본다.

팀코칭 과정에서 구성원 간 역동이 일어날 때가 있다. 이를 깊이 다뤄야 할 경우엔 팀 전체의 탐구 과제로 돌려 깊이 질문하며 구성원들의 속마음을 듣고 방향을 잡아간다. 주의할 점은 감정적 저항이나 소요가 일어난 사람을 직접 지칭해 교정하려 들지 않는 것이다. 팀코칭은 언제나 개인이 아닌 팀을 단일체로, 함께 탐구하고 학습하는 기회로 삼는다. 심각한 상황이 아닌 잠깐의 긴장 상태라면, 간단한 마음챙김으로 소용돌이에서 빠져나올 수 있다. "지금 우리는 안전한가요? 잠시 호흡을 고르면서 지금 – 이곳으로 돌아와 볼까요? 숨을 크게 들이쉬고, 들숨인 채로 잠시 멈췄다가, 길게 내쉬고, 또 날숨에서 잠시 멈춥니다." 코치의 멘트를 들으면서 2~3분간 숨을 고른다. 그런 후 "이제 무엇에 더 집중하고 탐구하면 좋을까요?" 하면서 팀이 나아갈 방향을 정렬한다.

이런 훈련이 반복되면 역설적으로 그림자야말로 내 안의 보물 창고임을 느낀다. 수많은 경험 기억, 습득한 정보 등이 담겨 있는 그림자는 창조성과 잠재력의 원천이다. 부정적인 감정마저 예술적 영감으로 작용할 수 있다. 자기 관찰을 통해 내 안에 숨은 그림자의 존재를 알게 되면 우리는 미지의 영역을 비로소 인정하게 된다. 불안함이 사라지고 자신감이 생긴다. 타인의 시선을 의식하지 않고 당당히 의견을 내게 된다. 비난하는 사람과도 합리적 대화를 통해 결론을 도출해낼 수 있다. 더는 부정적인 감정을 두려워하지 않기 때문이다.

우리는 창조성의 원천인 내 안의 그림자와 좀 더 친해져야 한다. 그의 목소리에 귀 기울이고 그가 투정을 부릴 때면 사랑스러운 눈빛으로 토닥여주어야 한다. 코칭을 직업으로 삼으면서 나 역시 내 안의 그림자와 친해졌다. 이제는 올라오는 감정을 억누르지 않고, 가만히 지켜본다. 부정적인 감정조차 내게 말을 거는 신호로 여기며 반긴다. '화가 났구나. 그래서 날 찾아왔구나' 하고 그 뜻을 알아주고 미소 지으면 어느새 그림자는 사라진다. 때로 정당한 분노를 표현해야 할 때가 있다. 그러면 망설이지 않고 상대에게 단호하게 말한다. 그러지 말라고. 함부로 대하지 말라고.

그림자와 잘 지내면 타인과의 관계도 편해진다. 그림자와 나는 서로를 비추는 거울이다. 그가 말을 걸어온다면 기쁜 마음으로 받아주자. 누구에게나 그림자가 있다는 사실은 얼마나 큰 위안인가?

Part 3

실행

**행동하고 수정하고
다시 도전하는 여정**

창조적인 삶을 살려면 틀릴지도 모른다는 두려움을 버려야 한다.

— 조셉 칠턴 피어스 —

전환의 공간 설계,
4단계 마음챙김법

리즈 홀의 FEEL 모델 활용 사례

✳

저널리스트 겸 코치인 리즈 홀은 자기 수행과 마음챙김을 코칭에 도입한 인물이다. 그는 경험을 바탕으로 쓴 《마음챙김 코칭》에서 마음챙김의 체계와 원리를 제시한다 리즈 홀이 개발한 FEEL 모델은 현장에서 그 효과성을 입증하고 있다.

FEEL은 ① 집중하기Focus, ② 탐색하기Explore, ③ 포용하기Embrace, ④ 보내주기Let go의 앞 글자를 딴 약어다. '집중하기'는 코칭 고객이 지금 일어나는 생각, 느낌, 감각에 집중하는 것이다. '탐색하기'는 열린 마음으로 세상을 받아들이며 관점 전환을 일으키는 과정이다. '포용하기'는 판단 없이 내면에서 일어나는 생각·감각·감정을 알아차리며 관조하는 단계다. '보내주기'는 집착하지 않고 흘려보내며 놓아주는 과정이다.

다음은 마음챙김의 FEEL 모델을 활용한 사례다.

단점 요인을 장점으로 바꾸기

✳

E에게는 출근과 동시에 작동하는 날씨 앱이 있다. 이 앱은 E의 전용 앱으로 부장의 기분을 예측한다. 부장은 무척 감정적인 인물로 E는 그저 부장과 부딪히지 않고 무사히 하루를 보내길 바란다. 그런데 새로 입사한 'MZ세대'는 달랐다. 불합리를 지적하고 부당함을 성토하는데 이를 바라보는 E의 마음은 불편하기만 하다. 그는 이제 부장뿐 아니라 후배들 눈치까지 살펴야 한다. 자기할 말 다 하는 후배를 보니 그동안 숨죽인 자신이 안쓰럽게 여겨졌다. 그리고 왜 내 마음은 다른 사람들 기분에 따라 맑았다 흐려지기를 반복하는지 한심하게 느껴졌다. E가 고백했다.

"회사 가는 일이 너무 괴로워요"

"회사 가는 일에 괴로움을 느끼고 계시는군요. 지금 얘기하는 동안 내 몸과 마음은 어떤가요?"

E는 사람들의 기분을 맞추느라 자신이 '슬라임'처럼 변해버린

것 같다고 말했다. 대화를 이어가며 그는 마음속에 분노가 쌓여 있음을 자각했다. E는 화를 억누르며 우울감을 키워온 상태였다.

"그럼 오늘 우리는 무엇에 집중해서 대화를 나누면 좋을까요?"

[1. **집중하기**Focus]

E는 다른 사람들의 기분을 살피느라 애쓰지 않고, 의연해지고 싶다고 했다.

"예전에는 이렇게 화가 났을 때 어떤 행동으로 해소했나요?"

[2. **탐색하기**Explore]

가정에서 E는 갈등을 피하려고 혼자 있는 방식을 택했다. 그러나 문제는 해결되지 않았고, 가족들은 오히려 그를 회피적이라고 비난했다. 화내고 싶지 않았던 그의 의도는 잘 전달되지 않았다. 아내와 어머니는 "나중에라도 말해줬어야지"라는 말을 반복했다.

E가 자기 목소리를 내지 않게 된 배경을 살펴보니, 자기 말만 하던 아버지의 존재가 떠올랐다. 그 환경에서 E는 침묵이 안전하다고 판단했고, 그 방식에 익숙해졌다.

"그런 성향이 지금의 삶에 도움이 된 점은 없을까요?"[3. **포용하기**Embrace]

E는 자기와 비슷한 사람을 이해한다. 말 없는 사람의 마음을 헤아릴 줄 안다. 어떤 모임에서든 조용히 자리를 지키는 사람들의 내면에 주목하고, 말을 건네면 그들도 생각과 감정을 잘 드러낸다는 것도 알고 있었다. 그는 듣는 사람으로서의 자신을 가치

있게 느꼈다.

"지금 말씀하실 때 에너지가 달라진 것 같은데요."

E는 회사의 고통에서 잠시 벗어나, 누구와 어떻게 소통할 수 있을지 말하고 있었다. 그는 자신의 상태를 인식하기 시작했다. E는 그동안 스스로를 소외시켜 왔음을 깨달았다. 부장이 자기를 대하는 태도를 내면화했다. E는 이제 알 것 같다고 말했다. 이제는 타인에게 하듯 자신에게도 다가가야겠다고 생각했다. 피하기보다 여유를 갖고 상황을 정리한 뒤, 감정을 설명하고 필요한 것을 정중히 요청하기로 했다.

"지금 관점에서 부장님을 바라보니 어떤 생각이 드나요?"[4. 보내주기Let go]

"그도 나처럼 약한 사람일 수 있겠다 싶어요. 두려움이 허세를 만드는지도 모르죠. 화를 내면서 두려움과 불편함에서 해방되고 싶은 걸 수도 있어요."

부장이 자기처럼 불안한 존재라는 생각이 들자 그에 대한 두려움이 사라졌다. 어쩌면 아버지도 그랬는지 모른다. E의 마음에 문득 인간적인 연민이 밀려들었다.

앞으로 E는 회피하고 싶은 상황에서 어떻게 자신을 표현하면 좋을까? 우선 상대가 규정하는 자기에서 벗어나야 한다. 아버지가 나를 어떻게 생각하든, 부장이 나에 대해 어떻게 말하든, 그것은 진짜 내가 아니다. 타인의 언어로 나를 판단하지 않아야 한다.

마음챙김으로 마인드셋

✳

E에게 혼자 있을 때 회피하지 않고 현명하게 갈등 상황을 벗어날 수 있는, 즉각적이고도 간단한 '마음챙김' 셀프코칭을 알려줬다. 이는 팀코칭이나 그룹코칭에서 팀 격동으로 긴장 상태를 야기할 때도 적용할 수 있다.

1단계는 쉬어가기다. 상대에게 양해를 구하고 쉼표를 찍는다. 그래야 서로 긴장에서 놓여난다.

2단계는 심호흡하기다. 호흡에 집중하면서 자기 상태를 확인하고 마음의 공간을 넓힌다.

3단계는 자기 목소리 찾기다. 지금 내 마음이 원하는 바를 스스로 묻고 답한다.

4단계는 표현하기다. 진솔하게 내가 느낀 감정을 설명하고 원하는 바를 차근히 전달한다. 그러려건 상대를 믿어야 한다. 거울 효과다. 내 태도가 상대의 태도에 영향을 미친다. 나를 중심에 두고 생각하면 타인의 감정에 끌려다니지 않을 수 있다. 그들도 두려움을 피하려고 허세를 부리고 과장하는 연약한 인간일 뿐이다.

E와의 코칭 과정에서 성찰은 큰 힘을 발휘했다. E는 회사 가는 게 괴롭다며 크게 낙심한 상태에서 찾아왔다. 그는 자기를 오해했다. 타인의 감정에 휘둘리는 피해자로 여기며 무기력을 호소했

다. 현 상태에서 벗어나려면 과거의 자기와 만나야 했지만 부정적 정서에 압도되어 입을 떼지도 못했다. 그러나 결국 E는 용기를 냈다. 자기 성찰을 통해 스스로 입을 틀어막았던 이유를 탐색할 수 있었다. 과거의 상처를 재해석해 희망의 자원으로 삼았다. E의 사례는 마음챙김을 통한 자기 발견의 중요성을 다시 한번 일깨워주었다. 선택은 온전히 자신의 몫이다. '나'는 상처로 남은 과거의 경험을 재정의할 유일한 사람이다.

관계의
적정 거리 찾기

관계는 상처를 남긴다

✳

어릴 적 나는 친구에게 간도 쓸개도 다 빼줄 것처럼 굴었다. 내가 싫다며 떠나는 일이 없도록 최선을 다했다. 좋아하는 친구에게서 흠결이라도 보일라치면 메워주고 싶어서 안달이었다. 그러니 상처받는 일도 많았다. 선의를 무시하고 함부로 대하는 사람들이 생겼다. 그런데도 나는 쉽게 관계를 끊지 못했다. 이게 아닌데, 하면서도 아무 일도 없었다는 듯 대했다. 막무가내로 행동하는 친구도 있었다. 약속 시간을 어기는 건 기본이었다.

부부, 연인, 가족, 친구, 조직 내 구성원처럼 일상을 함께 보내는 친밀한 관계에서 나타나는 이상징후가 있다. 가장 가까운 존재들이라서 오히려 더 아픈 갈등과 상처가 일어나는 것이다. 이는 가스라이팅 혹은 경계성 인격장애 양상으로 드러나는데 갑질이나 따돌림, 집착 등 건강하지 못한 의존 관계를 낳는다.

이렇게 가스라이팅을 하거나 지나치게 의존하는 사람에게는 특징이 있다. 이들은 친밀한 대상에게 높은 기대치를 갖고 있지만, 관계에 대한 감정은 안정적이지 못해서 쉽게 돌변해 화를 내고 격정에 사로잡힌다. 분노를 조절하지 못하고, 빈정대거나 비꼬며, 울어대는 등 감정 기복이 심하다. 또 가스라이터들은 자신이 무엇을 잘못하는지조차 모르는 경우가 많다. 자기가 옳다는 신념에 사로잡혀 있기 때문이다. 반면 집착이 심한 사람은 자신의 행동을 이내 후회하며 수치심을 느끼거나 자책한다.

이런 관계 패턴 안에서 가스라이티는 혼란을 느끼며 '내가 이상한가?', '내가 잘못했나?'하고 자문한다. 그러면서 점점 현실 감각을 잃고 가스라이터의 생각과 감정에 지배당한다. 가스라이터는 우월감에서 비롯된 지배·통제 성향을 보이는데, 힘을 잃으면 한없이 비굴해지고 나락으로 떨어진다. 그들은 힘을 잃을 것에 대한 불안을 늘 안고 있다.

한편 경계성 의존자들은 거절당하거나 버려지는 것에 대한 두려움이 삶을 지배한다. 동정심을 유발하고 스스로 노예가 되어 애정을 구걸하다가, 뜻대로 되지 않으면 갑자기 자아상을 극적으로 교체한다. 종국에는 스스로를 미워하며 자책하거나 자해까지 하기도 한다. 당하는 입장에서는 이 역시 또 다른 방식의 길들이기로 여겨진다.

또한 "네가 잘못 기억하는 거야", '그런 적 없어"라고 상대에게 말하며 정보 왜곡과 부정을 심어주고 기억을 불신하게 만든다. 실제 있었던 일도 시치미를 떼거나, 외려 "네가 너무 예민해서 그래", "네가 날 이렇게 만들었어"라며 책임을 상대에게 돌린다. 상대를 무시하거나 비난해 자존감을 두너뜨리는가 하면, 물질로 환심을 사거나 잘해주는 등 당근과 채찍을 수시로 오가며 혼란을 준다. 여기서 그치지 않고 희망 고문으로 긍정적 미래를 약속하며 의존성을 강화한다. 자신 외의 타인과의 접촉에 민감하게 반응하며, 상대가 자신에게만 집중하도록 통제하는 것도 이들의 특성이다.

'나'가 빠진 '우리'가 좋은 관계일 리 없다. 타인과 나 사이의 적정 거리를 지키지 못하면 불행해지기 쉽다. 상대를 내 마음대로 통제하고 싶다는 욕망에 빠지거나 나를 버려서라도 상대를 잡아두고 싶어 한다. 그래서 드라마에서나 나올 법한 일을 현실에서도 만나게 된다. 너무 사랑해서 내 맘대로 통제하고 싶다. 뜻대로 안 되니 불같이 화를 낸다. 이럴 때는 뒤로 한 걸음 물러서야 한다.

심리적 울타리로 안전지대를 확보하라

✳

코칭에서도 '거리'는 매우 중요한 개념이다. 그래서 예비 코치들은 적정 거리를 체화하는 연습도 한다. 2m쯤 거리를 둔 다음에 상대에게 다가간다. 그러면서 편안함의 정도가 어떻게 바뀌는지 느껴본다. 이를 통해 예비 코치들은 코칭 고객 입장에서 심리적 안전감을 느끼는 거리를 이해할 수 있다. 바로 문화인류학자 에드워드 홀Edward Hall이 제시한 '개체 공간 이론'을 차용한 소매틱 코칭 훈련이다.

에드워드 홀은 저서 《숨겨진 차원》에서 관계에 따른 적정 거리를 다음과 같이 설명한다. 먼저 자기를 기준으로 반경 45cm 안쪽은 가족처럼 친밀한 관계에만 허용된다. 유대 관계가 없는 사람이 침범하면 불안을 느낄 수밖에 없다. 45cm~1.2m 지점은 긴밀한 대화가 가능한 거리로 친한 친구라면 접근 가능한 지점이다. 1.2~3.6m는 사무적이고 공식적인 대화가 이뤄지는 범위다. 격식이나 예의가 필요한 거리라 할 수 있다. 3.6~7.6m는 강연이나 강의 등을 할 때의 거리로 청중을 둘러보면서 이야기할 수 있다.

유기적 존재로서 인간은 크고 작은 관계 안에서 살아간다. 어느 한쪽의 변화는 나머지 부분에도 영향을 미친다. 우리 생체 시스템은 이런 변화 속에서 안전감을 확보하려는 본능에 따라 움직인다. 소매틱 코칭은 사람의 신체 자체를 인간의 행동 인식, 생각,

느낌, 감각, 정서와 기분을 표현하는 통합된 공간으로 본다. 그래서 신체와 함께, 신체에서, 신체를 통해 작업한다. 그 과정에서 코칭 고객은 신체에 느껴지는 에너지 리듬을 알아차린다. 각성, 증가, 억제, 완성의 단계를 거치며 에너지가 살아난다. 생각하는 자아에서 느끼는 자아로 옮겨가며 신체 지능을 향상시킨다.[3]

가스라이팅이나 경계성 인격장애나, 타인과의 관계가 지나치게 밀착되어 나를 잃어버렸기에 일어난 일이다. 상대가 나를 지배하도록 두는 것도, 내가 상대에게 지나치게 의존하는 것도, 모두 내가 서 있어야 할 좌표를 제대로 찍지 못해서다. 타인과의 관계에 신경 쓰느라 내면의 자신과는 너무 멀어져 버린 것이다. 이제 나의 내면 지도를 새로 그려야 할 때다. '내 마음 헤아리기'를 시작하자.

오로지 내 마음에만 집중하면서 외부 자극에 따라 일어나는 감정을 면밀히 관찰한다. 어린이들이 감정을 공감받고 나면 스스로 무엇을 잘못했는지 깨닫는 것처럼, 다스한 눈길로 그 감정이 무엇인지만 살핀다. 또 지금은 어떤 감정인지 물어보면서 더 깊은 속마음을 듣고 그 의도를 존중하며 곧감한다. 신기하게도 공감받은 감정은 이내 합리적이고 현명한 답을 찾는다. 동일시하거나 밀착했던 부정적 감정과 분리하여, 내 마음이 안정되는 적정한 거리를 찾는 과정이다. 내 마음이 안정되면 타인의 마음도 보인다. 앎이 일어나면 더 이상 두려움에 떨지 않게 된다. 그렇게 내 감정을 미세 조정하면서 나와 타인에 대한 이해가 깊어진다.

응급 조치가 끝나면 조금 더 자신의 마음을 집중 탐구해보자. 자동화되어 '도식'으로 자리 잡은 나의 사고방식, 느낌, 행동 패턴을 살핀다. 평생 간직해온 신념이나 고정관념은 하루아침에 달라지지 않는다. 지금은 그저 내가 나에게 최대로 관심을 기울이며 사랑을 보내는 시간이다. 주의를 기울이며 의식화하는 것은 자기 주도성을 발휘하는 것이며, 자기 결정권을 갖는 행위다. 다른 사람을 위해서가 아니라, 나를 위해 자신과의 거리를 좁혀야 한다. 나 자신과 동일시했던 부정적 정서나 감정, 신념과는 거리를 두고, 방치했던 나와는 거리를 좁힌다. 탐구일지를 쓰거나 내 마음에게 보내는 편지를 써보는 것도 좋은 방법이다.

인간관계 때문에 힘들다면 '관계의 거리'를 유념하자. 너무 가까워도 너무 멀어도 상처받는다. 집착하지 않으려면 심리적 울타리를 세워서 자기 공간을 확보해야 한다. 이때 내 몸이 보내는 신호와 직관에 주의할 필요가 있다. 특정 장소나 사람 앞에서 불편해진다면 잠시 멈추어 관계에 대해 생각해 보자.

신경언어 프로그래밍으로
루틴을 재구성하라

운은 선택이다

✳

O는 최근 생각이 바뀌었다. 운을 만드는 것은 선택이다. 아니 '선택하는 힘'이 운의 흐름을 바꾸고 있다는 표현이 더 적절하겠다. 실제로 사람들이 자기를 믿어주면서 선택의 방향이 달라졌고 그 결과는 매우 긍정적이었다. 예전이었다면 상상도 못 할 일이다.

O는 아웃사이더였다. 모임에서는 늘 구석에 앉았고, 워크숍이나 팀 활동에서도 중심을 피했다. 눈에 띄는 자리의 사람들을 부러워하지 않았다. 나서는 이들에게 자연스럽게 자리를 내줬고, 그게 편하다고 여겼다. 식사 자리에서도 마찬가지였다. 메뉴 선

택은 늘 가장 늦었고, 원하지 않는 음식을 고르기도 했다. 모두 타인의 시선을 의식한 선택이었다. 자유롭게 행동하는 동료가 못 마땅하게 느껴질 때도 있었지만, '나는 안 그러면 된다'며 넘겼다. 그렇다면 그는 정말 그게 편했던 걸까.

코칭 첫날, O는 그동안의 선택이 후회된다고 말했다. 어느 순간부터 그런 방식이 불편해졌고, 존재감 없이 지내는 자신이 싫어졌다고 털어놓았다. 그는 처음으로, 스스로를 숨기며 살아온 시간을 돌아보고 있었다.

'후회'란 무엇일까? 심리학자 마르셀 젤렌베르흐와 릭 피터르스는 〈소비자심리학저널〉에 발표한 논문에서 다음과 같이 정의한다.

"더 신중했어야 한다는 생각, 축 처지는 느낌, 이미 저지른 실수와 잃어버린 기회에 대한 미련, 자신을 벌주고 잘못을 고치려는 성향, 사건을 되돌려 다시 처리하고 싶은 마음."

즉, 후회는 가능성을 전제로 한 감정이다. 기회가 된다면 다시 해보고 싶다는 뜻이다. 실제로 행동경제학자 대니얼 카너먼은 후회가 문제 해결의 실마리가 될 수 있다고 주장한 바 있다. 우리는 후회라는 감정을 이해하기 위해 함께 뇌과학 책을 읽고 관련 자료를 찾았다. 그런 다음 O에게 소감을 물었다.

"뇌과학 책을 읽고 공부하면서 달라진 것은 무엇인가요?"

"저는 제가 그냥 심리적으로 문게가 있는 사람이라고 생각했
어요."

그는 감정적으로 위축되어 있었다. 자기를 비하했고 문제투성
이라고 생각했다.

"그런데 공부하면서 제 탓이 아닐 수도 있다는 걸 알게 되었습
니다. 신경계의 감각뉴런, 연합뉴런, 운동뉴런 등의 신호 전달 체
계가 외부 자극과 상호 작용하면서 만들어낸 결과니까요. 어쨌든
주어진 상황에서 저와 제 몸이 나름대로 잘해보려고 노력한 결과
인 거죠."

그는 자기를 비난하는 대신 '애쓰고 있구나' 하고 생각하기로
했다며 활짝 웃었다.

긍정을 회복하는 중심 잡기 연습

✳

코치들은 긍정적인 사고를 구축하는 데 뇌과학적 지식을 십분 활
용한다. NLP(신경언어 프로그래밍) 기법이 대표적이다. 고객의 생
각과 말, 행동을 환경에 대한 뇌의 대응으로 설명하고 이를 바꿔
나갈 실마리를 '뇌세포 재생'과 '뇌세포 가소성' 원리에서 찾는다.
새롭게 목표를 정하고 이를 달성할 루틴을 만들어 실천한다.

O와 함께 '중심 잡기Centering'를 시도했다. 과거의 상처와 불안
한 미래에 흔들리지 않도록 지금 여기에 마음의 닻을 내리는 작

업이다. 이를 통해 부정적 감정을 자원화하고 뚜렷한 목적과 열정을 되찾으면 충만하고 생생한 삶을 영위할 수 있다. 마음챙김 명상 중에도 '중심화'라는 기법이 있는데 나는 이들 기술을 적절하게 혼용하여 활용한다.

중심 잡기에는 뿌리내리기rooting와 흘러가기flowing가 있다. 뿌리내리기는 단단하게 현재와 연결하는 작업이다. 말하자면 뿌리내리기를 통해 완전하고 충만하게 주의를 기울여, 접지한 상태로 흘러들어오는 힘을 맞이하는 것이다. 실제로 사람들이 옆에서 이리저리 밀어도 버티는 식으로 연습한다. 코칭 고객은 자기 몸에 가해지는 압력을 받아내거나 그 방향을 바꾸면서 굳건히 자리를 지켜낸다. 한편, 흘러가기는 강물처럼 어떤 힘이 몸으로 들어오도록 개방한다.

O에게 어깨너비만큼 다리를 벌리고 서라고 했다. 머릿속으로는 나무가 단단히 서 있는 모습을 상상한다. 복식 호흡을 하며 몸에 힘을 빼고 에너지가 발아래로 흐르게 둔다. 자신에 대한 믿음이 생기면, 발을 떼어 가볍게 원을 그리며 움직인다. 그러면서 중심으로 돌아오는 힘, 무너지지 않는 유연함을 배운다. 이렇게 몸으로 익힌 동작은 한번 각인이 되면 눈을 감고서도 그 모습을 상상할 수 있다. O는 연습을 거듭하면서 이 과정을 충실히 해나갔다.

이제 O의 뇌 속에는 강력한 이미지가 자리 잡았다. 살랑이는 바람을 맞으며 맨발로 흙을 밟고 서서 해를 맞이하는 사람이다. 땅에 단단히 뿌리를 내린 상태에서 유연하게 흔들리며 외부의 파동을 받아들이는 자유인이다. O는 상상만으로도 바람과 햇살, 나무와 풀의 향기를 생생하게 느낀다. 생명력이 차올라 부정적 생각이나 우울함을 밀어낸다. 지금 여기에 현존하고 있음을 또렷이 느낀다.

O는 그렇게 자기 비하와 공허함을 극복했다. 사람들 눈치만 보던 습관이 사라졌다. 이제는 자리에 연연하지 않는다. 눈에 잘 띄는 가운데 자리도 좋고 구석도 좋다. 그곳이 어디든 자기가 있는 자리가 바로 '센터'임을 느끼기 대문이다. O는 이제 도망가지 않는다.

중심 잡기는 존재 본연의 자리를 확보하는 것을 의미한다. 단단히 뿌리내리고 있으니 피하거나 두려워할 필요가 없다. 어떤 상황에서도 현명한 판단을 위해 최선을 다한다. 설사 실패한다 해도 기꺼이 책임지려는 자세가 되어 있으니 걱정하지 않는다. 잘못되어도 언제든 다시 제자리로 돌아올 수 있다.

"이런 근원적 변화는 자신을 또 어디까지 데려갈 것 같으신가요?"

"지금까지와는 다른 길을 가게 될 것 같아요. 뭔가 내 안에서 힘이 차오르는 게 느껴집니다."

관계에 대한 두려움에서 벗어난 그는 자신 있게 사람들 속으로 들어갈 수 있을 것 같다고 말했다. 그는 비로소 원하는 것을 '선택'할 수 있게 되었음을 알았다. 아래는 언어를 활용한 기법으로 왜곡된 신념을 재통찰하고 새로운 신념으로 갈아 끼워 적용한다.

NLP 메타 모델을 활용한 셀프 신념 바꾸기

✳

잘못된 신념은 언어를 삭제·왜곡하고 일반화한다. 이를 통찰하면 언어 모형을 바꿀 수 있다. 존 그린더^{John Grinder}와 리처드 밴들러^{Richard Bandler}는 내면 코치의 도전적 질문을 통해 통찰과 사색을 일으키는 모델을 개발했다. 자아가 습관적으로 사용하는 말을 새로운 관점으로 바꾸어 구체화·명료화하면 새로운 신념을 만들 수 있다. 다음을 참고하자.

자아	내면 코치
나는 못 해.	구체적으로 무엇을 못 한다는 걸까?
그와는 이제 끝이야.	그와 나는 서로 어떻게 관계하고 있지? 무엇을 끝낸다는 말일까?
팀장이 나를 거부해.	구체적으로 어떻게 거부했을까?

자아	내면 코치
워크숍 진행을 완전히 망쳐버렸어.	무엇과 혹은 누구랑 비교해서 망쳤다고 생각할까?
나는 참을성을 더 키워야 해.	무엇과 비교해서 참을성을 더 키우려는 걸까?
나는 이기적인 사람이야.	무슨 근거로 그렇게 판단하는 걸까?
분명히 A가 팀장에게 말했을 거야.	그게 사실인지 내가 어떻게 알지?
사람들은 내 말을 듣지 않아.	구체적으로 누가 그런다고 생각하는 거지?
MZ 세대랑은 도무지 말이 안 통해.	구체적으로 어떻게 안 통하지?
기분 좋게 직장 생활을 한 적이 없는 거 같아.	정말일까? 지난 10년간 단 한 번도 그런 적이 없었을까?
부모님이 사업에 실패했으니 나는 하고 싶은 걸 할 수 없어.	부모님이 사업에 실패하면 누구나 하고 싶은 걸 못 하게 되나?
절대 그건 하면 안 돼.	그걸 하면 어떤 일이 일어난다고 믿고 있는 걸까?
반드시 합격해야 해.	합격하지 않으면 무슨 일이 일어날까?
아무 말 안 하고 있으면 만만하게 볼 거야.	말을 안 하면 정말 만만하게 볼까? 말하고 안 하고의 문제일까?

자아	내면 코치
김 팀장은 나만 들들 볶아. 나를 안 좋아하는 게 분명해.	나를 좋아하는 사람이 나를 들들 볶은 적은 없나?
내가 최선을 다했다는 사실을 알았다면, 그렇게 말하지는 않을 거야.	정말 최선을 다했나? 어떻게 최선을 다했지?
자격증 취득을 하지 않으면 업계에 진출하지 못해.	업계에 진출한 사람은 다 자격증을 갖고 있나? 예외는 없나?
나는 걔 때문에 화가 치밀어.	걔의 어떤 점 때문에 내가 이렇게 화를 내지?
휴가를 가고 싶어. 하지만 내가 자리를 비우면 회사가 엉망이 될 거야.	왜 그렇게 믿는 거지?
그녀는 내가 준 선물을 좋아하지 않아.	좋아하지 않을 거라고 생각하는 근거는 뭐지?
그가 나를 좋아한다면 내가 무엇을 원하는지를 알 거야.	한 번이라도 내색한 적이 있나? 아니라면 그는 어떻게 내 마음을 알 수 있지?
일은 고생이야.	누구나 다 그렇게 느끼는 걸까? 일을 즐거워서 하는 사람도 있지 않을까?
좀 더 열심히 해야 할까 봐.	얼마만큼 해야 충분해지지?

팀 차원에서 내가 자주 쓰는 모델은 로버트 B. 딜츠의 신경논리단계Logical Level이다. 인간의 의식 변화 과정을 6단계(환경, 행동, 능력, 신념/가치, 정체성, 영성)로 구조화했다.

로버트 B. 딜츠의 신경논리단계 Logical Level

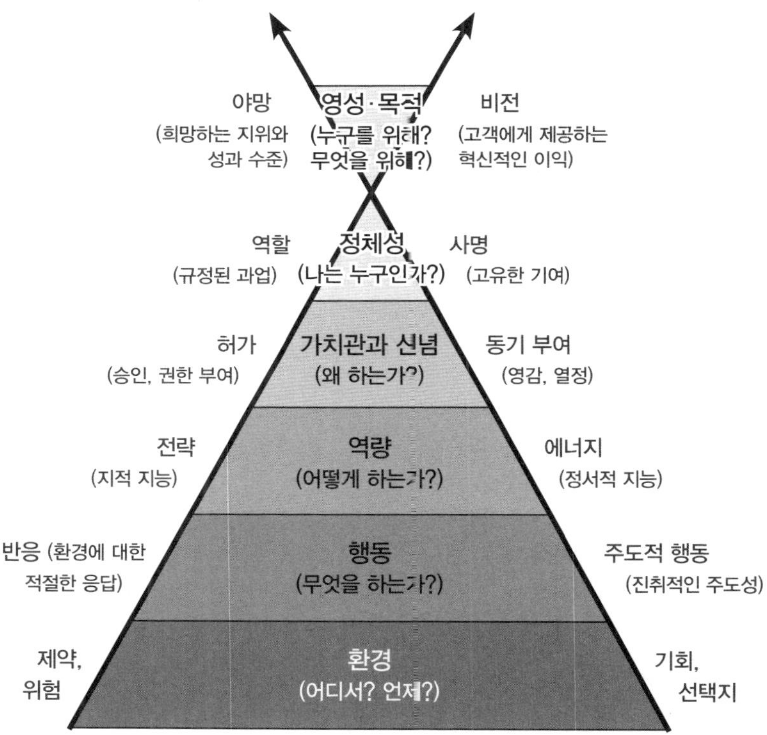

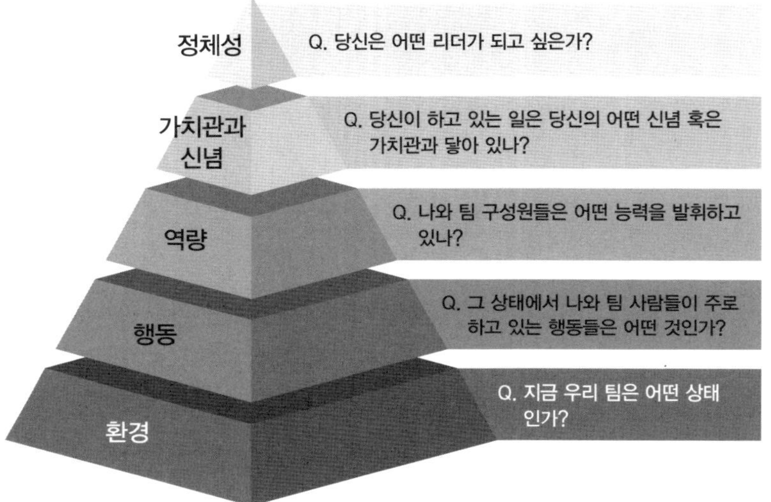

소매틱 결합 팀코칭

✳

나는 팀의 정체성 재정립, 전략 구성, 팀 문화 창출을 위한 틀로 소매틱과 내러티브를 결합한 코칭 과정을 사용한다. 아래는 현장에서 쓰는 내용으로 몸과 마음을 동시에 사용한다.

우리 안에는 무궁한 자원이 있다. 스스로 보잘것없다고 치부하거나 주눅 들어 있으면 보지 못하는 것들이다. 자기 자원으로 빛나는 결실을 얻으려면 관습을 벗어던질 용기가 필요하다. 당신을

1	바닥에 마스킹 테이프를 이용하여 피라미드의 윤곽선을 그린다. 그런 다음 6단계(환경, 행동, 능력, 신념·가치, 정체성, 영성)를 표시한다. 팀원들은 차례로 옮겨 가며 각 단계에서 어떤 느낌이 드는지 잠시 머무른다.
2	A4 용지에 미리 작성해둔 단계별 질문을 붙여두면 개인들은 떠오르는 생각을 컬러 포스트잇에 한 명당 한 개씩 써서 붙인다.
3	전체 팀원의 의견을 다 취합한 후, 피라미드 주변을 둘러싸고 서서 설명이 필요한 부분이나 추가적으로 떠오르는 아이디어를 추가한다.
4	중복되거나 유사한 의견들을 팀원들이 각 단계별로 그룹핑하고 의견을 교환하며 합의하여 그룹핑 항목을 재명명한다.
5	전체가 완성되면 우선할 것들을 경중을 헤아려 정리한다.
6	각 단계별로 팀 내 자원을 탐색하고 관련 역할을 정한다.
7	합의된 내용을 보면서 다시 각 단계별로 옮겨 다니며 머물러 본다.

망설이게 하는 것은 실재하는 장애물이 아니다. 뇌과학자들의 말처럼 당신의 생각은 외부 자극에 우리 뇌가 반응한 결과다. 과거가 만든 두려움과 걱정에 미래를 저당 잡혀서는 안 된다.

새로 길을 내야 한다. 기꺼이 갱도로 들어가 어둠을 비추는 가느다란 빛줄기를 따라갈 용기를 내어볼 일이다. 각고의 노력 끝에 내 안의 광산에서 캐낸 원석이 아름다운 빛을 발하는 순간, 우리는 새로운 나를 발견하게 될 것이다. 그동안 나를 괴롭히던 부정적인 감정들은 그 빛에 녹아 사라질 것이다.

소매틱,
살아있는 몸을 깨우는 과정

왜 몸인가

＊

소매틱Somatic Coaching은 '살아있는 몸'을 말한다. 영어 Somatic은 그리스어의 soma, 즉 '살아있는 몸'에서 유래했으며, 여기에 '~과 관련 있는'의 어미 '-tic'이 붙어 신체학(몸학)을 뜻하게 되었다. 1970년에 토마스 한나Thomas Hanna가 처음 도입한 용어다.

1970년대 학계에 인본주의 운동이 일어나면서 '존재' 우위의 인간관을 주장하는 학풍이 주목을 받았다. 매슬로, 펄스, 로저스 등은 동양의 명상 프랙티스와 생체－사이버네틱스, 신체 활동에 영향을 받으며 인본주의 운동을 주도했다. 1970년 리처드 스트

로치 헤클러Richard Strozzi-Heckler는 명상, 신체 작업과 움직임 프랙티스, 게슈탈트 치료에 기초한 신체 지향 심리치료의 통합을 개척했다. 이에 영향을 받은 코치들은 소매틱 코칭으로 계승하며 '존재'를 다루게 되었다.

최근 뇌과학 관련 인지심리학 분야에서도 '체화 인지Embodied Cognition'라는 개념으로 소매틱에 대한 관심이 높아지고 있다. 몸과 마음, 감정과 사고, 인간과 자연이 분리된 것이 아니라 하나로 통합되어야 한다는 움직임이 곳곳에서 감지된다. 특히 AI가 삶을 지배하는 지금, 무엇이 인간다운가의 답을 찾는 과정에서 소매틱이 시사하는 바가 크다. 소매틱 코치는 몸을 정서, 기분, 사고, 지각, 직관을 경험하고 행동을 취하는 통합된 공간으로 본다. 소매틱 코칭은 개인이나 팀이 자가 생성, 자가 교육, 자가 치유를 할 수 있도록 신체와 함께, 신체에서, 신체를 통해 작업한다. 그럼으로써 신체적·정서적·정신적·영적 웰빙을 추구한다.

몸 감각을 깨우면 일어나는 일들

✳

신체 내면의 감각Soma을 알아차리면 어떤 효과가 있을까.

첫째, 스트레스를 해소하고 회복탄력성을 높인다. 움직임과 감정, 인지를 통합하여 안정된 정서를 유지할 수 있기 때문이다. 둘째, 행동 패턴이나 자세를 교정함으로써 심신의 균형을 도모한다. 셋째, 오래된 상처나 트라우마 치유를 돕기도 한다. 장기적인 소매틱 프랙티스로 자가 치유와 자가 교육이 가능하기 때문이다. 넷째, 타인과의 소통력이 높아진다. 살아있는 몸 자체의 주체성을 인정받는 존재로 자신을 소중히 여기게 되기 때문이다. 다섯째, 지금 여기에 현존함으로써 일상과 세상을 새롭게 해석한다. 내부 감각을 민감하게 관찰하여 소마 속 깊은 지혜와 공감, 직관과 접촉하게 되면 지금 여기에 집중하고 의식이 깨어나, 과거의 두려움이나 미래에 대한 불안에 시달리지 않게 된다.

코치들이 주로 차용하는 소매틱은 고유감각 회복하기, NLP의 캘리브레이션, 코칭 컨테이너 창조, 시간선, 공간 활용의 컨스텔레이션, 마음챙김이나 움직임 명상의 바디 스캔, 센터링, 그라운딩, 중심화 등 응용 분야가 다양하다.

이성적 인지 성향의 사람들 중에는 소매틱 코칭에 불편감을 느끼기도 한다. 그래서 코치는 통상 사전에 초대 형식으로 참여 의사를 확인한다. 신뢰감이나 안전감이 형성되지 않은 상태에서는 누군가의 지시대로 움직이는 것에 저항이 느껴지거나, 어색해서 참여하고 싶지 않을 수도 있기 때문이다. 그런 경우에는 걷기 명상 같은 움직임으로 몸에서 느껴지는 감각을 관찰하고 주의를 기울이는 수련만으로도 충분하다. 혹은 먹는 행위를 통해 지금 – 여기에 집중하는 것도 좋은 방법이다.

나는 8년 전 양평으로 오면서 처음 몇 달은 천천히 호흡하고,

걸을 때는 오직 걷기만 하고, 먹을 때도 먹는 일에만 집중했다. 그 외 시간은 테라스에서 바람을 맞고 햇볕을 쬐며, 꽃이 피고 지는 모습을 바라보기만 했다. 그 몇 달을 힘들었던 나를 정화하면서 보냈다. 그런 내맡김으로 행한 이완이 지금껏 살 수 있는 에너지가 되었다. 더 이상 과거의 상처를 생각하지 않았고, 미래에 대한 불안감에 나를 맡기지 않았다. 오직 지금 숨 쉬고 있다는 것, 먹고 있다는 것, 그렇게 존재한다는 것만을 깊이 느끼다 보니 어느 틈에 감사가 차올랐다. 살아있는 모든 것이 그 자체로 충분하다는 것을 알게 되었다. 이후 마음이 번잡하거나 갈피를 못 잡을 때면 잠시 눈을 감고 그때처럼 나를 놓아둔다.

중심화, 지금 여기에 몸으로 서기

✳

소매틱 프랙티스로 중심잡기를 체화하고 루틴으로 가져가기는 어렵지 않다. 다음은 마음챙김 코칭 전문가 리즈 홀이 저서 《마음챙김 코칭》에서 소개하는 중심화Centering 수련이다. 언제 어디서나 할 수 있는 간단하지만 강력한 기법으로, 육체적·존재론적 수행으로 마인드셋하기에 더없이 좋다.

[중심화Centering 프랙티스]

서서 몇 차례 심호흡을 한다. 눈을 감고 싶으면 감고, 지그시 아래쪽을 응시해도 좋다.

길이

1. 머리부터 몸을 지나 발까지 수직선이 지나간다고 상상해 본다. 이 선은 세상에서 당신의 존엄성을 나타낸다.

2. 우뚝 서서 머리에 있는 왕관으로부터 보이지 않는 실이 당신을 부드럽게 당긴다고 상상한다.

3. 등은 구부리지 않고 곧게 편다.

4. 어깨는 구부린 후 아래로 떨어뜨려 쉴 수 있게 한다. 휴식을 취한다.

5. 턱을 움직여서 이완한다.

6. 손은 옆쪽에 늘여놓는다.

7. 발은 엉덩이 너비로 떨어지게 놓고 땅에 뻗는다. 얼마나 오래 느끼는지 주목한다.

너비

팔을 옆으로 벌리고 상하로 움직여 각 측면의 공간을 차지한다. 이것이 당신의 폭이며 이는 당신의 사회적 지위에 관한 것이고 이 지구에 있을 수 있는 권리이다. 당신이 얼마나 넓은지 주목하라.

깊이

매우 강력한 공룡 꼬리가 당신의 꼬리뼈에 붙어 있다고 상상해보라. 이 꼬리는 당신을 지지하는 모든 것, 곧 수년 동안의 모든 학습과 자기 계발, 훈련과 교육, 사랑하고 지지하는 이들, 직장 동료로 구성된다. 당신의 깊이, 앞과 뒤, 당신을 지지하는 것, 당신 앞에서 일어나는 것들을 인식해 본다. 당신이 얼마나 깊은지 느껴본다.

내면에 귀 기울이기
1. 더 깊지만 편안한 호흡을 들이마시면서 쿡부가 올라오는 느낌을 느껴보라. 당신이 정말로 관심을 가지고 중요하게 생각하는 것에 집중하라. 이를 당신 깊이 담아보라.
2. 손가락과 발가락은 천천히 움직이며 중심화에서 돌아오라.

그라운딩, 낯선 세계에 뿌리내리기

✳

다음은 그라운딩하는 방법이다. 새르운 곳, 낯선 세계에 들어설 때는 누구나 적응의 시간이 필요하다. 자신도 모르게 다양한 생각이나 감정에 휩싸여 불편감을 느끼기도 한다. 나의 몸과 마음을 온전히 느끼며, 그라운딩하면서 몸과 내면이 어떻게 연결되는지 알아간다.

[그라운딩 프랙티스]	
가	낯선 환경을 경험하고 있는 주의를 돌려, 지금 이 순간 일어나고 있는 일들로 초점을 바꾼다.
나	편안하게 몸을 이완한 상태에서 그저 호흡의 리듬만을 느껴본다.

[그라운딩 프랙티스]

다	애정 어린 자각을 호흡에 싣고자 한다. 각자 가장 편안한 자세, 원하면 한 손을 가슴 위나 위안이 되는 어떤 곳에 얹어도 좋다.
라	편안하게 '들숨'으로 들이쉬는 몸을 느끼고 '날숨'으로 내쉬는 몸을 느낀다.
마	내가 해야 할 것은 아무것도 없다. 그저 몸이 자신을 호흡하게 한다.
바	잠시 호흡의 리듬을 느끼기 위해 시간을 갖는다.
사	사랑하는 사람을 대하듯 자신의 호흡에 주의를 기울인다.
아	우리의 마음은 호기심 많은 아이처럼 떠들 수 있다. 그저 호흡의 리듬으로 부드럽게 돌아온다.
자	그저 안아주듯 다정한 마음으로 호흡하라.
차	이제 호흡에 대한 주의를 부드럽게 내려놓고, 자신이 느끼는 것이 무엇이든 그저 있는 그대로 받아들이며 천천히 부드럽게 눈을 뜬다.

바디스캔, 몸을 따라 내면으로

✳

바디스캔은 마음챙김 기반 스트레스 감소 프로그램이나 인지치료 참여자들이 처음으로 참여하는 훈련이다. 아주 편안하게 진행되므로 도중에 잠이 들기도 해 불면증에 시달리는 사람들은 즉시 효과를 볼 수 있다. 수면을 위해 활용할 때는 베디테이션Beditation

으로 구별하기도 한다. 바디스캔은 좀 더 깨어 있는 상태에서 내 몸에 어떤 현상이 일어나는지 알아차리는 수련이다.

바디스캔 프랙티스는 10분, 20분, 30분 다 가능하다. 방해받지 않을 시간과 장소를 찾는다. 휴대폰을 끄고 스스로에게 이런 시간을 준 것을 축하한다. 바디스캔은 열린 마음, 차분함, 호기심을 갖게 할 뿐만 아니라, 참고 있던 것을 놓고 '잠에서 깨어나게'한다. 매트 혹은 단단한 침대 위에 누워서 하면 가장 좋으나, 의자나 바닥에 앉아서 해도 된다. 주위를 환기시킨 상태를 유지하며 바닥이나 침대, 의자 위에서 몸을 편히 쉬게 한다.

	[바디스캔 프랙티스]
1단계	어깨를 편안히 하고 심호흡을 몇 차례 한 뒤, 팔은 양옆으로 내려놓는다.
2단계	천천히 눈을 감는다. 얼굴 근육, 눈, 입, 손, 팔, 복부, 엉덩이, 골반, 다리, 발, 그 외 모든 근육을 할 수 있는 한 최대한 조인 다음 긴장을 푼다.
3단계	이제 발부터 시작해서 모든 뼈, 근육, 힘줄에 집중한다. 발에 환한 조명이 비춘다고 상상해 보면서 그곳에 무엇이 있는지 아무런 판단 없이 천천히 온 마음을 담아 느껴본다. Q. 어떠한 신체적 감각이 느껴지는가? 긴장감, 어지러움, 뜨거움, 차가움? Q. 담요, 바닥, 양말, 스타킹 등 당신의 발에 닿는 것을 느낄 수 있는가? Q. 각 발가락 하나하나 초점을 맞추고 개별적으로 느낄 수 있는가? 어떤 것을 느끼는가?

[바디스캔 프랙티스]

4단계	때로는 몸에 집중하는 것도 신체 일부를 느끼기 힘들 수도 있다. 그 때는 숨을 내쉬는 부분에서 '숨 들이쉬기'를 시도해 본다.
5단계	마음이 산만해져도 괜찮다. 이를 판단하거나 평가할 필요는 없다, 그저 자연스러운 것이라 받아들이면서 자책하지 않는다. 이를 알아차린 스스로를 칭찬하고, 다시 수련으로 마음을 돌린다.
6단계	발에서 발목으로 이동하면서 또 무엇을 느끼는가? 어떤 것이 수축되는지 알아차렸는가? 고통, 욱신거림, 다른 감각은 없는가? 느끼는 감각에 좋고 싫음이라는 판단을 붙이지 않는다. 거기에 무엇이 있든지 상관 없이 호기심으로 느껴본다.
7단계	준비가 되면 종아리로 옮겨간다, 다시 호기심으로 어떤 감각이 느껴지는지 관찰한다. 만약 마음이 집중하지 못하고 떠다니면 아무런 판단 없이 다시금 천천히 애정과 연민을 품고 바라본다.
8단계	준비가 되면 당신의 무릎, 허벅지, 골반 부위. 엉덩이, 복부, 가슴, 손, 손가락, 팔, 어깨로 차례차례 이동하면서 어떤 느낌이 드는지 알아차린다.
9단계	목, 턱, 얼굴의 입부터 코, 눈, 머리까지 천천히 따라가며 그 느낌을 알아차린다. 시간이 충분하면 다시 머리끝에서 발끝까지 되짚어 나와도 된다. '나는 운동하러 가야 해', '정말 요즘 너무 바빠', '그 일은 어떻게 될까?', '내일 또 할 일이 태산이야' 같은 잡념의 이야기 흐름을 따라가지 않고, 단지 알아차림, 탐험, 호기심 상태에 머무른다.

그저 자신에게 다정하게 대하면서 몸을 스캔하다 보면, 특정 부위에서 감정이 옮겨지거나 신체 감각과 특정 감정이 관련이 있

음을 알게 될 수도 있다. 감정이 나타났다가 사라지고 이동하고 변화하는 등 수련 중에 발생한 성찰을 기록으로 남기면 더욱 효과를 볼 수 있다. 내레이션이 필요하면 자기 음성으로 위의 내용을 녹음해서 사용할 수도 있고 유튜브의 다양한 음색의 바디 스캔 내레이션이 있으니 활용하면 좋겠다.

컨스텔레이션, 공간 위에서 보이는 것들

✳

소매틱 코칭의 한 형태인 컨스텔레이션Constellation은 가족 세우기, 혹은 팀이나 그룹의 역동과 관계를 다룰 때 자주 사용한다. 구성원들이 공간 내 위치성(인정)을 기반으로 정체성, 역할, 관계, 계층, 동기, 신뢰감, 안전감 등을 인식하게 하는 기법이다. '있는 그대로 인정하는 것'에서 출발하여 시간·장소·교환의 조직 원리로 코칭을 설계한다. 구성원은 현재 위치와 상황적 진실을 있는 그대로 인정하면서 어려움, 의문, 도전 또는 고착 상태를 받아들인다. 컨스텔레이션은 개인과 조직의 당면한 문제를 해결하고, 내면의 리더십을 함양하여 문제 해결력을 높이는데 일과 삶, 관계, 문화, 비즈니스 등 어떤 영역에서든 적용할 수 있다.

어느 팀이 새로운 제품이나 서비스를 개발하던 중 장애 요소 때문에 더 나아가지 못하고 있다고 하자. 컨스텔레이션은 '머리'에서 벗어나 신체성을 경험하면서 팀 구성원의 적극적인 참여를 이끌 수 있다. 예를 들어 다음과 같은 방법이 있을 수 있다.

해당 팀을 초대해 주체를 나타낼 물건을 선택한다. 여러 개의 의자, 박스 혹은 A4 용지 같은 대체물을 준비해 의미 있게 배열하게 한다. 팀원들은 신제품 성공에 필요한 다양한 기능이나 역할을 나타내는 사용자를 초대한다. 직접 사람을 배치할 수도 있고, 종이에 역할을 적어서 대리할 수도 있다. 여기서는 직접 사람이 가되 역할이 비어 있거나 새로 배치할 필요성을 느끼는 자리에 종이로 대리인을 만들었다. 각 담당자가 해당 역할의 위치에서 어떤 경험을 하는지 답하게 한다. 어떤 역할이 필요한지, 어떻게 우선순위에 있는지 살펴본다. 그리고 "성공하기 위해 무엇이 누락되었습니까?"하고 물어 팀원 가운데 누락된 사람이 있는지 확인한다. 이어서 누락된 사람을 다시 배치한다. 역할을 부여받은 사람에게는 그 위치가 만족스러운지 묻고, 필요하면 배치를 달리한다. 이 과정에서 팀 고유의 시스템이 가진 보이지 않는 자원에 접속해 문제를 해결할 잠재력을 만들어갈 수 있게 된다.

소매틱 코칭은 사람의 신체를 변형시키고, 습관적인 패턴과 내러티브에 관한 알아차림을 심화시켜 새로운 정체성을 부여한다. 그리고 자신이 누구인지 존재 자체를 다루기에 지속 가능한 변화가 일어난다. 더는 도움이 되지 않는 과거의 형태와 존재 방식에서 벗어나 새로운 존재 방식을 체화시키는 자기 수양의 방식이자, 미래 비전 선언이다.

오감으로 채우는 스트레스 완화 프로그램

함께 음식을 나눈다는 것

✳

"배가 고파서 왔어. 정말이야."

임순례 감독의 영화 〈리틀 포레스트〉에 나오는 대사다. 주인공 혜원은 허기진 몸과 굶주린 마음으로 이 한마디를 툭 내뱉는다. 무심한 듯, 그러나 곱씹듯 말하는 그 장면이 오래 남았다. 영화 속 사계는 눈빛과 냄새, 온기와 겹쳐지며 청춘의 시간을 천천히 보여준다. 어느 심야, 나는 그 풍경 속에서 쉼과 안도를 느꼈다.

어머니가 떠난 집에는 먹을 쌀도 얼마 남지 않았다. 혜원은 눈밭에 묻힌 배추를 캐내어 배추된장국을 끓인다. 따뜻한 국물의 기운이 얼어 있던 집 안에 퍼진다. 밥 한 그릇으로 허기를 채운 그는 도시에서 쌓인 긴장을 내려놓고 잠든다. 귀향한 재하와 고향을 지키는 은숙이 더해지며, 혜원의 밥상에 온기가 돈다. 세 사람은 말없이도 마음을 나누는 시간을 보낸다.

영화에서는 지금 현재 혜원에게 어머니가 부재하다. 혜원이 돌아온 고향은 더는 완전한 보금자리가 아니었다. 하지만 혜원은 그곳에서 밥을 짓고, 농사를 꾸리고, 자연과 친구들 사이에서 일상을 회복한다. 그렇게 그는 다시 숨 쉬고, 잠을 청한다.

내게도 비슷한 경험이 있다. 경기도 양평에 있던 Y의 집은 우리의 '리틀 포레스트'였다. 당시 친한 친구들 여섯이 그곳에 자주 모였다. 하루는 외국 생활을 마친 친구의 귀국을 환영하는 자리를 가졌다. 주인장 Y는 식사를 준비하느라 분주했다. 덩달아 허기졌던 내 마음에도 훈훈한 온기가 들어찼다. Y가 차려준 밥상을 받고, 두런두런 이야기를 나누는 동안 한동안 잊었던 감각이 되살아났다. 살아있다는 느낌. 어떻게든 일상을 회복하겠다는 다짐.

두툼한 계란말이와 구수한 된장찌개, 낙지젓의 달콤함과 칼칼함이 기분 좋게 혀를 자극했다. 세심히 친구들을 살피는 Y의 따뜻한 배려 덕에 얼어붙었던 마음이 사르르 녹아내렸다. 그야말로 치유의 밥상이었다. "산 사람은 살아야제, 얼른 밥부터 먹고 정신 차리자." 절망 앞에 선 사람들에게 예전 어른들은 밥상을 내오며

하시던 말씀이다. 일상의 거룩함 내지는 위대함을 깨닫는 순간이
었다.

‘먹는’ 행위는 생명체에 에너지원을 공급하여 항상성을 유지시
키는 역할을 한다. 살아있으려면 먹어야 한다. 그러나 인간에게
이 행위는 또 다른 의미가 있다. 영화 속 혜원도, 나와 내 친구들
도 음식을 해 먹으며 마음의 힘을 얻었다. 자연에서 채집한 재료
들로 음식을 해 먹은 일이 일종의 치유 행위였다. 어떻게 이런 일
이 가능했을까?

먹는 행위는 감각적인 만족을 준다. 시각, 청각, 후각, 미각, 촉
각의 오감을 자극하며 살아있음을 생생히 느끼게 한다. 감각은
현재성을 환기시키고 과거의 기억과 미래에 대한 불안 사이에 떠
도는 마음을 구체적이고도 명시적인 ‘지금 여기’로 데리고 온다.
음식에 얽힌 기억은 ‘관계성’을 되살린다. 시끌벅적 수다를 떨며
음식을 먹다 보면 우리를 괴롭히던 고립감은 사라진다. 보고 듣
고 맡고 씹는 동안 세상과 연결된다.

감각으로 회복하는 내 안의 평화

✳

존 카밧진이 개발한 스트레스 완화 프로그램MBSR에는 ‘건포도 명
상’이 있다. 우선 건포도를 준비한 후 이를 관찰한다. 눈으로 모양
과 빛깔은 어떤지 살피고, 손으로 표면은 거친지 부드러운지 만

져본다. 귀에 대고 소리를 들어보고 코밑으로 가져와 냄새를 맡는다. 씹었을 때 무슨 맛이 나는지, 입안에서는 어떻게 움직이는지 묘사한다. 건포도가 입안에서 어떤 화학작용을 일으키는지 맛으로 그 느낌을 포착한다. 천천히 음미하며 오감을 열고 느낌에 집중하는 연습을 한다. 이어서 건포도 한 알이 이 자리에 오기까지의 과정과 연관된 수많은 사람에 관해 생각해 본다. 생명 안에 깃든 자연성과 관계성을 인식하는 활동이다.

건포도가 마법이라도 부리는 것일까? 이 명상 프로그램을 체험하고 난 이들은 놀라운 이야기를 쏟아놓는다. 건포도 맛이 전혀 다르게 느껴진다는 것이다. 평소에 '생각'하던 건포도가 새롭게 인식되면서 무한한 다양성과 그 안에서의 삶을 깨달았다고 한다. 아주 사소해 보이는 행위지만, 오감을 열고 의식을 기울이면 특별해진다.

자기 생각에 휩싸인 사람은 쉽게 과거의 경험으로 현재를 재단한다. 실패에 매달려 미래를 개척할 기회를 놓친다. 존 카밧진은 이러한 마음의 습관에서 벗어나야 한다고 말한다. 매 순간 새로운 삶을 살려면 익숙한 생각을 내려놓고, 감각을 열어 세상을 있는 그대로 받아들여야 한다는 것이다.

그런 의미에서 양평은 내게 하나의 실험 무대였다. 내 코칭 고객들은 최소 10회 이상 진행하는 경우가 많았는데, 하루는 특별히 '존중과 환대'의 식탁을 마련했다. 센터로 초대하기도 하고 근처 자연주의 식당에서 대접하기도 했다. 직접 요리할 때는 식재료를 고르고 예쁜 식기 세트와 냅킨으로 정성껏 준비했다. 이른바 '이모카세', 혹은 '코치카세'다. 이 날의 식탁은 단순히 함께 식사하는 자리가 아니었다. 서로 눈을 맞추며 느낌을 말하면서, 지금 여기에서 '감각하는 나'를 향유하는 시간이었다.

식사를 마치면, 차와 커피를 내온다. 찻잔을 직접 고르게 하고, 차도 여러 종류를 준비한다. 고객들은 보통 '아무거나' 달라고 하지만 그래도 꼭 스스로 고르게 한다. 상대의 배려를 충분히 받아들이는 것도 자기 돌봄 연습이다. 그 과정에서 "참 행복하네요. 무엇 때문에 그리 쫓기고 스스로를 닦달했을까요?"하고 말하는 분들이 있다. 그러면서 자기를 괴롭히던 문제들을 다른 방식으로 생각해볼 수 있음을 느낀다. 지금 여기에서 보고, 듣고, 만지고, 맡고, 맛보는 과정 자체가 명상이자 통찰임을 만나는 시간이다.

코칭 고객들은 두고두고 이 장면을 얘기한다. 답답하고 쫓기는 느낌이 들 때면 그날을 떠올리며, '지금 이 순간'으로 돌아오는 의식을 행한다고 한다. 천천히 다기 세트를 준비한다든가, 드립 커피를 내리며 생각을 내려놓고 감각을 여는 시간을 가진다고 한다. 스스로 스트레스에서 벗어날 방법을 찾은 것이다.

오감 명상은 누구나 어느 때고 실천할 수 있다. 마음이 갈피를 못 잡고 나를 잃어버린 듯한 느낌이 드는가? 그렇다면 마트에 나가 채소와 과일 코너를 둘러보자. 눈으로 보고 냄새 맡고 손으로 만지며 싱싱한 재료를 골라 장바구니에 담자. 주방 앞에 서서 씻고 자르고 깎고, 지지고 볶으며 부딪치고 섞이는 소리를 듣자. 화력을 조절하고 간을 맞추고 양념 맛을 보자. 사랑하는 사람들에게 오감을 자극하는 맛과 향을 나누며 살아있음을 느끼자.

마트 나갈 힘조차 없다면? 내게 맛난 밥상을 차려줄 이들에게 전화를 걸어 부탁하자. 잃어버린 나를 되찾게 도와달라고, 살아있음을 느끼게 해줄 자극이 필요하다고. 그마저 어렵다면 잠시 눈을 감고 레몬 한 조각을 머릿속에 떠올리자. 향을 맡고 천천히 과육을 씹는 시늉을 해보자. 금세 상큼한 신맛이 입안을 가득 채우고 그 안에 내가 있음을, 살아있음을 느끼게 될 것이다.

로고테라피, 내 삶의 의미를 찾아내고 정의하라

고통 바라보기

✳

"누구나 조그만 십자가를 지고 다니지. 평생, 죽을 때까지. 그러고는 기억에서 사라지네."

사무엘 베케트의 《고도를 기다리며》에 나오는 잔인한 지주 포조의 대사다.

내 십자가는 경제적 고통이었다. 써보지도 못한 빚을 가족을 대신해 갚아야 했다. 가족을 운명 공동체로 여기던 시절, 희생은 당연한 선택처럼 여겨졌다. 과도한 책임감에 짓눌려 있을 때, 이 문장은 묘한 위안을 주었다. 모두가 십자가를 지고 산다는 생각은 억울함을 누그러뜨렸고, 삶의 부조리도 받아들이게 했다.

그 무렵 가족들 역시 저마다의 십자가를 지고 있었다. 엄마와 언니는 죄책감을, 장애로 의존적 삶을 살아가던 오빠는 무력감을 안고 있었다. 나는 그 짐을 외면하지 못하고 대신 짊어지기로 했다. 버티는 날도 있었지만 쉽게 지쳤고, 긍정과 비관을 오가며 흔들렸다. 그 시절의 나는 '쳇바퀴를 돌며 고도를 기다리는 시시포스'였다.

H는 젊은 시절의 나와 비슷한 환경에 놓여 있었다. 아버지의 사업 실패로 일과 공부를 병행했고, 학비는 대출로 충당했다. 어머니의 건강까지 악화되면서 그는 이른 나이에 가장이 되었다. 다행히 졸업과 동시에 취업이 되었지만, 본격적으로 가족의 생계를 책임져야 했다. H는 그런 생활에 지쳐 있었다. 코칭에 들어갔을 때 그는 삶이 공허하다고 고백했다.

"지금의 나를 의자에 앉혀두고 옆으로 빠져나와 한번 바라보세요. 어떤 느낌인가요?"

H는 바람에 흔들리는 풍선 간판 같다고 했다. 가족을 외면하고 이기적으로 살 수 없다는 말도 덧붙였다.

"그럼 자신이 할 수 있는 것과 할 수 없는 것은 무엇일까요?"

이 질문에 H는 오래 머물렀다. 그러다가 할 수 있는 일은 없다고, 그저 운명에 끌려다닐 뿐이라고 말했다. H의 무기력증은 역할에 대한 중압감과 이를 거부했을 때 벌어질 일 사이쯤에 자리하고 있는 듯 보였다.

H와의 자기 탐색이 시작되었다. 가족을 외면하고 절연했을 때, 지금처럼 무조건 책임을 질 때, 분가하고 일정 금액만 지원할 때, 함께 살면서 일정 금액만 지원할 때 각각 어떤 장단점이 있는지 깊이 생각해 보는 시간을 가졌다. H는 싫어도 싫다고 말할 수 없는 상황이었고 벗어나고 싶다는 생각이 올라올 때마다 죄책감에 괴로웠다. 이러지도 저러지도 못하는 상황이 지속되다 보니 삶이 덧없고 공허하게 느껴졌다.

"자신이 선택한 그 일은 내 삶에, 또 가족들의 삶에 어떤 영향을 끼쳤나요?"

"책임질 가족이 있으니 성실해야 했죠. 덕분에 가족들이 남에게 아쉬운 소리 안 할 수 있어서 다행이라고 생각해요. 누군가에게 필요한 사람이 되었으니 감사할 일이기도 하고요."

"성실, 다행, 감사 같은 단어를 말씀하시는군요. (잠시 침묵) 그런 단어를 말씀하시는 H님의 표정이 아까와는 달랐어요. 지금은 자신이 어떻게 느껴지나요?"

"제가 쓸모 있는 존재인 듯해서 뿌듯하네요. 저는 힘들었지만, 가족들은 제게 기대서 조금은 안심할 수 있었을 거예요. 그러고 보니 제가 참 큰일을 했네요."

"그렇군요. 말씀을 듣는데 경외감이 느껴졌습니다. 고객님은 몇 생명을 살리고 계셨던 거란 생각이 듭니다. 이제 내가 보낸 시간, 또 앞으로 만들어 갈 시간을 어떻게 명명하고 싶으신가요?"

"그러네요. 제가 생명을 살리는, 그런 일을 했네요. 생명 살리기 프로젝트라고 명명할게요. 돈 버는 기계로 사는 게 아니라, 가족의 생명을 살리는 귀한 사명을 해내고 있다고 생각하고 싶어요. 이렇게 말하고 나니 정말 사랑으로 가족을 돌보는 사람이 된 것 같아요."

H의 화사해진 표정에 나도 안심이 되었다.

"프로젝트를 잘 수행하려면 어떻게 해야 할까요?"

"제 선택의 의미를 잊지 말아야죠. 중간에 지치지 않도록 저 자신을 잘 돌보겠습니다. 그동안 책임감에 짓눌려서 지나치게 나를 엄격히 대했어요. 이제는 나라는 사람의 노력을 인정하고 칭찬할게요."

스스로 명명하는 내 삶의 '로고스'

✳

'로고테라피(의미요법)'의 창시자인 빅터 프랭클^{Viktor. Frankl}은 인간 정신 본원에 자리한 삶의 의미를 '로고스^{Logos}'라 칭했다. 인간은 쾌락을 추구하는 동물이 아닌, 의미를 추구하는 존재라고 봤다. 그는 《삶의 의미를 찾아서》에서 인간은 의미가 있다면 어떤 위기도 참고 견디는 생명력을 발휘한다고 했다. 홀로코스트 생존자였던 그는 삶으로 이를 입증한 인물이었다.

빅터 프랭클은 로고테라피를 통해 삶의 세 가지 의미를 제안했다. '무언가를 창조하거나 특정 일에 몰두하라.' '무언가 경험하거나 누군가를 만나라.' '피할 수 없는 시련에 어떤 태도를 가질 것인지 결정하라'가 그것이다. 특히 피할 수 없는 시련을 대하는 태도야말로 잠재력 실현의 기회로 보았다. 프랭클 박사는 자기만의 고유한 삶의 의미를 '초의미'라 이름붙이고 그것을 찾기 위해 의지를 발휘해야 한다고 했다.

H는 가족들을 부양하느라 지친 현실에서 '과연 이렇게 살아도 되는가? 이제는 다르게 살고 싶다'는 마음이 간절했다. '존재 현실'과 '존재 지향' 사이에 커다란 구멍이 생기자 불안해졌다. 이에 프랭클 박사의 조언을 따르기로 했다. 코칭을 진행하면서 H는 '노력, 다행, 감사'라는 키워드를 통해 과거 희생으로 해석했던 자기 삶에서 '창조 가치'를 발견했다. 가족들의 생명을 구하는 더없이 가치 있는 일이었음을 인식하면서 자신의 '체험 가치'를 높이 사게 되었다. 또 앞으로 살아갈 시간을 '생명 살리기 프로젝트'라 명명하였다. '돈 버는 기계' 같은 삶에서 사명감 있는 존재로 변신했다. 주체적으로 삶의 목적을 선택하는 '태도 가치'를 보여주었다.

H는 자기 삶의 의미를 재해석함으로써 무기력에서 벗어났다. 이제 스스로를 보살피고 사랑함으로써 자기 실존을 만들어 나갈

차례였다. 코칭을 끝내고 여담을 나누면서 내 얘기를 들려줬다. "저도 비슷했습니다. 그때는 저만 억울한 줄 알았죠. 내게만 유독 가혹한 삶이라고 생각했어요. 문학 작품 속 인물들을 보며 위안을 얻기도 하고 스스로 고통을 받아들이는 훈련을 하기도 했습니다. 지금도 여전히 감정이 흔들리곤 해요. 다행히 코치가 되면서 나만의 의미를 정립하는 시간을 가졌어요. 덕분에 이제는 부정적 감정에 휘둘리지 않을 수 있죠. 억누른다는 뜻은 아니에요. 그저 잘 달래서 흘려 보내 주는 거죠. 감정에는 좋고 나쁘고가 없으니까요." H는 눈이 동그래지더니 이내 미소를 띠었다. 자기와 비슷한 사람이 있어서 위안이 되었던 모양이었다. 공통된 경험이 있다는 사실에 '심리적 소속감'을 느낀 듯했다.

고통도 기쁨도 모두 우리 삶의 일부다. 그리고 그 의미는 이를 어떻게 해석하느냐에 따라 달라진다. 정신과 의사 문요한은 고통에서 벗어나려면 '보편적 인간성'을 이해해야 한다고 말했다. 그러면서 매일 다음 문장을 소리 내어 읽기를 권했다. 명상 때 외우는 만트라Mantra처럼 정화와 다짐 차원에서 하는 말들이다. H는 내가 소개한 문장을 꼭꼭 씹듯이 소리 내어 읽었다. 때마침 우리가 앉아 있는 테이블 위로 한 줄기 빛이 스며들었다. H의 얼굴에도 빛이 어렸다. 우리는 모두 같은 감정을 느끼는 인간이다. 감정은 중요한 신호다.

우리는 모두 같은 인간이다

우리는 모두 부족한 한 인간이다

고통은 삶의 일부다

인간은 누구나 상처를 줄 수 있고 상처를 받을 수 있다

우리는 저마다 삶의 짐을 지고 있다

인간은 누구나 취약하다.[4]

용서와 화해를 위한 셀프코칭 질문

용서와 화해의 방식

✳

정신분석가 김혜남은 《만일 내가 인생을 다시 산다면》에서 드라마 치료를 받는 한 고객의 이야기를 들려준다. 알코올 중독자였던 아버지로 인해 인생이 무너졌다고 느끼는 한 여성의 비통은 쉽게 가시지 않았다. 치료 과정에서 아버지가 죽어가는 장면을 무대에 올리자, 그녀는 무대로 뛰어올라 절규한다. 하고 싶은 말이 얼마나 많은데 이렇게 죽어버리느냐고, 복수하지 못한 마음이 얼마나 많이 남았는데 이렇게 떠나느냐고 외친다. 현장은 눈물로 가득 찬다. 한바탕 감정의 폭풍이 지나간 뒤, 그녀는 마침내 용서를 말한다. 아버지를 위한 용서가 아니라, 증오로 인해 무너져 가는 자신을 살리기 위해서였다.

나는 그 장면을 읽으며 오래전 보았던 영화 〈밀양〉을 떠올렸다. 주인공 신애는 아들을 유괴하고 살해한 범인을 용서하기 위해 교도소를 찾는다. 그러나 정작 범인은 신앙의 힘으로 하나님께 용서받았다고 믿고 있다. 분노에 찬 신애는 절규한다. 피해자는 이렇게 괴로워하는데 어떻게 신이 먼저 그를 용서할 수 있느냐고. 영화는 묻는다. 용서란 무엇인가. 선과 악이란 무엇인가.

이는 내게도 오랫동안 풀지 못한 수수께끼 같은 질문이었다. 증오와 분노는 자기 파괴적이다. 수치심과 무력감으로 한 사람의 영혼을 잠식시킨다. 그 안에 계속 머물 수는 없다. 나는 살아있어야 했다. 자기혐오를 걷어내기 위해 안간힘을 썼다. 책을 펼치고 인간에 대해 생각했다. 나라는 사람을 관찰하고 감정을 돌보며 내가 가진 잘못된 신념을 해체하고자 애썼다. 무엇보다도 나 자신을 용서하기 위해 오랜 시간 노력했다.

지금도 내게 '용서'는 어려운 일이다. 그러나 예전처럼 마음 깊은 곳에 있는 분노에 휘둘리지는 않는다. 코칭 공부를 하고 직업으로 삼으면서 내 안에 있는 억울함, 서러움, 아쉬움을 잘 돌보게 되었기 때문이다. 감정을 억누르는 대신, 충분히 그럴 수 있다고 말하며 토닥인다. 마음은 알아주는 것만으로도 위안을 받는다. 그리고 이를 가장 잘할 수 있는 사람은 그 마음을 가장 잘 아는 나 자신이다.

행복한 이기주의자의 자기 사랑법

✳

《내면소통》의 저자 김주환 교수는 용서forgiving를 과거가 아니라 앞으로 내주는 것giving forward이라며 미래지향적으로 해석한다. 그에게 용서는 타인을 위한 결단이 아니다. 내가 나를 위해서 하는 행위다.

현대 과학은 이를 실험적으로 보여준다. 인간 염색체 끝에 존재하는 텔로미어telomere는 세포가 분열할 때마다 그 길이가 짧아지는데 일정 수준을 넘으면 노화가 찾아오고 분열을 멈춘다. 이처럼 텔로미어는 세포의 수명과 관련되어 있어 일명 '생명 시계'로 불린다. 연구에 의하면 만성 스트레스와 부정적인 감정이 텔로미어 길이를 단축시킨다고 한다. 반면에 마음챙김을 꾸준히 하면, 면역세포의 텔로머레이스(텔로미어 복구 효소) 활동이 활발해지면서 건강 지표가 개선된다는 연구 결과가 있다. 단순화하자면, 화를 품으면 더 아프고 빨리 죽는다. 반면 용서하고 사랑하는 마음을 지니면 더 건강하고 오래 산다는 얘기다. 용서는 우리 몸과 정신 건강 전반에 긍정적 효과로 작용한다.

흔히 오해하듯 용서는 단순히 화해에 그치지 않는다. 과거와 집착을 떠나보내고 자유로워지는 일이다. 김주환 교수는 말한다. "내게 해악을 끼친 상대는 내가 용서했다는 사실을 알 자격조차 없다. 용서는 나 혼자 하는 것으로 충분하고 또 그래야 한다."[5]

통쾌하지 않은가? 상대가 용서받았다는 사실을 알 자격조차 없다니. 지켜야 할 사람은 나 자신이며 용서는 나를 위해 용기를 내는 일이다. 나는 내 생명을 지키그 보호해야 할 유일한 사람임을 잊지 말자.

'행복한 이기주의자'라는 별칭을 얻은 심리학자 웨인 다이어 Wayne W. Dyer는 적극적으로 자기가 원하는 삶을 살라고 충고한다. 그는 경험을 통해 '용서'가 행복한 삶에서 큰 역할을 한다고 말한다. 웨인 다이어의 아버지는 술주정꾼이에 걸핏하면 주먹을 휘두르다 가족을 버리고 떠난 폭군이었다. 아버지에 대한 분노는 평생 그를 쫓아다녔다. 마침내 아버지가 죽었다는 사실을 알게 된 그는 무덤 앞에서 폭포수 같은 눈물을 쏟으며 아버지를 용서한다. 이후 자기를 옭아맸던 감정에서 놓여나 행복을 찾아나선다.

용서를 통해 새 삶을 만들어간 사람들이 많다. 그러나 쉬운 일은 아니다. 감정을 정리하기까지 시간이 걸릴뿐더러 억울한 마음이 들기 쉽다. 그럴 때 마음챙김이 도움이 된다. 생각할수록 화가 치밀어 오르고 마음이 끓어오를 때, 우리는 호흡이나 몸의 움직임과 함께 지금 여기로 돌아올 수 있다.

청소를 하거나 정원을 가꾸는 일도 좋다. 어지럽혀진 서랍을 정리하거나, 잠시 바깥으로 나가 달리기를 해도 좋으리라. 단순한 일을 반복하면서 내 몸의 감각에 주의를 기울인다. 그리고 수시로 말해준다. '나는 나를 지키고 돌본다. 나를 사랑하는 일에 우선하는 것은 아무것도 없다. 나는 행복한 이기주의자다'라고. 행복한 이기주의자의 자기 사랑법은 의외로 간단하고 쉽다. 일찍이 노자는 이렇게 말한 바 있다.

善者吾善之(선자오선지: 선한 사람에게 선하게 대한다.)

不善者吾亦善之(불선자오역선지: 선하지 않은 사람에게도 역시 선하게 대한다.)

德善(덕선: 이로써 덕이 선함에 이른다.)

—《도덕경》49장

악한 자에게 선하게 대함으로써 내가 선해진다는 말이다.

용서하는 사람의 마음

✳

수년 전 만난 사람이 있었다. 그는 함께 일하고 싶다며 내게 다가왔다. 그는 타인에게 쉽게 동화하는 편이었고, 때로 선을 넘는 행동도 보였다. 그러던 어느 날 심정지로 응급실에 실려 가는 사고가 일어났다. 그는 장기간 외국에 체류했고 국내에 연고자가 없던 터였다. 내게 연락이 왔고 나는 연대 보증인으로 서명할 수밖에 없었다. 문제는 수술 비용이었다. 국내 의료보험이 적용되지 않아 병원비는 수천만 원에 달했다. 돈을 가져오겠다는 외국인 동료는 끝내 나타나지 않았고, 나는 대출로 수술비와 입원비를 감당해야 했다. 얼마 후 그는 사라졌다. 나는 인간에 대한 실망과 분노에 맞닥뜨렸다. 그런 선택을 한 나 자신이 부끄러웠다. 더 깊은 절망으로 빠져들기 전에 나를 구해야 했다. 스스로 코칭 질문지를 만들었다.

Q1. 이 사건에서 어떤 것을 알아차렸는가?

A1. 사람을 쉽게 믿고 필요 이상으로 타인의 삶에 개입해 왔다는 점이다. 문제의 동기는 그들이 아니라 나에게 있었다. 나는 도덕적이고 이타적인 사람으로 보이고 싶었다. 내 능력 밖의 일에도 나섰고, 부당한 요구를 거절하지 못했다. 관계가 깨질까 두려웠기 때문이다. 같은 실수를 반복하며, 이제는 변해야 한다는 사실을 깨달았다.

Q2. 거부의 두려움 때문에 하지 못한 것들은 또 무엇이 있었는가? 앞으로는 어떻게 하고 싶은가?

A2. 정작 내가 어려울 때 타인에게 도움을 요청하지 못했다. 미안하고 부끄러워서였다. 혼자 감당할 수 없는 일은 아예 시

도하지도 않았다. 힘든 사람을 도와야 한다는 말 속에서, 나는 도움을 주며 유능한 사람으로 인정받고 싶어 했다. 상황이 견딜 수 없을 만큼 악화된 뒤에야 타인에게 선의를 요청할 수 있었고, 다행히 조용히 손을 잡아주는 사람들이 있었다. 그때 사랑은 주고받는 것임을 알았다. 그런 관계를 더 많이 만들고 싶다.

Q3. 존재 자체로 사랑받을 가치가 있다는 사실을 받아들이고 이를 실현하기 위해 어떤 노력을 기울였는가?

A3. 거처를 옮겼다. 도시 생활을 정리하고 경기도 양평으로 이사해 자연 속에서 사색했다. 감정을 가라앉히며 내 안의 '그림자'와 대화했다. 스스로를 돌보지 않았던 시간에 대해 사과했고, 외로웠을 그림자와 화해했다. 그 후 오래 눌러왔던 근심이 눈 녹듯 사라졌다. 여전히 감정이 흔들릴 때도 있지만, 알아차리면 다시 돌아올 수 있다.

Q4. 앞으로 건강한 관계 유지를 위해 어떻게 할 생각인가?

A4. 내 안의 그림자를 보살피는 일을 우선에 두겠다. 타인을 도울 때는 의도가 순수한지, 감당 가능한 일인지 먼저 살피겠다. 정중하게 거절하는 연습도 필요하다. 인정받기 위해 나를 희생하지 않겠다. 참나와 함께하면 외롭지 않다.

Q5. 나의 행복을 스스로 책임지려면 어떤 마음가짐이 필요한가?

A5. 나를 소중히 여기는 건 이기심이 아니다. 이기심과 나를 돌보는 일을 구별할 줄 알아야겠다. 자기를 외면하고 방치하는 사람은 '좋은 사람'이 될 수 없다. 타인과 건강한 관계를 맺으려면, 스스로 좋은 사람이 되어 좋은 관계를 맺어야 한다.

다행히 길이 보이는 것 같았다. 주위에 있던 많은 사람이 내가 '존중과 환대'를 받아야 마땅한 사람임을 말해주었다. 나만 모르고 있었다. 내가 나를 대하는 태도를 달리하자 용서의 마음이 찾아왔다. 나를 배신하고 고통을 안겨준 이들에 대한 분노가 사그라들었다. 그들이 불쌍해졌다. 오죽 못났으면, 오죽 모자랐으면, 오죽 살고 싶었으면…. 한번 찾아온 연민은 꼬리에 꼬리를 물고 이어졌다.

'그들도 나처럼 나약하기 짝이 없는 존재였다. 그들도 나처럼 삶이 두렵고 불안했다. 그들도 나처럼 행복을 찾고 있었다. 그들도 나처럼 인생의 고통을 경험했다. 그들도 나처럼 성취하고 싶어 했다. 그들도 나처럼 고통에서 교훈을 얻고 있다. 그들도 나처럼 부족하고 두려움을 느낀다. 그들도 나처럼 자기가 옳다고 주장한다. 그들도 나처럼 가족에게 소중한 사람이다. 그들도 나처럼 삶에서 고통을 피하려고 한다. 그들도 나처럼 절망, 외로움, 슬픔을 느낀다. 그들도 나처럼 인생에서 배움을 얻고 있다. 그들도

나처럼 잘해보고 싶었다….'

마침내 뜨거운 눈물이 흐르면서 원망과 미움으로 똘똘 뭉쳐 있던 마음이 녹아내렸다. 그러나, 여전히 마음 한편에는 절대 용서하면 안 된다, 죽을 때까지 미워해야 한다는 목소리가 남아 있다. 그래도 예전처럼 그들이 나를 장악하지는 못한다.

17세기 화가 렘브란트의 작품 〈돌아온 탕자〉는 용서와 화해를 그린 작품이다. 남루한 차림의 탕자는 등을 보인 채 무릎을 꿇고 있다. 그는 유산을 탕진하고 이제 막 집으로 돌아왔다. 선 채로 그의 등을 쓰다듬고 있는 사람은 아버지이다. 용서받은 탕자를 못마땅한 눈으로 바라보는 사람이 있다. 그림 오른쪽에 서 있는 탕자의 형이다. 그림을 보는 내내 그의 시선이 느껴져 마음이 복잡했다. 용서와 화해의 근원이 사랑임을 깨닫지 못하는 사람이 바로 당신 아니냐고 묻는 듯했기 때문이다.

착한 사람 기질을
재배치하라

착한 사람이 스트레스를 받는다

✳

부사副詞는 우리 언어를 풍부하게 한다. 특히 '감정'에 깊이를 더하는 역할을 한다. 예를 들어 '아프다' 하면 슬쩍 넘어가도 될 거 같은데, '너무' 아프다 하면 돌아보지 않을 수 없다. '갑자기'라는 말은 어떤가. 이 말이 등장하면 혹시 무슨 일이 생기지나 않았는지, 가슴이 먼저 반응한다. 경상도 말로 '억수로(억-쑤로로 발음해야 느낌이 산다)'는 동공이 커지게 하는 단어다. 원뜻이 '굉장히' '대단히'인데 다소 과장되고 허풍선을 떠는 말이라 웃음이 난다.

'차마'라는 부사는 내게 특별한 의미로 다가온다. 그중 《맹자》

의 양혜왕 상편 곡속^{觳觫} 장에 등장하는 이야기가 인상적이다.

어느 날 양혜왕은 호흘이라는 자가 소를 끌고 지나가는 모습을 본다. 흔종(釁鍾, 종을 주조할 때 소를 죽여 그 피를 종에 바르는 의식)에 쓰일 소였다. 양혜왕은 죽음을 예견한 듯 벌벌 떠는 소를 '차마' 그냥 보아 넘길 수 없었다. 호흘에게 소를 풀어주고 대신 양을 쓰라고 명한다. 그런데 나중에 이 이야기는 백성들 사이에서 마치 왕이 재물을 아끼려고 소를 양으로 바꾼 것으로 와전된다. 이에 왕의 의중을 간파한 맹자는 다음과 같이 말한다.

無傷也(무상야), 是乃仁術也(시내인술야), 見牛未見羊也(견우미견양야). 君子之於禽獸也(군자지어금수야), 見其生(견기생), 不忍見其死(불인견기사), 聞其聲(문기성), 不忍食其肉(불인식기육). 是以君子遠庖廚也(시이군자원포주야).

상심하지 마십시오. 그것이 바로 어진 생각입니다. 소는 보셨어도 양은 보지 못하셨습니다. 군자란 짐승에 대해서 산 모습을 보고는 죽는 것을 차마 보지 못하며, 그 죽어가는 소리를 듣고는 그 고기를 차마 먹지 못하는 법입니다. 그래서 군자는 푸줏간을 멀리합니다.

사단(측은지심側隱之心, 수오지심羞惡之心, 사양지심辭讓之心, 시비지심是非

之心) 중 하나인 측은지심의 중요성을 설파한 이 대화에는 참을 수
없다는 뜻의 '不忍(불인)'이라는 부사가 등장한다. 우리말로 '차
마'에 해당한다. 사전적으로 '차마'는 '부끄럽거나 안타까워서 감
히'라는 뜻이다. 자기 성찰 차원에서 '차마 부끄러워서 감히' 어
쩌지 못하는 상태를 가리킬 수도 있고 상대를 긍휼히 여겨서, 즉
'차마 안타까워서 감히'로 해석할 수도 있겠다.

어릴 적에 나는 '선善'이야말로 사람이라면 당연히 갖춰야 할
미덕이자 품성이라 믿었다. 그러나 나이가 들고 가정과 학교에서
벗어나 활동 범위가 넓어지면서 꼭 그렇지만은 않다는 걸 알게
되었다.

임환영의 《아리랑 역사와 한국어의 기원》에서는 우리말 '착
하다'가 아프리카 르완다어의 '목줄을 끌고 다닐 수 있는 것'에서
유래했다고 주장한다. 사실 여부는 확인해 보아야겠으나, 우리
사회에서 착하다는 말은 꼭 좋은 뜻으로 쓰이는 것만은 아닌 듯
하다. 실제로 많은 사람이 착하면 성공할 수 없다고 생각한다. 그
동안 내가 오해하고 있었던 걸까, 아니면 원래 뜻과 달리 부정적
인 의미가 덧씌워진 것일까?

선함에 대한 인식 변화는 그동안 우리 사회의 인간관이 어떻게
달라졌는지를 잘 보여준다. 유교 전통이 강한 우리나라에서 선함
은 돕고 사는 공동체를 위한 중요한 미덕 중 하나였다. 그러다 해

방 이후 근대화 시기에 접어들면서 그 뜻이 왜곡되기 시작했다. "빨리빨리"를 외치며 국가 재건을 추구하는 산업화 시대가 도래하면서 순종적인 인간상이 요구되었다. 체제 순응적인 사람이 착하다는 칭찬을 받게 되었다. 이러한 경향은 지금껏 이어지고 있다. 경쟁이 극심한 자본주의 사회에서 오로지 성공이라는 목표를 향해 달리는 '착한' 자가 살아남는 상황이 되었다.

사회 질서를 잘 따르고 그 안에서 성공을 추구하는 '착함'만이 인정받으면서, 올바른 인성으로서의 '착함'은 어리석은 사람이 추구하는 가치로 폄하되었다. 착하면 손해를 본다는 인식도 생겼다. "우리 애가 너무 착해서 걱정이에요"라는 말에는 이러한 현상이 잘 담겨 있다.

역기능적 핵심 신념 찾기

✳

어느 날 고객 A가 찾아왔다. 그에게 성격이 어떤지 묻자 '착하다'고 답했다.

"말씀하신 '착하다'는 어떤 의미일까요?"

A는 타인을 이해하려 애쓰고 배려하는 마음이라고 했다. 실제로 그는 힘든 상황의 사람을 외면하지 못했다. 자기 일처럼 여기며 어떻게든 도우려고 했다. 맹자가 말한 '차마' 지나치지 못하는 측은지심에 가까웠다.

문제는 그 결과였다. 의도와 달리 자신을 이용하는 사람들이 반복해 나타났고, 그는 바보가 된 기분에 괴로웠다. 남의 일을 챙기느라 정작 내 일을 놓치는 자신이 못마땅했다. 이야기하는 동안에도 분노가 치미는 듯했다.

"이런 일이 반복된다는 건 무엇을 의미할까요?"

"상대에게 필요한 사람이 되고 싶었어요. 도움을 주는 좋은 사람이 되고 싶었는데…."

"그 마음 아래에 있는 감정은 무엇일까요?"

A는 잠시 침묵했다.

"그러지 않으면 관계가 끊기고 외로워질까 봐서요."

A에게는 측은지심보다 더 큰 동기가 있었다. 궁극적으로는 다른 이에게 중요한 사람으로 인식되고 싶어 했다. 외로워질까 봐 타인의 일에 발 벗고 나섰다.

A는 사람들의 관심을 얻으려 애쓰는 동안 점점 외로워지고 있음을 알아차렸다. 여유가 없어도 늘 좋은 사람이어야 했고, 상대의 문제를 해결하려 애썼다. 그 과정에서 에너지가 고갈되고 지쳐갔다. '착해야 한다'는 무의식적 신념은 반복되는 패턴이 되어 있었다. 마침내 A는 과한 친절이 문제라는 걸 깨달았다. 그리고 자신을 좀 더 사랑하는 일에 집중해야 한다는 사실을 받아들였다.

우리는 내면 탐색을 시작했다. 과거에 형성된 신념이 현재에 어떻게 작동하는지 살피기 위해, 어린 시절의 자신을 떠올렸다. 맞벌이 부모의 사랑을 갈구하던 아이가 있었다. A는 그 아이를 기꺼이 안아주기로 했다.

A의 내면에 자리한 그것은 '역기능적 핵심 신념'으로 명명할 수 있다. 착해야 사랑받고, 그래야 외롭지 않다는 믿음이었다. 어려운 사람을 보면 자동으로 작동하던 '구원자 증후군'의 뿌리가 바로 여기에 있었다. 착함은 그가 관계를 유지하고 사랑받고 싶은 욕구를 충족할 유일한 수단이었다. 하지만 그 대가로 그는 행복을 잃고 있었다. 우리의 대화는 숨겨졌던 진실을 수면 위로 끌어올렸다. A는 용감하게 과거와 대면하고 자기를 받아들였다. 외로움과 슬픔에 싸여 사는 대신 새로운 삶을 선택할 수 있음을 깨달았다. 과거 자신이 베푼 선의가 오히려 상대를 의존적으로 만들었다는 점도 이해했다. 선을 넘는 과도한 요구를 허용해서는 안 되었다. A는 섬세한 사람이었다. 그는 자기의 왜곡된 신념이 타인의 성장을 막을 수 있음도 깨달았다.

"문제라고 생각했던 '예민함'으로 자신을 위해 어떤 일을 해볼 수 있을까요?"

우리는 A의 예민함을 다른 각도에서 보기로 했다. '예민함'을 '민감성'으로 바꿔 부름으로써 긍정적인 의미를 부각했다. 그러자 A의 예민함은 상황을 세심하게 알아차리는 역량으로 탈바꿈

했다. 우리는 몸의 감각에도 주목하기로 했다. 감각과 친밀해질 수록 마음은 가라앉았고, A는 한 주 한 주 변화를 느꼈다. 자신을 탐색할수록, 자신이 점점 더 사랑스러워진다고 말했다.

인지행동치료적 접근법

✳

이후 A에게 스스로 몇 가지 질문을 던지고 답하는 훈련을 해보라고 했다. 부정적인 생각이나 감정이 떠오를 때는 이를 글로 적도록 했다. 불안을 동반하는 부정적인 생각이라면 이성적으로 이를 비판하면서 오류는 무엇인지, 대안은 있는지 적었다. 예를 들어, 뜬금없이 사고가 나서 다치거나 죽을지도 모른다는 생각이 떠오른다면 그 내용과 함께 불합리성을 적어나가는 식이다. 그럼으로써 자기를 둘러싼 부정적 사고에서 벗어날 수 있다. 마지막으로 행동과 그 결과를 기록했다.

인지행동치료CBT를 응용한 이 기법은 탁월한 효과를 냈다. A의 선한 인성, 즉 '차마' 어쩌지 못하는 측은지심이 자기를 향하게 함으로써 스스로 돌보며 강해질 수 있었다.

다음은 인지행동치료를 응용한 코칭 질문으로, 부정적 감정을 대처하는 데 유용하다.

Q1. 무슨 일인가요? 상황을 말해주세요.

Q2. 그때 어떤 감정이나 생각이 떠올랐나요?

Q3. 내가 자동적으로 떠오른 경험이나 생각은 무엇이었나요?

Q4. 자동적으로 떠오른 그 생각은 어떤 오류가 있나요?

Q5. 오류를 일으킨 그 생각과는 다른 대안을 생각해 보면 어떤 것이 있나요?

Q6. 실제로 어떻게 행동했나요?

Q7. 자신이 한 행동의 결과를 보면서 알아차린 것은 무엇일까요?

착한 사람 콤플렉스에 빠진 사람은 사랑받으려면 무조건 '착해야 해'라는 자동 도식이 형성되어 핵심 신념으로 굳어 있다. 언제나 타인의 시선과 평가를 신경 쓰며, 타인에 대한 의존도가 강하다. '괜찮아요'라고 하면서 타인의 과도한 요구를 거절하지 못한다. 상대와의 관계가 단절될까 봐 무섭다. 원가족의 윤리 의식이 지나치게 엄격했거나 비난을 많이 받았을 때도 이런 현상을 보인다. 타인의 비위를 맞추느라 자신의 시간이나 에너지를 희생하고 결국 자기 욕구를 지나치게 억압하며 불편한 감정을 숨긴다. 이는 모두 결핍에서 비롯되어 자기 비하, 강박, 공황장애, 감정 마비 등의 역기능을 부를 수 있다.

착하다는 것이 '순종하다'와 등치될 수 없다. 착한 사람 콤플렉스에 걸려 눈치를 보면서 타인의 기대에 부응하는 것은 건강하지 못하다. 본의 아니게 상대를 나의 악역으로 초대하는 셈이다. 자기 뜻을 무조건 따라 주지 않는다고 단절하는 사이라면, 조건화된 교류를 하는 사람에게 애정을 구걸할 이유가 없다. 무해한 나를 몰라보고 함부로 구는 사람을 위해 귀하고 아까운 내 에너지와 시간을 쓸 수 없다. 선을 넘거나 경계를 침범하는 사람을 위해 나를 소모해서는 안 된다.

그 무엇보다 내 감정이 소중하고 내가 귀한 존재임을 잊지 말자. 내가 원하는 것과 싫은 것을 잘 표현해야 한다. 내면의 나를 소외시키고 있지는 않은지 스스로에게 친절히 자꾸 물어줄 일이다. 나를 소중히 여기는 착함을 발휘하라.

감각적 특성이 행동을 바꾼다

예민한 사람들을 위한 코칭법

✳

잠자리에서 일어나자마자 라디오 앱을 켜고 클래식 음악을 듣는다. 음악으로 시작하는 하루는 나의 오래된 습관이다. 어릴 때는 은은한 선율 속에 잠들어 있다가 "치이익" 하고 압력밥솥이 내는 소리에 놀라 눈을 뜨곤 했다. 내게 음악은 공기와도 같다. 일상의 추억과 삶의 풍경이 그 안에 있다. 음악은 굳이 배우려고 하지 않아도 그저 느낄 수 있어서 좋다.

중학생 그룹코칭을 할 때였다. U는 유난히 짜증이 심해서 친구들과 불화가 잦았다. 어른이 대하기도 쉽지 않았다. 딱히 반항적이거나 행동이 거칠지는 않았지만, 뭔가 신경을 긁는 데가 있었다. U의 어머니는 아이가 사춘기여서 그런다며 개의치 않았지만, 그룹코칭 중에 U는 산만한 태도로 분위기를 해쳤다. U에게 지금의 상태를 물었다.

"짜증 나요. 다른 사람이랑 같이 있는 게 싫어요. 시끄럽고 정신없어요."

"짜증이 날 때 몸 어디가 제일 불편하고 견디기 힘든가요?"

"자꾸 떠들고 욕하는 친구 때문에 힘들어요. 머리가 아플 정도예요. 집에서도 엄마가 큰 소리로 말해요. 엄마랑 아빠가 말다툼하면 나는 귀를 틀어막아 버려요."

U는 시끄러운 소리를 견디기 힘들어했다.

감각적 통로를 파악하는 선호 표상 체계

✳

감각은 인간이 세상을 인식하는 통로다. 우리는 오감을 통해 세상을 경험하고 이를 표상화한다. '표상화表象化'란 감각적으로 정보를 받아들여 개념화하는 것을 말하며 감각을 통해 외부 세계가 머릿속에서 재현된다. 그런데 사람마다 민감도가 다르다. 어떤 사람은 시각에, 또 어떤 사람은 촉각에 예민하다. 그리고 자신의 예민한 부분을 사용해 정보를 개념화한다. 그래서 내가 어떤 감각이 예민한지에 따라 표상화가 달라진다. 표상화는 인지 발달의 기초가 되며 자신의 감각적 특성을 이해하면 학업과 업무 효율을 높일 수 있다.

NLP에서는 선호 표상 체계 질문지를 통해 사람마다 가진 통로, 즉 표상화를 파악한다. 시각visual, 청각auditory, 운동 감각kinesthetic, 디지털digital로 구분해 한 사람이 가진 소통 스타일을 알아보는데 표상 체계는 그 사람이 자주 쓰는 단어에 반영된다. "네가 말하는 것이 보여(시각형)", "그 이야기 좋네(청각형)", "난 그것에 대해 좀 더 느껴야 해(운동 감각 – 촉각형)" 식이다.

선호 표상 체계		
	감각	유형
V	시각visual	시각형
A	청각auditory	청각형
K	운동 감각kinesthetic	촉지각형, 후각형, 미각형
D	디지털digital (논리와 시스템 중심, 스스로에게 질문하며 검증한다.)	논리형

U의 경우는 어떨까? 그는 확실히 '청각형'이었다. 청각적 자극에 예민하다 보니 친구들의 큰 소리에 불쾌감을 느끼고, 방어적으로 행동했다. 무조건 U를 탓할 수만은 없다는 뜻이다. 그렇다고 해도 한창 나이인 U가 홀로 외톨이처럼 지내서는 안 되니, 방

법을 찾아야 했다.

다행히도 우리 뇌는 유연성을 갖고 있다. 어느 한쪽이 과민하거나 둔감하면 다른 쪽에서 이를 보완하여 밸런스를 맞춘다. 뇌졸중으로 뇌 일부가 손상되어 말이나 움직임이 어렵던 사람도 시간이 지나며 일정 수준을 회복하는 원리다. 우리 뇌는 효율성을 최대한으로 올리기 위해 계속 회로를 조정한다. 이러한 '최적화' 전략은 쉽게 환경에 적응함으로써 인류 번영에 크게 기여했다. 다시 말하면, 우리 뇌는 변할 수 있으며 새로운 경험과 학습은 뇌의 체계를 바꾸어 새로운 사유가 가능하게 한다. 코칭은 이를 적극적으로 활용한다. 우리는 집중 훈련을 통해 뇌의 회로를 조정하기로 했다.

U의 뇌는 감각적 밸런스를 맞추는 새로운 경험을 원했다. 나는 그에게 다음과 같은 질문을 연속으로 던졌다.

"U가 살아오면서 행복했던 일을 하나 기억해 볼까요?"

"그때로 돌아가서 보고, 듣고, 느끼고, 맛본 체험을 생생하게 느껴봅니다."

"어떤 장면이 보이나요? 구체적으로 말해 보세요."

"색은 어떤가요?"

"무엇이 들리나요?"

"누구의 목소리가 들리나요?"

"그 소리는 내면의 소리인가요? 바깥에서 들려오는 소리인가요?"

"몸의 감각은 어떤가요?"

"이제 크게 심호흡하면서 지금 경험한 그 감각들을 확실하게 느껴봅니다."

"언제라도 이 감각을 불러올 수 있도록 자극 신호anchoring를 만들어 볼까요? 엄지손가락을 붙잡는다거나 무릎을 손으로 건드린다거나 하는 식으로요. 어떤 방식이 좋을까요?"

U는 오른손 집게손가락 끝으로 정하겠다고 했다. 손가락으로 듣고 싶은 음악을 고르고, 피아노 치면서 노래하겠다고 했다. 그러면 짜증 나는 일이 줄어들 것 같다고 말하며 웃었다.

신경과학자 안토니오 다마지오Antonio Damasio는 마음은 이미지로 구성되며 여기서 의미와 언어가 나온다고 주장했다. 그렇다면 내 안의 이미지를 바꿈으로써 우리의 사고와 언어도 변화할 수 있지 않을까?

U의 불쾌한 경험을 행복한 경험으로 바꾸는 작업을 했다. 음악을 매개로 자신이 원하는 바를 찾고 언어화했다. "소리 감각에 주목하니 어떤가요?"라고 물으니, 매일 들었던 음악과 노래의 목록을 적고 간단히 느낌을 메모하기로 했다고 답한다. 달라진 표정으로 자기를 이해해가는 U를 보며 음악이 내게 주었던 위로를

생각했다. 이후 U의 삶은 달라졌다. 코칭을 통해 감각적 개성을 알게 되었고, 전환적 사고를 통해 이를 변화의 계기로 만들었다. U의 사례는 내게 감각과 기억, 내면 이미지와 삶의 에너지에 관해 다시 한번 생각하게 했다.

선호 표상 체계 감각 훈련으로 극대화하는 잠재력

✳

U가 겪은 불쾌한 감각 경험은 새로운 감각 기억으로 대체할 수 있다. 시각적 자극에 민감한 '시각형'이나, 촉지각 자극에 민감한 '촉지각형'도 마찬가지다. 예컨대 아로마 테라피의 향기 요법은 '후각형'에게, 퍼스널 컬러 테라피는 '시각형'에게 긍정적 경험을 줄 수 있다.

NLP에서는 개인의 고유한 선호 표상 체계를 고루 활용한다. 특히 상상 속의 원 안에 긍정적 감정을 오게 함으로써 자원화하는 '탁월성의 원Circle of Excellence'은 NLP 코치들이 자주 활용하는 기법이다.

표상 체계를 알고 있으면 개인의 직업이나 직무 선택에서 적합성 판단에 참고가 될 수 있다. 특정한 표상 체계의 개발이나 미개발은 개인의 기본적인 성격 특성의 기초를 형성하고 학습 능력에 많이 관여한다. 실제 50대 초반 여성이 커리어 개발 코칭 중 공인중개사로 전직을 고려했다. 그녀는 공부라면 진저리를 쳤다. 그런데 코칭 중 그녀의 다양한 표현에서 유독 청각에 발달했음을 발견할 수 있었다. 책은 골치 아프니까 보지 말고, 인터넷 강좌를 틀어두고 듣기만 하라고 했다. 그렇게 듣기 위주로 접근하니 공부가 재밌어졌다. 기적이라고 할 일이 일어났다. 1년 만에 1, 2차를 다 통과한 것이다.

특별한 이유가 없는데 뭔가 소통이 안 된다고 느껴지는 사람이 있다고 하자. 관계 맺기에서 서로 주로 사용하는 언어 패턴을 살펴보라.

언니 시간이 갈수록 네 형부랑 점점 멀어지는 것 같아. 거리감이
　　　크게 느껴져.
동생 언니가 무슨 말을 하는지 감이 잡히지 않네.

언니는 시각적으로 이야기하는데 동생은 운동 감각 – 촉각적으로 대답한다. 일상이 불편하지 않다면 모르지만, 서로 주파수를 맞춘다면 시각적으로 표현하는 언니를 배려해 동생이 "'거리감이 크다'는 것은 무슨 뜻이야?"라고 물을 수 있다. 혹은 언니가 "네 형부랑 관계가 냉랭해졌어" 등의 표현으로 말의 온도를 맞출 수 있을 것이다.

'탁월성의 원' 훈련

✳

선호 표상 체계를 활용해 잠재력 자원을 개발할 수도 있다. 코칭 고객은 자주 경험하고 싶은 상태(열정이 넘쳤던 순간, 행복했던 순간, 성취감으로 기뻤던 순간)를 선택하고 이를 온전히 경험했던 구체적인 시간과 장소를 떠올린다. 그런 다음 마음으로 둥근 원을 크게 그린다. 이때 오감을 총동원하여 원의 색깔, 상징 또는 시청각적 요소 등을 마음껏 상상한다.

준비가 되면 원 안으로 들어가서 풍부한 자원 상태에 몰입한다. 특히 자신의 선호 표상 체계를 활용한 상상력을 동원하여 보고 듣고 호흡하며 온몸으로 느낀다. 내면에 주의를 집중하여 내적 선호 표상과 특징, 호흡 패턴, 근육의 긴장도 등을 알아차리도록 한다. 통합된 상태에서 경험을 강하게 유지시킨다. '탁월성의 원' 진입에 쉽게 적응할 때까지 밖으로 물러났다가 다시 들어서기를 반복한다. 이후 몇 가지 일상적 상황을 선택하고 이때도 '탁월성의 원'을 통해 자원이 풍부한 상태를 유지할 수 있다고 상상한다.[7]

공간을 상상하고 그 안에서 생생한 감각을 느끼는 연습을 통해 원하는 순간 충분한 에너지를 불러들일 수 있다. 수영 선수 박태환이 헤드폰을 착용하고 경기장에 들어오던 장면을 기억할 것이다. 여기에는 청각적 자극(음악)을 통해 최상의 몸 상태로 끌어올리려는 의도가 있다. 양궁 선수들의 시뮬레이션 훈련 역시 같은 원리다. 상상과 기억의 힘을 통해 필요한 순간 내면의 자원을 충분히 끌어모을 수 있다.

내게는 삶의 고비마다 함께했던 음률이 있다. 고통에 눈물 흘리다가도 음악을 들으며 힘을 되찾았다. 음악과 더불어 충분한 애도의 시간을 가졌다. 그러는 동안 분노는 사라지고 슬픔이 낸 길을 따라 걸음을 떼고 있는 나를 발견했다. 음악은 내면의 대화였고, 영혼의 정화수였다. 문득 어린 시절의 한 장면이 떠올랐다. 쇼팽의 즉흥 환상곡에 심취해 있던 엄마의 모습. 그 모습을 말로 표현 못 할 아련함을 품고 바라보던 내 눈빛이 선연했다. "이젠 음악을 들으면 눈물만 나와"라고 노년의 엄마는 말했었다. "엄마, 나도 이제 알 것 같아. 정말 그러네. 음악을 듣노라면 그냥 눈물이 나기도 하네. 엄마가 계신 천상에는 이제 슬픔은 걷혔겠지?" 귓전을 맴도는 그 소리는 행복한 기억으로 남아 지금도 내 서사의 한가운데에 생생히 살아있다.

낡은 회로를 바꾸는 예술 프로그램

예술 매개 코칭의 방법론

✳

17세기 스페인 화가 벨라스케스의 〈시녀들〉은 인물과 사물 사이의 복잡한 관계를 담아낸 걸작으로 평가받는다. 흰 드레스를 입은 공주를 보필하는 시녀들이 등장하는 이 작품은 인물과 사물 사이의 복잡하고 미묘한 관계를 보여 준다. 화가 본인도 직접 등장한다. 거울 속 화가의 시선은 보는 이에게 질문을 던지는 듯하다.

그림을 마주하면 나는 작가와 인물들 사이를 오가며 이야기를 나눈다. 실물로 볼 때 그 감각은 더 선명해진다. 배치와 색, 점·선·면의 농담에 따라 해석은 달라지고, 그림 속 이미지들은 내 기억과 맞물리며 반응한다. 화가의 시선을 따라가다 보면 내 삶이, 기억들이 우르르 쏟아져 나온다.

몇 해 전, 60대 이상 여성 9명을 대상으로 '시니어의 품격 있는 삶' 그룹코칭을 진행했다. 10주간 이어진 프로그램이었다. 은퇴 후의 삶을 살아가는 이들과 '명화'를 매개로, 삶에 예술성을 더하는 방법을 이야기했다. 그 전 시간에는 '시詩'를 통해 자신을 돌아보았다. 다들 문학소녀였는지 애송하는 시가 있었다. 모두 각자의 추억을 떠올리며 감정이 올라왔던 터라, 이번에는 어떤 반응이 나올지 궁금했다. 그런데 명화를 앞에 두자, 모두가 잠시 말을 멈췄다.

"오늘 단체로 안 좋은 일이 있나요? 표정이 지난번보다 굳어 보이는데, 어떠신가요?"

참가자들은 그림을 볼 줄도, 배운 적도 없는데 무슨 말을 하겠느냐고 했다. 대부분 전시회에 가본 적이 없었다.

"가방끈도 짧은데 제가 뭘 알겠어요."

자책 섞인 말에 분위기가 위축됐다. 그림 감상이 특별한 사람만의 취미라는 인식이 그들을 가로막고 있었다.

"아무것도 모르셔도 됩니다. 그림을 보며 떠오르는 것을 말씀해 보세요."

나는 16세기 네덜란드 화가 피터르 브뤼헐의 〈시골의 결혼식〉

과 〈걸인들〉을 보여줬다. 편안하게 느낌을 나누자 한 분 한 분 말문을 틔웠다. 배고팠던 시절의 기억과 두려움, 약자를 이해하게 되었을 때의 감정이 나왔다.

"그림에서 가장 눈길이 머무는 곳은 어디인가요?"

질문이 구체화되자 이야기는 풍성해졌다. 신부의 공허한 눈빛, 실내에 들어오지 못한 군중의 모습, 색의 대비가 인상적이라는 말까지 이어졌다. 가방끈이 짧아서 무식하다고 말하던, 스스로를 위축시키던 태도는 사라지고 어느새 이야기가 풍성해졌다.

"오늘 많은 이야기를 나누었는데, 새롭게 발견하거나 알게 된 것은 무엇일까요?"

그림 감상은 고상한 취미가 아니라 느낀 대로 말하면 되는 경험이라는 깨달음, 생각하며 보니 기억이 살아난다는 발견, 화가와 시대에 대한 호기심이 공유됐다. 서로의 이야기를 듣는 것 또한 자극이 되었다.

"그래서 이제 무엇을 해보고 싶으신가요?"

낯설다고 겁내지 않겠다는 다짐, 새로운 시도를 해보겠다는 의지, 전시회에 가보겠다는 계획이 나왔다. 그림 감상은 그렇게 '어려운 취미'에서 삶에 활력을 주는 행위로 바뀌었다.

상상력을 자극하는 '아티스트 데이트'

✳

극작가이자 영성가인 줄리아 캐머런은 고통을 극복하고 창조적인 삶을 추구해 온 자기 경험을 바탕으로 창조성 회복 워크숍 프로그램을 만들었다. 이를 통해 동료 예술인들은 물론 삶에서 좌절을 겪는 많은 이의 회복을 도왔다. 또한 그녀는 자신의 책 《아티스트 웨이》에서 중년 이후의 삶에서 창조성과 의미를 발견하는 법을 전했다. 일주일에 한 번은 자기와 만나는 시간을 가지라며 '아티스트 데이트'를 권한다. 이런저런 핑계로 미뤄둔 일, 관심 가고 매력적으로 느끼는 일을 하라는 뜻이다. 그녀의 말에 전적으로 동의한다. 나는 어려서부터 그림과 영화를 즐겼다. 영상 속에서 종종 '기억의 폭포수'와 맞닥뜨렸다. 그 덕에 내면 세계를 탐구하는 일에도 익숙해졌다.

그룹코칭 고객들과 '아티스트 데이트'를 시도했다. 서울 인사동 갤러리로 그림을 보러 갔다. 어렵게만 여겨졌던 추상화 앞에서 고객들은 자기 자신을 만났다.

"그림이 내 마음을 대신해 주는 것 같아 보고 나니 속이 후련하네요."

"갤러리 문을 여는 게 이렇게 쉬운 줄은 몰랐어요. 왜 그동안 스스로 선을 긋고, 시도조차 안 했는지 후회스럽네요."

"그동안 나 자신을 하찮게 여겼던 것 같아요. 이제 그러지 말아야죠. 자꾸 새로운 걸 시도해 보아야겠어요."

그들은 달라진 서로를 향해 활짝 웃었다.

우리는 알게 모르게 자기가 그은 선 안에서 살아간다. 그 안에 머물기를 원하고 바깥으로 나가기를 두려워한다. 다니던 길로만 다니고, 하던 일만 하면서 익숙한 안전지대에 머물려고 한다. 사람의 속성이 원래 그렇다. 우리 뇌는 게을러서 새로운 자극을 싫어한다. 되도록 익숙한 일을 하려고 한다. 이는 에너지를 아끼고 최대한 효율적으로 생존 시스템을 유지하려는 전략이기도 하다.

노벨 경제학상 수상자인 대니얼 카너먼Daniel Kahneman은 저서《생각에 관한 생각》에서 효율성만 추구하는 우리의 생각 시스템이 갖는 오류에 대해 지적한다. 우리 뇌는 자동적으로 결정이 이루어지다 보니 착오가 많다. 특히 과거의 부정적인 경험이 극단적인 반응을 불러일으키는데, 그는 이러한 경향을 '전망 이론Prospect Theory'으로 체계화했다. 대니얼 카너먼에 의하면 손해에 민감한 사람일수록 감정적이며 변화를 두려워한다. 이는 '손해를 피하려는 사람이 왜 더 큰 손실을 불러오는 비합리적인 선택을 하는가?' 하는 의문을 설명한다. 감정에 사로잡혀 오판하지 않으려면 낡은 생각에 의문을 품어야 한다.

예술은 성찰과 사색의 도구다

✳

"중간만 해라." "괜히 나서지 말아라." "가만히 있으면 2등은 한다."

우리나라 사람이라면 한 번쯤 들어봤음 직한 충고다. 과거 산업화 시대를 거치면서 이 말은 일종의 처세술이 되었다. 그러나 지금은 사정이 달라졌다. 직장에 헌신한 대가로 아파트와 자동차를 살 수 있었던 시대는 끝났다. 지금은 각자도생의 시대, 가만히 있으면 생존조차 위태롭다. SNS는 이런 흐름을 주도하고 있다. 중장년층은 이런 변화가 달갑지 않다. 일평생 유지해 온 생각의 틀을 바꾸는 일은 쉽지 않다.

우리 뇌에 한 번 만들어진 회로를 바꾸려면 새로운 자극이 필요하다. 다른 방식이 생존에 더 유리하다는 사실을 뇌가 받아들일 수 있도록 반복적으로 훈련해야 한다. 그동안 유지해 온 '회로 1'을 대체할 '회로 2'를 구축해야 한다. 그 시작은 새로운 경험 쌓기이다. 낯선 자극에 노출되면 우리 뇌는 재빨리 정보를 수집하고 분석한다. 뉴런과 뉴런 사이 수없이 뻗어나가는 시냅스는 외부 신호를 받아들이며 새로운 신경회로를 프로그래밍한다.

그림을 매개로 한 시니어 그룹코칭은 나이와 상관없이 새로운 회로 구축이 가능하다는 사실을 확인시켜 주었다. 참여자들은 독창적인 예술 작품을 감상하며 새로운 자극을 받았다. 대상과 감각의 상호 작용은 참여자들의 뇌에 새로운 신경회로를 만들었다. 낯선 느낌이 즐거움으로 바뀌는 경험이 반복되면서 그림 감상의 쾌감이 장기기억에 저장된다.

나는 오감을 자극하는 예술 체험을 적극적으로 코칭에 도입한다. 미술 작품 전시회, 음악회, 연극 공연 등 문화 예술과 자연 체험을 고객 맞춤형으로 설계한다. 그 안에서 함께 먹고, 마시고, 보고, 듣고, 맛보고, 산책하며 대화한다. 오감을 열어 자신을 돌보고 관찰한다.

'낯선' 경험은 새로운 관점과 시각을 열고, 무한한 자유를 느끼게 한다. 코칭 고객들은 전시된 그림 앞에서 머물며 내면의 대화를 나눈다. 사진을 보며 자기 문제를 돌아본다. 가까이 다가가 깊이 들여다보고 멀찌감치 물러나 전체를 조망한다. 통합적 시각으로 자신을 괴롭히는 문제를 풀어나갈 능력을 기른다.

코칭 고객은 단순히 감상자에 머물지 않는다. 스스로 작품을 재해석하는 예술적 주체가 된다. 예술가의 상상력이 고객들의 창조적 영감을 일깨운다. 과거에 연연하던 사람은 이제 그 자리에 없다. 코칭 고객들은 예술적 시간을 충분히 즐기며, 생각의 틀을 새로이 짜는 습관을 만들어갔다.

예술 작품은 성찰과 사색의 도구다. 빛이 존재를 드러내는 찰나의 순간 우리 뇌는 분주하게 움직인다. 단순히 형태와 소리의 인식으로 그칠지, 창의성과 자유의 씨앗으로 받아들일지는 각자의 몫이다. 작품을 매개로 한 코칭은 새로운 자기를 만들어갈 계기가 된다. 예술 작품을 감상하고 감정을 나누며 공감하는 사이 진짜 나를 만나게 된다. 꼭 전시장을 찾을 필요는 없다. 온라인 전시도 좋고 달력에 인쇄된 명화도 좋다. 그 자리에 머물러 눈을 맞추기만 해도 대화는 시작된다. 일찌감치 그림과 친해지면, 좀 더 많은 것을 그 안에서 찾을 수 있다.

지금도 나는 가끔 다락방에 오른다. 60년이 다 된 '엄마표 갤러리'다. 그곳에서 생전에 엄마가 모아둔 명화 그림들을 찬찬히 넘겨본다. 엄마가 남긴 최고의 유산, 내 기억에 각인된 이미지들이다. 존재는 유한하지만 예술은 영원하다. 엄마와 내가 이렇게 다시 만나고 있듯, 당신 역시 그림을 통해 어떤 만남을 갖게 될지 기대할 일이다.

기억의 재해석으로 바꾸는 미래

구원과 기억의 문제

✳

〈아뉴스 데이(Agnus Dei, 원제는 Les Innocentes)〉는 실화를 바탕으로 한 영화다. 제2차 세계대전 당시 폴란드를 점령한 독일군과 소련군은 수녀원을 침탈해 성폭행을 자행했다. 25명이 무려 40여 차례에 걸쳐 범죄의 희생자가 됐다.

'아뉴스 데이Agnus Dei'는 라틴어로 '주님의 어린 양'을 뜻하며, 구원과 희생을 상징한다. 영화는 원장 수녀, 마리아 수녀, 그리고 의사 마틸드, 세 인물을 중심으로 각자의 진실과 선택을 따라간다. 그 과정에서 생명의 가치와 존엄을 어떻게 지켜야 하는지를 묻는다. 원장 수녀는 사건을 외부에 알리지 않으려 하지만, 성폭행을 당한 수녀 중 7명이 아기를 가졌고 수녀들의 출산이 다가오며 위기 상황을 맞는다. 원장 수녀는 수녀들의 생명이 위태로운 상황에서도 진료를 거부한다. 이를 견디지 못한 마리아 수녀는 마틸드에게 도움을 요청한다. 영화는 생명을 지키려는 마틸드의 결단과, 공동체의 명예를 지키려는 수녀들의 입장이 충돌하는 과정을 그려냈다.

'마틸드'의 실제 모델은 당시 프랑스 적십자 소속 의사였던 마들렌 폴리악이다. 마틀렌은 참혹한 실상을 일기에 상세히 기록했고, 그의 조카가 마틀렌 사망 후에 일기를 발견해 영화로 만들었다.

나는 영화를 보는 동안 구원이란 무엇인지, 그리고 기억을 어떻게 다루어야 하는지에 대해 생각하게 되었다.

사람마다 기억 자아가 다르다

✳

인간 내면에는 여러 자아가 존재하고 뇌과학이나 심리학은 이를 분류해 개념화한다. 학자마다 차이가 있어서 프로이트와 융이 다르고, 현대 심리학자들도 저마다 자아 개념이 다르다. 나는 김주환 교수가 정리한 개념을 자주 사용한다. 그는 인간의 자아를 셋으로 분류했다. 지금 여기에서 일체의 것을 경험하는 '경험 자아',

경험한 것을 이야기로 기억을 축적하는 '기억 자아', 경험 자아와 기억 자아의 존재를 알아차리는 '배경 자아'가 그것이다. 이를 영화에 적용하면 다음과 같이 해석할 수 있다.

피해를 입은 수녀들은 저마다 '기억 자아'가 다르다. 어떤 사람은 인생을 포기할 만큼 치욕적인 사건으로 받아들이고 자살까지 생각한다. 어떤 사람은 희생자로 남는 대신 가해자를 단죄하려 애쓴다. 여기서도 알 수 있듯 '기억 자아'는 다른 '나'를 만든다. 기억은 얼마든지 재해석이 가능하다.

원장 수녀는 군인들의 폭력을 수녀의 '명예'를 훼손한 일로 받아들이며 이를 은폐하고자 아기들을 유기하려 했다. 그러나 마리아 수녀는 진실을 직시하는 쪽을 선택했다. '기억 자아'가 달랐던 마리아는 수녀들이 잉태한 생명을 지키고자 했다. 의사 마틸드도 마찬가지였다. 참혹한 현실에 자기를 가두지 않고 생명과 진실이라는 목적에 집중함으로써 새로운 미래를 열 수 있었다. '배경 자아'를 통해 객관적으로 사태를 조망했기에 가능한 일이다.

많은 사람이 과거의 망령에 사로잡힌 채 산다. 겉으로는 아무렇지 않아 보여도 혼자 있을 때면 상처 때문에 괴로워한다. 영원히 고통에서 헤어날 수 없을 것만 같다. 과거에서 벗어나려면 우선 자기를 향한 비난의 시선을 거두어야 한다. 내 탓이 아니라고 스스로 말해야 한다. 자기를 믿고 스스로를 귀하게 대해야 한다. 그러다 보면 과거의 경험이 다른 의미로 다가온다. 지금 여기의 삶을 있는 그대로 받아들이면서 생생하게 살아있음을 느낀다.

지인 중에 힘겨운 어린 시절을 보낸 이가 있다. 호감형 외모로 얼굴에 늘 온화한 미소를 달고 살기에 사람들은 그런 일이 있었으리라고 짐작조차 못 한다. 그가 지나온 삶을 정리해 자서전自敍傳을 썼을 때 사람들은 깜짝 놀라며 물었다.

"어렸을 때 그렇게 고생했는데, 부모가 원망스럽지는 않나요?"

그러면 그는 편안하게 웃으며 대답한다.

"눈치 많이 보고 살았어요. 무서웠으니까요. 그런데 나중에 사회생활을 할 때는 외려 장점이 되더라고요. 눈치가 빨라서, 상황 파악을 잘하고 타인의 감정을 읽고 공감하는 것도 수월했어요. 그 덕에 일을 잘하게 된 건지도 모르겠어요."

나는 그의 이야기에 전적으로 공감한다. 나 역시 눈에 보이는 것이 다가 아니라는 걸 일찌감치 깨달았다. 말하지 않는 세계, 보이지 않는 세계, 침묵으로 덮인 그 세계에서 얼마나 많은 일이 벌어지는지 알게 되었다. 경청하는 습관도 그렇게 키워졌는지 모른다. '이면 세계'의 발견은 적절한 처신에 큰 도움을 주었다. 말하지 못하는 어려움을 이해하니 대화에 끼지 못하는 사람을 배려할 수 있다. 따로 불러 혹시 하고 싶은 얘기가 있는지 물어본다. 모임을 이끌 때도 조용히 자리를 지키는 이들을 챙김으로써 소속감을 심어주고 참여도를 높인다. 코치가 된 이후로는 타인의 감정을 섬세하게 돌보는 데 큰 도움이 되었다.

오죽하면 인생은 고통의 바다라고 했을까. 사노라면 삶 전반에 복병처럼 나타나는 갖은 어려움에 휘청댄다. 고용 불안정에서 오는 경제적 고통, 워크홀릭의 번아웃, 직장 생활에서의 대인 관계 갈등 등 외부 환경의 압력이 거세다. 고령화로 인한 가족 내 돌봄 문제, 부부 갈등과 자녀의 탈선, 불안한 자녀의 미래로 부양 책임이 가중된 가장, 가사와 육아의 분태 문제, 가족 간 소통 단절, 경영자들의 자금 문제, AI 시대의 트렌드 부적응, 기술 발달에 따른 인간 소외 등 우리 앞에 산적한 어려움은 끝이 없다.

그런데 과거를 어떤 방식으로 기억하고 해석하느냐에 따라 삶은 전혀 다른 양상을 띤다. 과거의 망령에 사로잡혀 고통을 이기지 못하고 굴복해 버리는 사람들을 보자. 한 부류는 과거에 성공을 했지만 '기억 자아'가 자기 신화에 쩔어서 '라떼송'을 여전히 시전한다. 지금 당장 처한 현실을 사는 '경험 자아'와의 간극을 메울 길 없어 방황한다. 한편 과거에 실패를 거듭한 사람의 '기억 자아'는 늘 실패의 아픔만 기억한다. 열패감으로 지금의 '경험 자아'가 새로운 경험을 할 여지조차 허락하지 않는다. 위기를 상수로 생각하는 이들의 생각법은 어떤가. 변화와 성장을 위한 기회로 해석하며 거듭난다. 스스로 의미를 부여하며 새로운 정체성으로 거듭난다. 성공이든 실패든 과거의 기억 자아로부터 배움을 찾아 자원화한다.

해석은 주관적이다. 성공만을 원하는 사람은 마치 과거에는 실패가 없었던 것처럼 군다. 성공 신화에 갇혀 오만해지고, 작은 실패조차 허용하지 않으려 애쓰며 안절부절한다. 실패에 사로잡힌 사람들은 모든 죄를 과거의 자신에게 덮어씌우며 현재의 무기력함을 합리화한다. 그러나 '과거의 나'란 지금 여기에 존재하지 않는다. 오로지 또 다른 각본을 써가는 내가 있을 뿐이다.

"상처도 스펙이다"라는 말이 있다. 남들이 피하고 싶어 하는 일을 경험하고 극복한 사람의 사유는 남다르다. 그런 사람들을 만나면 경외감이 든다. 상처를 극복하는 과정에서 얻은 지혜와 '마음 근력'이 지금의 그를 만들었기 때문이다.

과거의 감옥에서 벗어나면 그때의 경험이 오히려 자원이 된다는 걸 알게 된다. 기억은 얼마든지 재구성할 수 있다. '기억 자아'는 지금도 새 역사를 써간다. 과거의 상처를 수용하고, 단단하게 현재에 발 디디며 선 이들의 이야기를 듣는 것은 늘 가슴 뛰는 일이다.

Part 4
수용

나, 너, 우리를 인정하고
받아들이기

빈 배처럼 나를 비워둘 때,
비로소 강물은 나를 어디로든 실어 나를 수 있다.

— 법정 스님 —

부정적 감정을 극복하는 내면 소통법

구글 엔지니어의 명상 훈련

＊

2022년 서울에서 국제 마음챙김 행사인 '위즈덤 2.0 코리아'가 열렸다. 행사에는 세계적인 마음챙김 지도자, 심리학자, 뇌과학자, 기업인, 사회운동가가 참여했다. '위즈덤 2.0'은 2009년 명상가 소렌 고드해머Soren Gordhamer가 창시한 콘퍼런스이자 커뮤니티로 기술 발전과 인간 행복의 균형점을 찾자는 취지로 만들어졌다. 미국 실리콘밸리에서 시작되어 전 세계로 퍼졌으며 해마다 세계 각지에서 관련 행사를 한다.

행사장에서 반가운 얼굴을 만났다. 바로 구글 엔지니어 출신으로 세계적 베스트셀러인 《너의 내면을 검색하라》를 쓴 차드 멩 탄Chade-Meng Tan이다. 싱가포르계 미국인인 그는 자신감, 자기 통제력, 동기부여, 공감 능력 등을 기르는 명상 프로그램을 소개하면서 유명해졌다. 그의 책을 인상적으로 읽은 나로선 행운이 아닐 수 없었다. 실제로 만나보니 유머 감각이 뛰어난 데다 순수한 마음의 소유자였다. 차드 멩 탄이 만든 명상법은 구글 사내 프로그램으로 정착하며 큰 호응을 얻었다. 직원들은 마음챙김을 통해 자기를 인식하고 돌보는 동안 자존감과 행복감이 높아졌다. 자기 이해가 깊어지자 타인과의 공감 지수도 함께 올랐다. 연민을 바탕으로 사랑을 실천하려는 움직임이 일었고, 이들은 연대로 새로운 가치를 만들어갔다.

연단에 선 차드 멩 탄은 맑은 웃음으로 청중을 사로잡았다. 단 몇 마디의 안내만으로 참가자들이 평정심을 찾도록 도왔다. 행사장은 마음챙김, 존중, 연결, 공동체를 고민하며 삶의 방향을 찾으려는 사람들의 열기로 가득했다.

차드 멩 탄은 감성 지능을 높여서 한층 높은 수준의 목표를 달성하자는 취지로 '내면 검색' 프로그램을 만들었다. 프로그램은 총 3단계로 진행된다.

첫 번째는 '주의 훈련Attention Training'으로 명상을 통해 집중력을 기른다.

두 번째는 '자기 인식self-awareness'으로 내면을 살펴 자기 감정을 알아차리고 조절한다.

세 번째는 '유익한 정신 습관 개발Useful Mental Habits'로 앞서 개발한 능력을 정착화하고 대인관계에 적용하는 단계이다.

이 프로그램은 누구나 쉽게 접근할 수 있다는 장점이 있다. 무엇보다도 감정 조절을 통해 대인관계에서 오는 스트레스를 줄일 수 있다. 내가 만난 고객들도 그 효과를 절감했다. 호흡법 하나만 바꾸어도 마음이 편해진다는 이들이 있다.

부정적 감정에 사로잡히지 않고 이를 잘 조절하면 삶의 질이 높아진다. 그러려면 우선 자기가 느끼는 감정을 알아차리고, 이를 부정하거나 외면하지 않으며 있는 그대로 수용할 수 있어야 한다. 그래서 나도 코칭 과정에서 이를 고양하는 연습을 한다. 예를 들어 부정적 감정이 올라온다면 그 느낌에 주목하면서 몸에 주의를 기울인다. 몸 어디에서 느껴지는지, 그 상태에서 호흡은 어떤지, 긴장도는 어떤지 등을 살핀 후에 지금 여기로 돌아온다. 그 과정에서 올라오는 생각은 판단하거나 굳이 정리하려 하지 않고 그냥 둔다.

감정을 인식했다면 이를 조절하기 위한 자기 인식에 들어간다. 어려운 상황임에도 긍정적으로 반응해서 결과가 좋았던 일, 부정적으로 반응해서 결과가 불만족스러웠던 일에 관해서 쓴다. 이때 '내게 기쁨을 주는 것은….' '내 강점은….' '나를 불행하게 하는 것은….' '내 약점은….' 같은 유도 문장을 활용할 수 있다. 문장을 완성했다면 이들 사이의 연관성이나 패턴을 파악한다. 이렇게 한 걸음 물러서서 자기를 바라보면 감정과 나를 분리할 수 있게 된다.

긍정의 에너지를 만드는 내면 소통

✳

구독자 35만 명을 자랑하는 유튜버이자 커뮤니케이션학 교수 김주환은 '내면 소통'이라는 새로운 개념을 만들었다. 소통의 범주를 자기와의 소통, 타인과의 소통, 세상과의 소통, 이렇게 세 가지로 나눈다. 그러면서 이들 능력을 키우면 누구나 자기가 꿈꾸는 삶을 살 수 있다고 단언한다. 그중에서도 자기와의 소통, 즉 내면 소통이 바로 나 자신과의 대화다. 우리는 이를 통해 자기 감정과 생각을 알아채고 그들과 건강하게 관계를 맺을 수 있다. 내면 소통으로 '마음 근력'을 키우면 우리가 겪는 감정의 문제를 해소할 수 있다. 우리는 감정의 노예가 아니다. 교육받고 연습하면 충분히 조절이 가능하다.

김 교수는 수십 년간 수련한 다양한 형태의 명상법을 소개한다. 마음챙김을 통해서 고유감각을 깨우고, 움직임 명상을 통해 감정을 조절한다. 이때 우리는 용서, 연민, 사랑, 수용, 감사, 존중이라는 여섯 가지 태도로 내면을 대해야 한다. 이들은 우리 뇌에 새겨진 부정적인 기억과 감정의 회로로 바꾸는 데 큰 도움을 준다. 긍정의 에너지로 두려움을 떨쳐내고 다음에 평안을 가져다준다.

자기 비난, 응징, 분노와 적개심, 강박, 부정적 생각, 조건화, 저항, 자의적 해석, 인정투쟁 같은 집착은 불행을 가져온다. 마음챙김을 통한 자기 탐색과 내면 소통은 이를 예방하고 건강한 자아를 형성하는 지름길이다. 김주환 교수는 요즘도 유튜브 라이브를 매개로 수많은 사람과 만난다. 한번 시작하면 두세 시간은 기본이다. 삶에서 얻은 지혜를 타인과 공유하려는 노력이 아름답다.

소통은 나에게서 시작한다. 그렇게 출발한 소통의 열차는 나를 통과해 너로 이어지고 우리라는 공동체로 향한다. 탐색과 소통은 열차가 움직일 선로를 만드는 작업이다. 지금부터라도 내 마음을 탐색하고 스스럼없이 말을 걸어보자. 감정에 휘둘리면서 삶을 낭비하기에는 우리 삶이 너무도 소중하다. 감사하고 사랑하면서 살아도 짧은 게 인생이 아니던가.

내면의 목소리를 자원화하라

묵은 감정 널어 말리기

✳

인생 선배와 속초를 다녀왔다. 동행하면서 나는 까마득한 과거사까지 털어놓았다. 너무 시시콜콜 이야기했나 싶어 후회하는 기색을 비치니 선배는 이렇게 말씀하셨다.

"옛날에 거부들은 집에 보관하던 돈을 주기적으로 꺼내어 햇빛에 말렸다는군요. 그러지 않으면 돈이 썩는다고 생각했어요. 사람도 그래야 하지 않을까요? 계속 감춰두기만 했다가는 병이 될테니, 마음 깊은 곳에 채워둔 그것들을 끄집어내야지 않을까요."

무심한 듯 전하는 그 말씀은 큰 위안이 되었다. 지금도 두고두고 곱씹는 말이다.

예전부터 우리나라 사람들은 곡식이나 옷이 상하지 않도록 바람과 햇빛에 널어두었다. 이를 거풍擧風이라 했는데, 한의학에는 또 다른 거풍이 있다. '풍風', 즉 질병을 몰아내는 행위를 '거풍祛風'이라 했다. 한자는 다르나 둘 다 깊숙한 곳에 있던 것을 드러내어 치료한다는 의미로 연결된다. 마음도 이와 같다. 상처와 고통이 굳어져 소통의 창구가 막혔을 때 병드는 것이 아닐까. 마음 깊숙이 침잠해 있는 것을 맑은 공기와 햇살 아래 드러냈을 때 비로소 회복에 다가선다.

선배와 헤어져 검은 바다를 친구 삼아 집으로 돌아왔다. 적요의 도로를 달리면서 철썩하고 차창 안으로 밀려드는 파도 소리를 들었을 때 맥박이 뛰면서 살아있다는 느낌이 들었다. 선배와의 대화는 내게 거풍이었던 걸까. 과거의 망령은 현재의 삶을 갉아먹는다. 벗어나려고 발버둥칠수록 더 깊이 가라앉는다. 운 좋게 벗어났다 해도 그것은 사라지지 않는다. 때를 기다렸다가 무방비 상태인 나를 덮친다. 거풍을 해야 한다. 묵은 감정들을 바람과 햇살 아래 널어야 한다. 그러지 않으면 언제 다시 그 안으로 빠져들지 모를 일이다.

선배와 만난 그날, 나는 내 안의 감정이 자연스럽게 흘러가도록 두었다. '있는 그대로' 순순히 지켜보았다. 내가 털어놓는 이야기 속의 나는 이미 이전의 내가 아니었다. 선배의 경청 속에서 힘을 얻은 나는 햇살과 바람과 파도 앞에 에고의 자아를 내려놓았다. 논리로 판단하지 않고 감각과 신체성으로 기억을 재구성했다.

나의 창고에는 낡고 오래된 기억 경험들로 가득했다. 부정적 감정에 사로잡히면서 에너지를 잃고 작은 일에도 쉽게 지쳤다. 다행히 나를 아끼고 사랑해 준 이들 덕분에 한 걸음 떨어져 바라볼 용기를 얻었다. 그렇게 더 강인하고 성숙한 사람이 되었다. 그들의 사랑이 내게는 거풍이었던 셈이다.

코칭을 진행하다 보면 '그림자 감정'이 구축한 심리적 장벽과 맞닥뜨린다. 코칭은 자기 탐색을 하면서 안전하고 유효하게 장벽을 넘어설 수 있도록 돕는다.

고요한 순간으로 돌아가기

✳

I는 '결정 불안'을 호소했다. 사소한 일부터 큰일까지 결정을 내리기가 어렵다. 자기 안에서 끊임없이 불평을 늘어놓고 트집을 잡는 목소리들 때문이다.

"혼란스럽다고 하셨는데, 그런 자신이 어떻게 느껴지나요?"

"나 자신이 못나 보이고 짜증스러워요."

"주저하는 마음 아래 또 어떤 마음이 숨어 있나요?"

"두려움이에요. 잘못될까 봐 겁나는 거죠."

"겁내면서도 선택했고, 또 많은 일을 이룬 건 아닌가요?"

"맞아요. 막상 하면 잘해요. 다만 그러기까지 힘든 거죠."

"망설이는 성격 때문에 덕 본 일은 없을까요?"

"신중하게 검토하니까 실패할 확률이 낮죠. 파트너들이 저를 신뢰하는 편이고요."

"내면의 목소리는 소란스럽기만 한가요?"

"나쁘기만 한 건 아니에요. 덕분에 플랜 B, 플랜 C를 만들고 대비하니까요."

"그 관점에서 내면의 목소리를 다시 바라보시겠어요? 그들은 누구인가요?"

"저를 도와주는 동맹군이었군요. 더 생각을 못 했었는데…."

"그렇다면 내면의 목소리를 훼방꾼으로 여기게 한 존재는 누구인가요?"

대화가 잠시 끊겼다. 그는 망설임 끝에 말했다.

"엄마 같아요. 빨리빨리 하라며 다그치고 똑바로 못 한다고 혼냈어요. 윽박지르니까 더 겁이 나고 행동도 더뎠죠. 그래서 지금도 망설임이 강한가 봐요."

게오르크 롤로스Georg Lolos는 저서 《내가 생각하는 내가 진짜 나일까?》에서 우리 마음속의 무수한 방들을 추적한다. 혼란의 방, 무기력의 방, 결핍의 방, 죄책감의 방 등을 소개하고 탈출 방법을 제시한다. I는 지금 '혼란의 방'에 있었다. 끊임없이 자신을 의심하고, 누가 대신 결정해 주기를 바랐다.

"어린 시절의 나를 만나니 마음이 어떠신가요?"

"불쌍해요. 잘못도 없는데 맨날 추궁당하니까요."

"어떻게 해주고 싶으신가요?"

"괜찮다고, 천천히 결정해도 된다고, 지금 좋다고 느끼는 것을 고르라고 말하고 싶어요."

'좋은 생각'이 아니라 '좋은 느낌'을 따르라는 롤로스의 조언이 떠올랐다. 두려움과 걱정을 내려놓고 가슴의 음성을 듣는 것, 바로 I에게 해주고 싶은 말이었다.

마음챙김을 하면서 I는 고요해졌다. 자포자기하지도 도망치지도 않았다. 혼란의 방에 머무는 자기를 인식하고 천천히 빠져나왔다. 다음에 만났을 때 망설이는 시간이 짧아졌으며, 선택을 번복해도 아무 일도 일어나지 않는다는 사실에 안심했다고 말했다.

과거의 나를 묻고 새롭게 태어나다

✳

'혼란의 방'에 있으면 수많은 목소리에 시달린다. 이들은 눈치가 없고 수다스럽다. 변덕이 죽 끓듯 하고, 비논리적이며, 제멋대로다. 이를 견디는 일은 쉽지 않을 것이다. 때와 장소를 가리지 않고 거머리처럼 들러붙어서 나를 괴롭힌다. 방을 나와야 한다. 그 방을 나와도 안전하다고 믿고 자기 의지를 실현해야 한다. 혼란

의 방에 웅크린 나를 탈출시키는 데 성공했다면 다음 방도 둘러
보자. 무기력의 방, 결핍의 방에 있는 내면의 목소리를 차례로 불
러내 상대해 본다. 마치 '벽돌 깨기' 하듯 나를 붙들고 있는 것들
과 겨루다 보면 점점 강해지는 자신을 발견할 수 있을 것이다. 상
상만으로도 즐겁지 않은가?

　낡은 자아로부터 깨달음을 얻은 자기로 다시 태어나는 것, 바
로《장자莊子》 제물편濟物篇에 나오는 "吾喪我(오상아: 나는 나를 장사
치렀다)"가 아닐까. 지금 당장은 내면의 목소리로 괴롭겠지만, 이
들이 각자 방 하나씩을 차지하는 데는 이유가 있다. 그들은 내가
살아있다는 생생한 증거다.

　그들이 있기에 깨달음도 있다. 그러니 무조건 쫓아낼 생각은
말자. 내가 그들 방에서 나오면 그만이다. 그들을 미워하지 말자.
오히려 고마워할 일이다. 내가 알아채는 순간 그들은 소중한 자
원이 된다. 예술적 영감을 준다. 어떤 이는 이를 잘 살려 훌륭한
작품을 만들어낼 것이고 또 누군가는 깨달음을 통해 성숙한 관계
를 열어가는 사람이 될 것이다. 목소리들을 잘 구슬려 동맹군으
로 삼자. 내 속에 내가 너무 많다는 것, 두 팔 벌려 반길 일이다.

일상적 수련으로 만드는
성장 에너지

지금 여기에 머물기

＊

"햇볕을 쬐면서 허송세월할 때 내 몸과 마음은 빛과 볕으로 가득 찬다. 나는 허송세월로 바쁘다."[8]

작가 김훈의 산문집을 읽다가 이 한 구절에 꽂혔다. 반어적 수사로 쓰인 '허송세월'이란 말에는 삶을 긍정하려는 의지가 깊이 배어 있다. 책에는 시골살이를 하면서 얻은 통찰로 가득하다. 그의 말마따나 한낱 해나 쪼이면서 호수의 물살을 느끼는 순간을 누릴 날이 얼마나 될까? 그런 시간을 갖는다는 게 오히려 커다란 축복이 아닌가? 김훈의 통찰은 노동이 가져다주는 현재성 인식과도 관련이 있다. 몸을 움직이고 땀을 흘리며 자연의 풍경을 감각적으로 인식할 때 우리는 '지금 여기'에 머물며 존재를 만끽할 수 있다.

철학자 페터 슬로터다이크Peter Sloterdijk는 저서 《너는 너의 삶을 바꿔야 한다》에서 자기 수련을 강조한다. 그에게 있어 철학이나 명상은 더 나은 인간이 되기 위한 노력이라는 점에서 다르지 않다. 어쩌면 김훈에게는 시골살이와 노동이 그랬는지 모른다.

내면의 초대에 응하는 법

✳

K는 신체성과 정신, 영혼을 통합한 프로그램을 운영하는 코치다. 심신 통합을 주제로 그룹코칭을 하는 그는 세대를 막론하고 고객들의 신뢰를 받았다. 다만 신체 활동이 주가 되다 보니 지식 전달이 부족한 것은 아닌가 하는 고민이 있었다. 그는 양평으로 찾아와 일주일에 한 번씩 코칭수퍼비전을 받았다.

"책을 쓰고 있는데 제 안에서 계속 의심이 생기더군요. 지금 하는 일이 순수한 마음에서 비롯한 것인지 살폈어요. 아직은 때가 아니라는 목소리가 들렸습니다. 좀 더 시간을 갖고 내면을 담아내는 글을 쓰자고 했더니, 여유가 생기고 자책하는 습관이 사라졌어요."

"이런 알아차림을 나눠주셨는데 자신에 대해 어떻게 느끼세요?”

“글을 쓰면서 나 자신과 만나는 작업을 해왔어요. 내 글이 누군가에게 울림을 줄 수 있다는 걸 알았고, 이를 나눌 사람들이 있다는 데서 위안을 받았습니다.”

“오늘 나누고 싶은 얘기와도 연결이 될까요?”

“요즘 초대가 많아지면서 일일이 응하기가 힘들어지고 있어요. 고객과의 소통이 내 삶을 이끄는 통로가 된 것 같은데, 어떻게 해야 할지 고민입니다.”

“삶과 어떻게 연결하나요?”

“오만하지 않으려고 노력해요. 잘하려고 애쓰다 보면 무리하게 되고 지금껏 유지해 온 태도가 흔들릴 수 있으니까요. 힘을 빼고 관조하듯 내 마음을 살펴보려고 합니다.”

“오만함의 의미를 좀 더 들어볼 수 있을까요?”

“처음엔 초대받는 게 기뻤어요. 그런데 시간이 지나면서 초심이 흐려지고 책임감과 인정 욕구가 들어서는 걸 느꼈습니다. 변화를 지켜보고 증언하는 일로 충분한데 자꾸 욕심이 생기는 것 같아요.”

“고객과 만나면서 어떤 경험을 하셨나요?”

“상대를 있는 그대로 수용하는 과정에서 깨달음이 일어났습니다. 우리는 누구나 서로에게 고맙고 소중한 존재라는 것도 알게 되었습니다.”

"초대에 잘 응한다는 것은 어떤 의미인가요?"

"초대는 타자와 연결될 기회입니다. 기대에 부응하려는 욕심은 오히려 장애물이 될 뿐이죠. 서로 내면의 초대에 응답하면서 성장할 기회를 열어나가야 한다고 생각해요."

K는 잠시 고요 안에 머물렀다.

"내면의 초대에 잘 응하기 위해 무엇을 준비하시겠어요?"

"일상 루틴을 최우선으로 해야겠어요. 여기저기 쏟아지는 초대는 가슴 차크라가 이끄는 대로 따를래요. 일어나는 시간, 명상, 운동, 먹는 음식을 조절하면서 내면과 연결하고 싶네요."

"대화 중에 알아차린 것은 무엇인가요?"

"초대가 쏟아진다는 건 제가 '열려 있는' 존재가 되었다는 신호 같아요. 내면이 이끄는 대로 호기심을 갖고 응하려고 합니다."

K는 일상에서 감각을 깨우고 '지금 여기'에 집중한다. 모순의 상황조차 가만히 지켜보면서 맞아들인다. 무엇도 부정하지 않고 수용하면서 호기심과 사랑으로 성장의 에너지를 만들어낸다.

모두를 위한 일상의 수련법

✳

K에게는 일상이 수련이다. 코칭 전후로 우리는 함께 양평의 자연을 걸었다. 도시에 사는 K와 지금 나와 강가를 거니는 K는 같은 사람이지만 순간 순간 다르게 느껴진다. 지금 여기에 집중할 때

자유로운 본래의 모습이 드러난다.

'나'는 언제나 지금 여기에 현존하는 주체다. 나라는 존재를 오롯이 느끼려면 내면의 자기에게 돌아와야 한다. 자발적 고립 상태에서 현존하는 나를 생생히 느낀다. 뿌리가 단단해져서 수시로 그 안에 머물 수 있게 되면 진정한 자유를 맛볼 수 있다. 영적 스승 에크하르트 톨레Eckhart Tolle는 일상을 살아가면서 내면을 느끼라고 당부했다. 그러면서 본래의 나를 발견하는 것이 바로 깨달음이라고 했다.

NLP 마스터 트레이너 이성엽 교수는 일상에서 손쉽게 할 수 있는 4-4-4-4 호흡을 가르쳐 주었다. 방법은 어렵지 않다.
① 먼저 자기만의 공간을 찾아가서 가만히 눈을 감는다.
② 숨을 내뱉으며 속으로 하나-둘-셋-넷, 멈추고 하나-둘-셋-넷을 헤아린다.
③ 숨을 들이마시고 하나-둘-셋-넷, 다시 멈추어 하나-둘-셋-넷을 반복한다.
이런 식으로 호흡에 집중함으로써 번잡한 생각에서 벗어나 지금 여기로 돌아온다. 별다른 장비가 필요하지 않아서 어디서나 할 수 있다. 처음에는 5분쯤 하다가 7분, 10분, 20분, 30분으로 늘려가면 좋다.

다음은 'C.O.A.C.H'다. 명상 체조로 역시 간편하게 할 수 있다.

① 먼저 어깨너비만큼 다리를 벌리고 선다. 머릿속으로 땅에 뿌리를 내리는 이미지를 상상하며 "센터링centering"이라고 말한다. 양팔은 30도 각도로 펼친 채 두 다리로 단단히 중심을 잡는다.

② 자세를 바꾸어 양팔을 하늘을 향해 45도 각도로 펼치면서 "오픈open"이라 말한다. 하늘을 우러러보며 가슴을 활짝 펼쳐 세상의 기운과 에너지를 받아들이겠다는 마음을 가진다.

③ 이제 들어 올렸던 양팔을 눈썹 쪽으로 가지런히 가져와서 망을 보는 듯한 자세를 취한다. 입으로는 "어웨어aware"라고 말하면서 알아차림을 위한 의식의 깨우침을 다짐한다.

④ 양팔을 모두 내려 X자 모양으로 가슴을 감싸면서 "커넥트connect"라고 말한다. 우리는 유기체적 존재로서 세상 모두와 연결되어 있다.

⑤ 마지막으로 접속한 에너지를 나면에 담는다는 의미로 양팔로 사람을 안는 모양을 만들면서 "홀드hold"라고 말한다.

이 다섯 동작을 수시로 하면서 긴장을 풀어보자. 언제든 번민에서 벗어나 지금 여기로 돌아올 수 있다.

우리는 현실을 사는 존재다. 아침에 눈을 뜨는 순간부터 우리를 기다리는 일상을 충실히 살아갈 의무가 있다. 그 안에서 내면을 향한 주의를 놓치지 않고 지켜보는 것이 바로 수련이다. 불안과 두려움은 과거와 미래를 먹고 산다. 과거나 미래의 망상에 매달리지 말고, 꼬리에 꼬리를 무는 생각의 함정에 빠지지 말자. 그림자의 감정에 휘둘리지도 말자. 오직 지금 여기에 내가 현존한다는 것이 중요하다. 나와 하나 되는 수행을 일상에서 지금 시작하자.

코치를 위한
언어 민감성 수업

변화는 질문에서 시작한다

✳

코치는 언어 민감성을 길러야 한다. 추상적이고 관념적인 언어일수록 맥락이 중요하다. 같은 말이라도 사용하는 사람과 처한 상황에 따라 달리 읽힐 수 있다. 그가 어떤 의미로 그러한 말을 했는지 살펴야 한다. 누군가가 '마음이 좀 편안해졌으면 좋겠다'는 표현을 썼다면, 코치가 생각하는 편안함과 고객이 말한 편안함이 같은지 확인이 필요하다. 그래서 나는 순수한 호기심으로 "○○ 님이 말하는 편안함이란 어떤 것일까요?"라든지 "그 편안함에 대해서 좀 더 들어볼 수 있을까요?"라고 묻는다.

F는 마음이 여리고 약한 평화주의자다. 주변 사람은 웬만하면 화를 내지 않는 그를 편하게 생각한다. 그러나 F는 간혹 자기를 만만하게 보는 사람들 때문에 상처받는다. 착한 성정의 사람을 수족처럼 부리면서 부당하게 대우하는 권력형 직장 상사와, 배려를 권리로 착각하는 후배들이 있다. F는 남의 말을 쉽게 믿는다. 상대는 언제든 그를 감언이설로 현혹할 수 있다. 별명이 '팔랑귀'인 F는 진심 없는 칭찬에 넘어가고 동정심을 호소하는 가짜 눈물에 잘 속는다.

F는 자기 상사를 완벽한 사람으로 여긴다. 그와 함께 일해 영광이라고 생각하며 본받고 싶어 한다. 상사에게 핀잔이나 비난을 들으면 자신이 한없이 초라하고 형편없게 느껴진다. 사람들이 자기를 함부로 대한다고 느낄 때면 그들이 원망스럽다. 그러나 이내 죄책감이 느껴진다. F는 사람들을 미워하는 자기가 싫다. 상사의 말을 수용하고 후배들 요구를 들어주면서 편하게 살고 싶다.

F와의 코칭은 다음과 같은 질문으로 시작했다.

"그 상사와 자신과의 관계를 생각하면 어떤 이미지가 떠오르는지요?"

선뜻 답을 하지 못하는 F가 미간을 찡그리며 불편한 기색을 보였다.

"불편하시면 말씀을 안 하셔도 됩니다."

"상사는 주인 같고 저는 목줄 채운 강아지 같아요."

망설이던 F가 입을 열더니 이어 반문했다.

"왜 그런지는 모르겠어요. 목줄 없이도 주인과 함께할 수 있을 텐데. 왜 이런 이미지가 떠오를까요."

"그 강아지는 기분이 어떨까요?"

"그 강아지는 별 느낌이 없을지도 모르겠어요. 그런데… 저로선 당황스럽습니다. 그냥 목줄을 풀어주고 싶어요."

"지금 떠올린 이미지로 어떤 생각을 하게 되셨나요?"

"우선, 기분이 좋지 않네요. 지금 내 모습인가 싶어 서글퍼요. 처음 만났을 때부터 지금까지의 시간이 주마등처럼 흘러가기도 하고요. 상사는 한동안 제게 잘해줬습니다. 칭찬을 아끼지 않았고 펜이며 피규어 같은 선물도 해주어서 특별히 나를 챙기는구나 싶었어요. 너무 감사했지요. 아, 그런데 지금 생각하니 제 후임에게도 그랬네요. 지나칠 정도의 칭찬과 관심 표현, 어쩌면 그냥 부하 직원을 다루는 방식일지도…"

인정 욕구와 칭찬이라는 유혹

✳

한동안 칭찬은 고래도 춤추게 한다는 말이 유행했다. 그래서 다들 칭찬이 얼마나 인간관계를 행복하게 하는지, 얼마나 큰 성취를 가져오는지 증명하기에 바빴다. 칭찬 기술을 익히기 위한 세미나와 워크숍이 열리고 교육계는 칭찬의 긍정적 효과를 주목했다. 물론 원활한 의사소통을 위해서는 긍정적 피드백이 필수적이다. 그러나 사람을 조종하기 위한 칭찬은 다르다. 요즘은 목적 달성을 위한 칭찬, 인간에 대한 존중이 빠진 칭찬이 횡행하고 있다.

국립국어원 표준국어대사전은 칭찬을 "좋은 점이나 착하고 훌륭한 일을 높이 평가함. 또는 그런 말"로 정의한다. 회사라는 조직에서 상사의 칭찬은 아랫사람에게 주는 피드백이다. 동등한 관계 사이에서 이루어지는 행위가 아니라는 뜻이다. 이때 칭찬은 성과를 촉진하기 위한 수단으로 사용될 수 있다. 인정에 메마른 사람들은 칭찬받기 위해 영혼을 갈아 넣는다. 권력형 인간은 이를 이용해서 자기 이익을 도모한다.

이윤을 추구하는 집단에서 칭찬은 그 사람 자체를 향하지 않는다. 그가 거둔 성과에 대한 평가다. F가 상사로부터 받았던 칭찬도 그렇다. 내적 동기를 끌어올려 더 나은 결과를 얻으려는 의도가 있다. 이는 F의 성과가 시원치 않았을 때 상사가 보인 시큰둥한 반응으로 입증된다. 이런 칭찬에는 진심이 없다. F는 그 점을 직시해야 했다. F는 자기 능력이 부족해서 칭찬받지 못하는 거라며 자책했지만, 말과 달리 몸의 감각과 감정선은 다른 신호를 보냈다. 그는 상사의 태도로부터 존재가 부정당하는 느낌을 받고 있었다.

"지금 얻은 알아차림으로 앞으로 어떻게 하고 싶으신가요?"

"일하는 이유와 목적을 다시 생각해 봐야 할 것 같아요. 성취감이나 자부심보다 그냥 먹고살려고 어떻게든 살아남으려고 상사의 인정을 갈망했던 건 아닐까요. 그런 비굴함을 상사도 알아챈 거죠. 그래서 저를 함부로 대했는지도 모릅니다. 어쨌든 저 자신을 좀 돌아봐야겠어요."

사리 분별을 잘하는 사람도 단단한 위계 안에서는 권위에 복종하기 쉽다. 칭찬에 속아서 타인이 나를 조종하고 통제하는 것을 허락한다. 그들에게 받는 비난어 저항하지 못한다. 사람을 수단시하는 사람은 가스라이팅에 능하다. 상대의 취약성을 파고들어 현실 감각과 판단력을 잃게 만든다. 그렇게 지배력을 계속해서 확장해 나간다.

조직 안에서 심리적으로 조종당하는 느낌이 든다거나, 부당한 일에 저항하기 힘들어하고 자책하는 습관이 생긴다면 이는 위기 신호다. 내가 나를 소외시키고 부정하도록 내버려두어서는 안 된다. 이때는 칭찬을 갈구하는 나에게 말을 걸어야 한다. "나는 고유한 존재이다. 누군가에게 평가당하고 조종당할 존재가 아니다"라는 말로 스스로를 안심시켜야 한다. 상사를 비난하는 대신 "그도 나처럼 고유한 존재다. 그는 자기 입장에서 최선을 다하고 있을 뿐이다"라고 말해준다.

잘못된 신념과 거리를 두었다면, 다음은 객관적인 해결책을 찾을 때다. 인격적 무시나 비난의 내용을 나와 분리한다. 대신 내가 수행한 업무와 그 결과에 대한 피드백을 객관적으로 평가한다.

평가를 상사가 독점할 이유는 없다. 나 역시 나를 평가할 권리가 있다.

내면 대화의 과정을 기록으로 남기는 방법도 있다. 부정적인 감정에 이름을 붙이면 객관적으로 자기 상태를 바라볼 수 있게 된다. 그런 다음 실제로 일어났던 일을 기록하면 꼬리에 꼬리를 물던 부정적인 생각은 어느새 사라진다. 대신 개선해야 할 점, 대안 등이 떠오른다. 자기를 이해하고 받아들이면 떳떳해진다. 두려움이 사라지니 자기 일에 충실할 수 있다. F처럼 인정에 목마른 사람은 다음과 같은 코칭에 귀 기울일 필요가 있다.

- 길들여지려는 마음을 단호하게 거부하라.
- 달콤한 칭찬을 경계하라.
- 근거 없는 비난에는 무감각하도록 노력하라.
- 나는 고유한 존재로 누구도 함부로 평가하거나 통제할 수 없다.
- 타인이 나를 조종하도록 내버려두지 않는다.
- 내 존엄성은 내가 지킨다.
- 부당한 복종을 강요할 때, 단호히 그러지 않겠다고 말하라.
- 권력적인 사람도 자기 확신에 찬 사람은 함부로 하지 못한다.
- 나를 믿고 나를 단련시키는 힘이 필요하다.
- 단 한 번의 용기가 이후 삶을 편안하게 해준다.

성장으로 이끄는 코치의 피드백

✳

'피드백'은 코치의 핵심 역량 중 하나다. 코치는 고객의 말과 행동을 관찰하고 이를 구체적으로 성찰하게 함으로써 생각과 행동을 바꿔나갈 동기와 방향을 제공한다. 올바른 피드백은 구체적인 성과, 태도나 행위, 잠재력이나 가능성을 깨닫게 함으로써 그들이 더욱 풍요로운 삶을 살아가도톡 돕는다. 이는 코칭뿐 아니라 조직 관리 차원에서도 유용하다.

저명한 코칭 전문가 맥스 랜즈버그^{Max Landsberg}는 피드백을 크게 지지적 피드백과 교정적 피드백, 건설적 피드백으로 나누었다. 지지적 피드백은 긍정적인 에너지에 바탕을 두고, 코칭 고객을 존중하고 배려하며, 격려하고 지지하는 것을 말한다. "지난주 내내 힘든 상황이었을 텐데 약속을 잘 지켜줘서 감사합니다." "어머니와 여러 차례 대화를 시도하셨다니 정말 잘하셨습니다." "불편한 관계였을 텐데 포기하지 않고 대화의 자리에 나서 주셔서 참 감사합니다." 같은 피드백을 사실에 근거하여 진실성 있게 하는 것이 중요하다. 듣기 좋은 말을 남발하거나 실수나 잘못까지 칭찬으로 무마하는 것은 좋지 않다. 진정성 없는 칭찬은 오히려 불신을 낳는다.

교정적 피드백은 고객이 개선할 부분을 언급하고 적절하게 고쳐갈 수 있도록 돕는다. 이때 상대가 비난으로 받아들이지 않도록 세심한 주의를 기울일 필요가 있다. 코치 자신의 가치나 판단을 배제하고 중립적 언어로 사실만을 전달해야 한다. 공감할 수 있고, 구체적이며, 행동에 맞춘 피드백이라면, 코칭 고객은 자신의 성장과 발전을 위해서 기꺼이 받아들인다.

건설적 피드백은 비전을 제시하고 효율적인 방법을 공유한다. 이를 위해 랜즈버그는 코칭 고객의 행동action, 행동의 결과influence, 욕구desire로 구성되는 'A·I·D' 피드백을 제안한다. 이상의 피드백을 효과적으로 수행하려면 다음 사항에 유의해야 한다.

- 코치는 정중한 언어를 사용하여 적절하게 피드백한다.
- 코치는 구체적인 행동이나 태도에 초점을 두고 피드백한다.
- 코치는 코칭 고객의 필요와 요구에 맞도록 적절한 생각을 정리하여 피드백한다.
- 불필요한 추측을 하지 않도록 실제로 일어난 사건에 대해서 사실대로 피드백한다.
- 발생한 시점에서 가급적 즉시 피드백한다.
- 지지적 피드백과 교정적 피드백을 균형감 있게 사용하여 피드백한다.
- 중립적 입장에서 판단 없이 사실 전달로 피드백한다.
- 코치 자신의 느낌이나 직관을 솔직하게 표현하여 피드백한다.
- 코칭 고객이 할 수 있는 부분에만 초점을 맞춰 피드백한다.

• 코칭 고객의 선택과 결정을 존중하는 수용적 피드백을 한다.

타인의 인정을 갈구하는 사람에게는 무조건적인 칭찬이 오히려 독이 될 수 있다. 이때는 지지적 피드백뿐만 아니라 교정적 피드백과 건설적 피드백을 동시에 제공해야 한다. 올바른 피드백을 통한 자기 성찰은 삶의 전환점을 이루는 계기가 된다.

타인의 앞길을 밝히는 공감의 언어

어느 인생 선배의 고백

＊

T는 '좋은 어른'이 되고 싶다고 했다.

"'좋은 어른'이 되고 싶다고 생각한 계기가 있을까요?"

내 질문에 잠시 생각에 잠겼던 그가 말했다.

"인재 채용 부서에 근무하다 보니 많은 사람을 만납니다. 면접을 해보면 상당수가 고민을 함께 나눌 '좋은 어른'을 원했어요. 그런 말을 들으면 인생 후배들에게 미안한 마음이 들면서 저 자신을 돌아보게 됩니다. 나를 좋은 어른으로 생각하는 후배가 단 한 명이라도 있을까? 좋은 어른이 되려면 어떻게 해야 할까?"

　퇴직을 앞둔 그는 사적 이익을 추구해 온 삶에서 벗어나 공동체에 이바지하는 삶을 고민하고 있었다.

　"고객님이 생각하는 '좋은 어른'이란 어떤 사람인가요?"

　"우리 세대는 가난도 경험했고 성공도 해봤습니다. 의지가 있으면 뭐든 가능했죠. 요즘은 그렇지 않아요. 경쟁이 치열하고 취업도 어렵습니다. 기성 세대가 주류이다 보니 젊은이들 운신의 폭이 좁아요. 그들에게 걸림돌이 되는 건 아닌지, 암담한 미래를 물려주는 건 아닌지…. 이제부터라도 도움이 되는 선배 시민으로 살고 싶습니다."

　"부끄럽지 않은 선배 시민은 어떤 모습일까요?"

　"망망한 대해를 밝히는 등대가 떠오르네요. 과욕이겠지요. 단 한 사람에게라도 힘이 될 수 있으면, 밤길을 밝히는 작은 가로등처럼."

　"걸림돌이 무엇인가요?"

　"소통하는 법이 어려워요. 어느 순간 꼰대처럼 행동하는 저를 발견하게 됩니다."

　"꼰대스러움은 어떻게 나타나나요?"

　"젊은 친구와 이야기하다 보면 '그래서 결론이 뭔데?' 하게 됩니다. 옛날이야기도 늘어놓고요. 이거 아닌데 싶지만 그때는 이미 늦었죠. 칭찬하려고 노력하지만 잘 안 통해요. 진심으로 칭찬해도 표정이 별로예요. 좋은 말도 안 통하고 나쁜 말은 후회스러

우니, 차라리 말을 말자 싶어집니다."

　T의 말에는 진심이 배어 있었다. 그는 젊은 세대의 앞길을 밝혀주는 일루미네이터illuminator가 되고 싶어 했다. 자기 경험을 나누어 그들이 시행착오를 반복하지 않기를, 더 나은 삶을 개척하는 데 귀감이 되기를 바랐다. 그럼으로써 더불어 살아갈 방법을 찾고자 했다.

공감의 언어로 시야 넓히기

✳

일루미네이터란 어떤 존재인가? 작가 데이비드 브룩스는 베스트셀러 《사람을 안다는 것》에서 타인을 이해하고 함께 살아가는 방법에 대해 말한다. 그는 우리가 관계 속에서 더 나은 사람이 되려면 부드러운 태도, 수용적 마음, 적극적 호기심, 애정 어린 관점, 관대한 정신, 전체론적 태도를 갖추어야 한다고 말한다. 그런 사람이야말로 타인에게 길을 비추는 일루미네이터가 될 자격이 있지 않을까?

　이상과 현실 사이에서 고민하는 T에게는 소통 연습이 필요했다. 코칭 과정도 여기에 맞췄다. 코칭 고객은 코치의 지지와 인정, 피드백을 참고하여 수용의 언어를 배울 수 있다. 이는 일반적인 의사소통 상황에서도 큰 힘을 발휘한다.

코치는 질문 하나에도 신경을 쓴다. 특정 답을 유도하는 질문보다는 상대가 자기 마음을 들여다보게끔 하는 질문을 선호한다. 이런 질문은 "네/아니오"가 아닌 자기 설명을 요구한다. 예를 들어 "아들이 논문 통과했다는 소식을 전해왔습니다"라는 말에 대한 반응에서 "기쁘시겠어요. 보람 있으시죠?"와 "아드님이 논문 통과했다는 말씀을 들으셨군요. 지금 어떤 마음이세요?" 중 무엇이 대화를 더 풍성하게 할까? 전자의 질문은 함께 기뻐하며 축하하려는 마음은 있으나, 상대가 주도적으로 표현하고 자신의 감정이나 사유를 펼칠 기회를 빼앗는다. 후자는 성찰적 질문이라 더 풍성하고 깊은 사유가 일어날 가능성이 크다.

앞서 말했듯 요즘은 칭찬이 과한 세상이다. 무조건적인 칭찬은 형식적이라는 걸 알기에 별로 기쁘지 않다. 또 자기 실속을 챙기려고 칭찬을 남발하는 사람도 있다. 이는 신뢰감을 떨어뜨리는 역효과를 가져올 뿐이다. 좋은 칭찬은 존재를 고양시킨다. 의기소침한 사람에게 건네는 진심 어린 한마디는 분명한 동기 부여가 된다. 반면 입에 발린 칭찬은 듣는 이의 자아가 약해진 상태라면 동정받는 느낌, 웃음거리가 된 느낌을 줄 수 있다. 의도가 어떻든 상처를 키우게 할 수도 있다.

코치는 즉각적인 칭찬보다는 스스로 알아차리게끔 되묻는 방식을 선호한다. 지금 상태에서 자신을 어떻게 바라보는지, 어떻게 되고 싶은지, 시간이 지나면 지금 이 순간을 어떻게 기억하게 될지 묻는다. "정답을 찾았군요. 당신은 참으로 대단합니다"라고 칭찬하는 대신 "그 과정을 묵묵히 이행하는 동안 무슨 생각이 들었나요, 자신이 어떻다고 느껴지나요?"라고 묻는다. 지금 하는 일들이 몇 년 후, 어떤 결과로 돌아올지 상상하게 하고, 그 목적을 이루기 위해 어떻게 할 계획인지 묻는다. 상대방의 호기심 어린 질문은 공감의 신호가 된다. 내 말에 귀 기울이며 예단하지 않고 느낌을 이야기하는 상대에게 인간적 호감을 느낀다. 공감하는 사람과는 안심하고 속 얘기를 할 수 있다.

타인의 앞길을 밝혀주는 공감의 언어는 먼 데 있지 않다. 스스로 느끼고 표현하게 하기, 자기 감정을 솔직하게 드러낼 수 있도록 귀 기울여주기, 함께 생각하며 시야 넓혀주기, 평가하기보다 받아들이고 격려하기 등이 그렇다. 노력한다면 누구나 실천할 수 있다.

좋은 어른의 소통법

✳

코치의 공감 대화법은 《공감 정복 6단계》⁹를 참고할 수 있다. 이 책에 따르면 공감은 마음 비우기에서 시작한다. 코치는 마음을 비운 상태에서 코칭 고객의 언어·논리·욕구를 경청한다. 그런 다음 고객의 성장 동기에 공감을 표현한다. 이 프로세스를 적용하면 다음과 같은 질문이 가능하다.

Q1. (코치 스스로에게) 나는 평가하고 해석하는 판단을 내려놓고, 지금 여기에 프레즌스(현존)하고 있는가?

Q2. (언어적·비언어적 메시지를 포함하여 경청하는 자세로) 방금 말씀하셨던 고립은 어떻게 인식하고 계신가요?

Q3. (코칭 고객의 논리를 있는 그대로 존중 수용하며) 말씀하신 것처럼 고립의 의미를 다른 사람과는 다르게 해석하고 계신 것에 대해 어떻게 생각하세요?

Q4. 다르게 생각하고 있는 그 사람들에게 어떻게 말해주고 싶은가요?

Q5. 그런 과정을 통해서 고객님께서 진정으로 얻고 싶은 것은 무엇인가요?

Q6. 말씀을 들으니, 지금 고립된 시간은 현실을 외면하는 게 아니라 힘을 비축하는 시간이라는 걸 스스로 알고 계신 것 같아요. 그 시간을 존중받고 싶다는 마음도 느껴지고요. 제가 제대로 이해한 건가요?

공감의 대화에는 경청과 배려가 필요하다. 상대가 존중받는다는 느낌이 들도록 말의 속도와 톤을 조절하는 것은 기본이다. 중간에 끼어들어 지적하거나 교정하려 드는 것은 금물이다. 대신 그 사람의 생각을 존중하면서 깊이를 더하는 질문을 던지는 것이 좋다. 상대에게 안전지대를 제공하면 그 안에서 자유롭게 솔직한 대화를 나눌 수 있다.

　'좋은 어른'이 된다는 것은 오랫동안 의지해 온 관습을 버리는 일일지도 모르겠다. 경청의 겸손을 보여주고, 침묵의 웅변을 들려주고, 미소의 품위를 느끼게 하는 일이겠다. 누군가의 길을 비추려면 혹여 내 그림자가 거기 있지는 않은지 살펴볼 일이다. 자기 성찰로 공감의 대화를 나눌 일이다. 언어학자 데릭 비커튼Derek Bickerton은 언어가 경험의 틀에 갇힌 우리를 자유롭게 한다고 말했다. 이를 뒤집어 생각하면 각자의 과거가 만든 고정관념을 넘어서려면 소통이 필요하다는 뜻이겠다.

　좋은 어른은 소통을 통해 가능하다. T는 공동체에 가치 있는 일을 하고 싶어 한다. 빛을 비추는 사람, 일루미네이터는 진정한 '나-너'의 관계 맺음을 통해 영원성을 추구하는 사람이다. 자기 실현을 넘어서 인류애적 사랑을 실천하려는 그의 노력에 박수를 보낸다.

지금 여기,
현존을 위한 질문들

코칭이 가져다준 선물

✳

코치이자 기업가인 존 휘팅턴John Whittington은 저서 《시스템 코칭과 컨스텔레이션》에서 코치를 "성숙한 존재이며, 폭넓은 개인적·전문적 경험을 통해 지속해서 자신을 코칭하는 사람"으로 정의했다. 그러면서 '자기 인식' 확립이야말로 코칭이 주는 가장 큰 선물이라고 했다.

나는 존 휘팅턴의 견해에 전적으로 동의한다. 나는 어려움이 닥칠 때마다 셀프코칭을 하며 자기 인식을 확립해 나갔다. 돌아보면 코치로 보낸 시간은 존재에 관한 근원적 질문을 품고 스스로를 탐색한 과정이었다. 어릴 적 공터에서 하던 땅따먹기처럼 내 영역이 조금씩 넓어졌다. 타인의 욕망에 점거당했던 영토를 되찾고, 내 위치를 스스로 결정하며 마음의 근육을 키워갔다. 그 안에서 빛나는 보석으로 가득한 광산, 생명의 바다, 무수한 나무를 품은 숲과 마주치는 경이로움을 맛봤다. 신기하게도 내 영역을 넓혀갈수록 타인의 공간이 좁아지기는커녕 그들을 더 큰 공간으로 초대할 수 있었다. 그 과정이 순탄치는 않았다. 고통이 따랐으나 결국 받아들이고 극복했다. 하나를 잃으면 하나의 깨달음이 찾아왔다.

나는 어려서부터 음악과 그림이 좋았다. 손만 뻗으면 책이 있어 늘 책 속에서 살았다. 모든 게 문화 예술을 좋아했던 어머니 덕분이었다. 어머니는 문화적 '감성'을 소중하게 여겼다. 감성은 '느낌'이다. 그렇다면 느낀다는 것feeling은 무엇인가?

마음챙김 관점에서 보자면 '느낌'은 내가 지금 여기에 있음을 알리는 지표다. 문제는 이러한 '느낌'이 고통스러운 기억과 연결되면서 특정한 '감정emotion'으로 고착될 때다. 이런 감정에 사로잡힌 사람은 과거의 고통을 짊어지고 사는 것이나 다름없다. 영원히 불행에서 벗어날 수 없다는 잘못된 믿음을 강화하면서 불행의 서사를 재생산한다. 과거에 갇혀 삶을 소진하는 일은 이렇게 해서 생긴다. 나도 여러 번 그럴 뻔한 위기에 처했다.

올바른 결정을 위한 질문들

✳

코로나19가 한창이던 때 친한 동생과 카페를 냈다. 제법 정성을 기울인, 큰 정원이 있는 카페였다. 지금 생각하면 무모한 일이었다. 그래도 첫 달은 괜찮았다. 전국에서 지인이 찾아왔고 새로 오픈한 카페를 구경하려는 손님도 꽤 있었다. 그러다 사회적 거리두기 조치가 강화되면서 매출은 곤두박질쳤다. 동생과 나는 카페 손실분을 다른 소득으로 메워야 했다. 그 순간 비관과 열패감에 젖어가는 나를 발견했다. 코치로서 셀프코칭이 필요한 시점이라는 걸 직감했다. 몇 개의 범주로 나누어 질문지를 만들고 스스로 답했다. 올바른 결정을 내리려면 두엇을 알아채야 하는지 단서를 찾아야 했다.

【 올바름right 】

Q1. 카페 매출이 오르고 내릴 때가다 평정심을 잃는다면 이 행위는 옳은 것인가? 내 의도오 맞는 일인가?

A1. 현실 문제와 맞닿아 있으니 불안이나 불만이 생기는 건 당연하다. 이런 감정들은 충분히 일어날 수 있고, 공감받아야 한다. 다만 어떤 상황에서도 내가 아닌 다른 힘이 나를 지배하도록 허용하지는 않을 것이다.

Q2. 그렇다면 당신의 의도에 맞는 언행은 무엇인가?

A2. 현실을 받아들이되 불안 대신 대안을 찾아 실천하는 것이다.

【 에너지energy 】

Q1. "매출이 이 모양이면 어떻게 해? 최악이야 최악!" 이렇게 말하고 나면 어떤 느낌인가?

A1. 나 자신이 문제 덩어리가 된 것 같다. 에너지가 소진되는 느낌이다.

Q2. 어떻게 하면 에너지를 빼앗기지 않을까?

A2. 호흡을 가다듬는다. 부정적인 감정이 올라오면 피하거나 누르는 대신 기꺼이 받아들이고 토닥여준다.

Q3. 자기에게 에너지를 주려면 어떻게 해야 할까?

A3. 불안이 그리는 비극적 미래가 비약임을 알아채야 한다. 불안감을 무기 삼아 나를 다그치는 존재가 내 안에 있다. 그 존재를 인정하되 나 스스로 대처할 수 있음을 알면 해결해 나갈 수 있다.

【 파워power 】

Q1. 나는 통제하는가, 통제당하는가?

A1. 알아차리기 전까지는 통제당했다. 과거의 경험에서 비롯한 왜곡된 신념이 나를 붙잡고 흔들도록 내버려뒀다. 그러나 그렇다는 사실을 안 이상 거기서 빠져나올 수 있다.

Q2. 어떻게 하면 나 자신을 컨트롤할 수 있을까?

A2. 느낌이나 감정을 평가나 판단 없이 있는 그대로 수용하고 마음의 움직임을 읽어준다. 존재를 인정받은 부정적인 감정은 자기 방으로 돌아간다. 나는 통제권을 되찾는다.

【 북돋우기^{empower} 】

Q1. 부정적인 말을 하며 낙담하는 일은 나의 가치에 어떤 영향을 미치는가?

A1. 스스로 자기 가치를 떨어뜨린다. 문화기획자이기도 한 나는 돈만을 목적으로 카페를 연 것이 아니다. 지치고 힘든 사람들이 와서 힐링하길 바랐다. 공간이 주는 위로와 사랑이 있다. 이를 더 많은 사람이 누리게 하자는 사명과 목적을 잃고 하루 매출에 일희일비하는 내가 낯설다.

Q2. 문화기획자로서의 가치를 올리려면 어떻게 해야 하는가?

A2. 부정적인 생각이나 언행이 나오면 '내가 아직 준비가 덜 되었구나' 알아채면서 이를 받아들인다. 과거의 실패 경험을 반추하는 대신 어려움을 이기고 지금에 이른 나의 탁월함을 생각한다.

【 충만함^{abundance} 】

Q1. 부정적인 생각이나 불만이 말로 거칠게 표현된다는 것은

어떤 의미인가?

A1. 지금의 내 상태가 내적인 불안과 두려움을 감당하지 못할 만큼 지쳤다는 뜻이다.

Q2. 과거의 실패 경험이 지금의 감정에 영향을 미친다고 생각하는가?

A2. 그렇다. 다만 그것이 상태를 악화시키지 않도록 조절하는 방법을 안다.

Q3. 앞으로 언행을 어떻게 할 생각인가?

A3. 어려울 때일수록 스스로를 보살필 생각이다. 자기를 안심시키고, 사랑을 듬뿍 전하겠다. 작은 성공을 쌓아가면서 충분히 격려하고 칭찬하겠다. 끝까지 존중하는 태도를 버리지 않을 생각이다.

【 참나 true self 】

Q1. 불안감이나 두려움을 가져온 존재는 누구인가, 참나 true self 인가?

A1. 내 안에 있는 그림자에서 비롯한 감정이다. 참나는 방심했을 뿐이다.

Q2. 정체를 알았다면 어떻게 대처하겠는가?

A2. 지금처럼 질문을 반복하면서 그림자의 존재를 알아차리고 다독이면서 그를 돌려보낼 생각이다. 참나는 창조적이고

생기 넘치는 자아다. 그와 함께 이 위기를 극복하면서 지혜롭게 삶을 살아갈 것이다.

현존으로 깨어 있으라

＊

질문에 답하면서 지금 느끼는 불안과 두려움에 실체가 없음을 확인했다. 이토록 싱거운 싸움이라니, 나는 무엇을 위해서 근심하고 있었던가? 애써 이마에 주름살을 늘리기 위해? 안 그래도 할 일이 많은데 비관과 열패감 때문어 주저앉아 있을 수는 없다. 카페 경영이 어려워 고민이라면 동업자와 머리를 짜내고 아이디어를 내야 할 일이다. 근심 걱정, 불평불만은 내게 그 어떤 생명력을 주지 못한다. 에너지만 빼앗는 그것들을 왜 스스로 양성하고 있단 말인가. 현존presence으로 깨어 있으라. 나는 내 삶의 주인공이자 누구도 좌우할 수 없는 본원적 힘을 가진 존재다.

동생과 카페를 앞으로 어떻게 할지 논의했다. 메뉴를 개발하고 홍보를 강화하는 한편, 애초에 카페를 차린 목적을 다시 한 번 상기했다. 미래가 마냥 밝지는 않았다. 그러나 우리가 최선을 다하면 그만한 대가가 찾아오리라는 걸 알 수 있었다.

집으로 돌아가며 어릴 적 찾았던 천주교 성직자 묘역을 떠올렸다. 그곳은 내게 '혼자만의 순례지'였다. 힘든 일이 있을 때면 그곳을 걷곤 했다. 성모당 벽 너머로 성모마리아상 앞에서 기도하는 이들의 뒷모습을 보면 저절로 안정이 되었다. 착한 사람이 더 많은 세상 같아서 안심이 됐다. 오솔길은 성인 묘역으로 이어지는데 입구에 라틴어로 쓰인 문구가 "오늘은 나에게, 내일은 너에게Hodie Mihi, Cris Tibi"라는 뜻이라는 건 어른이 되어서야 알았다.

삶과 죽음의 경계를 걷다 보면 마음에 평화가 깃든다. 인간의 숙명과 삶의 아름다움이라는 모순이 주는 깨달음을 얻으려고 끊임없이 그곳을 향했던 모양이다. 친구들은 죽은 자들이 묻힌 묘지가 겁나지 않느냐고 걱정했지만, 숨 막힐 듯한 적요가 맞아주는 그곳이 나는 참 좋았다.

어떤 날은 육중한 문을 열고 성당으로 들어가 가만히 의자에 앉아 있었다. 스테인드글라스에 어른대는 빛을 보다가 내처 저녁 미사까지 보고 돌아가기도 했다. 신앙 때문만은 아니었다. 그저 내가 그곳에 있다는 사실을 막연하게나마 느끼고 싶었다. 지금 생각하면 온전한 실존의 순간이었던 듯싶다. 어떤 의도도 없이, 있는 그대로의 나로 있었던 시간. 부평초처럼 떠돌던 자신의 뿌리를 찾고 싶었던 소녀에게 선물처럼 찾아온 자기 대면의 시간.

코치가 되면 '지금 여기'에 현존하기 위해 마음챙김을 한다. 조건화되지 않은 내면의 순수 존재authentic-self를 만나려 긴 시간 수련한다. 어쩌면 나는 아주 오랫동안 진정한 나를 만나기 위해 애를 써온 건지도 모르겠다.

상상이 현실을 만든다

✳

N이 VIP로 설정한 대상은 '자립 청년'이었다. 영광의 장면 속에서 N은 사회적 기업 창업자 경진대회에서 대상을 받고 동료들과 부둥켜안고 있었다. N이 제출한 아이디어는 신개념 공동체 주거 플랫폼으로 사회적 약자, 특히 자립 청년들이 주요 대상이었다. 나는 그가 떠올린 장면을 현실로 가정하고 질문을 던졌다.

"인터뷰 요청이 들어오면 수상 소감을 뭐라고 말씀하시겠어요?"

"진로에 대해 깊이 고민해 본 적은 없었는데, 코칭을 받으면서 제가 왜 이 일을 하고 싶은지 생각하게 되네요. 이렇게 말하겠어요. 어릴 때 보육원에서 지냈던 친구가 떠올랐고, 자립 청년의 현실이 궁금해졌습니다. 무엇을 도울 수 있을까 고민하다 보니 주거 문제에 관심이 갔고, 그 방향으로 아이디어를 구상했습니다."

나는 그 장면을 더 사실적으로 느껴볼 수 있도록 다시 물었다.

"그 장면을 실제 상황처럼 상상하니 어떠신가요?"

N에게 시상식 장소와 시간, 그곳에서 느껴지는 바를 그대로 표현해 보라고 했다.

"바라는 일이지만 긴장도 돼요. 마치 현장에 있는 것처럼 몸에 힘이 들어가고 얼굴도 화끈거리는 것 같아요. 정말 그렇게 되었으면 좋겠습니다."

그에게서 이전과는 다른 에너지가 느껴졌다. 마음속에 삶의 목적이라는 씨앗이 자라나는 순간이었다. 우리는 현실로 돌아와 이야기를 계속했다. 그는 이 마음을 잊지 않고 간직하겠다고 말했다. 그러면서 자립 청년들에게 가장 필요하고 중요한 것이 무엇인지 치열하게 고민하겠다고 약속했다.

목적하는 바를 이루는 상상만으로도 큰 동기부여가 된다. 원하는 상태, 승리 혹은 성공의 모습을 떠올린다. 구체적인 시간, 장소까지 생각하다 보면, 단지 상상만 했을 뿐인데 나중에 정말 그렇게 된 일이 적지 않다. 기적이라도 일어나는 걸까? 그러나 이는 분명한 노력의 결과다. 우리는 은연중에 상상을 좇는다. 그곳이 정말 내가 가야 할 길이라는 걸 깨닫고 한 걸음 내디딘다.

N은 망설임에서 벗어나 동기를 마련했다. 목표가 분명해진 N은 3주에 걸쳐서 관련 정보를 찾고 아이디어를 구체화했다. 사명과 비전 그리고 가치를 글로 적었으며 청사진을 얻은 N은 항해에 나설 준비가 되어 있었다. 그는 경영학과에 진학하기로 최종 결정했고 그날 이후 N의 눈빛이 달라졌다.

상상은 단순한 공상이 아니다. 코칭에서 상상은 원하는 상태를 '선경험'하도록 돕는 과정이다. 구체적인 시간·장소와 결합된 상상은 신념에 영향을 주고, 변화된 신념은 행동을 촉진한다. 사람들이 상상한 방향으로 실제 행동을 옮기는 이유다. 기적처럼 보이지만, 이는 내면의 기준이 조정되고 동기가 강화된 결과다. 사람은 자신이 그린 미래상을 향해 움직인다.

인생은 너무도 복잡하고 변수가 많기에 결과를 예측할 수 없다. 그러나 분명한 사실은 그가 꿈을 좇기 시작했다는 점이다. 중간에 방향을 바꿀지도 모르겠으나 그의 헌신하고자 하는 마음과 애정은 변함이 없을 것이다. 목적지가 하나라도 거기에 이르는 길은 수없이 많다. 중요한 것은 자기만의 올곧은 신념과 가치관이다. 이를 북극성으로 삼으면 결코 길을 잃지 않을 것이다. 한번 마음에 심은 씨앗은 어떻게든 꽃을 피운다.

자연을 돌봄과
위로의 공간으로 활용하라

낯선 땅에서 만난 자유

✳

W는 미국에 거주하는 한국 여성이다. 중국인인 남편은 근무지 이동이 잦은데 이번에 스웨덴으로 발령 나서 남편 먼저 스웨덴으로 갔다. 자신은 부모님이 계시는 한국에 들렀다 뒤따라갈 예정이다. 그런데 친정을 다녀가는 마음이 유쾌하지만은 않다. 이국만리 떨어져 살면서 애틋해지나 싶다가도 막상 친정집에 도착하니 어색하고 불편하다. W는 결국 근처 호텔에서 묵기로 했다.

도심 카페에서 만난 W는 불안한 기색이 역력했다. 주위가 왁자해서 집중할 수 있는 분위기도 아니었다. 가벼운 얘길 주고받

다가 밖에 나가서 걷기로 했다. 마침 서울숲공원이 근처에 있었다. 정신과 의사 문요한은 종종 상담하러 오는 내담자들과 밖으로 나가 걷기 명상 워크숍을 연다. 그 효과성을 나는 가늠할 수 있다. 정해진 틀을 벗어나지 못하는 이들에게 형식을 파괴하며 내면을 이완하는 시도는 기대 이상이라는 것을 종종 경험한다. 내가 하는 노마드 코칭 역시 그런 성격이다. 고객에 따라서 장소를 달리하여 색다른 경험을 하게 한다. 산으로, 바다로, 전시회장으로, 음악회, 공연, 건축물 기행 같은 것이다. 공간이 주는 힘이 있어서 고객의 관점 이동이 쉽게 일어난다. 예정에는 없었지만 W에게 필요하다 싶었다. 마침 날이 좋고 선선한 바람도 불어 산책에 안성맞춤이었다.

"이제야 숨이 쉬어지는 것 같아요. 아까는 부모님 집에 있는 것처럼 갑갑했어요."

W는 경직되었던 몸을 이완하며 호흡을 가다듬었다.

"고객님이 말씀하신 갑갑함은 어떤 것일까요?"

자연스레 그의 마음으로 들어갔다.

"모르겠어요. 카페에 있는 사람들이 전부 나를 욕하는 것 같아 괴로웠어요."

"하고 싶은 말씀을 좀 더 자세하게 해주시겠습니까?"

"어릴 적부터 부모님과 잘 지내지 못했어요. 부모님은 늘 남의 시선을 의식했고, 하지 말라는 게 많았죠. 규율로 자식들을 통제

했어요. 저는 공부 열심히 하고 겉으로 보기엔 부족함이 없었지만, 행복했던 기억은 없어요. 줄에 매달린 인형 같았죠."

W는 결국 부모가 원하는 길을 따랐지만, 마음속 불만은 사라지지 않았다고 말했다. 벗어나려면 외국으로 나가는 수밖에 없다고 생각했다. 바람대로 외국에 나갔지만, 그곳에서도 또 다른 어려움이 기다리고 있었다. 낯선 환경 속에서 깊은 고립감을 느꼈다. 남편 외에는 일상을 나눌 사람이 없었다. W는 스스로에게 다시 규율을 들이대며 점점 예민해졌다. 타인의 반응을 과도하게 해석했고, 작은 말투나 표정 변화에도 두려움과 분노가 올라왔다. 어느 순간 남편에게까지 날카로워진 자신을 알아차렸고, 이를 위험 신호로 느껴 코치를 찾았다. W의 이야기를 한동안 듣던 나는 질문을 건넸다.

"바람을 한번 느껴보세요. 하늘도 올려다보시고요. 지금 이 순간을 10년 후에는 어떻게 기억하고 싶은가요?"

W는 나를 빤히 바라봤다.

"바로 이 순간, 나는 무엇을 보고 듣고 느끼고 있나요?"

다시 물었다.

"내가 여기서 숨 쉬고 있구나. 바람이 나를 스쳐 지나가는구나, 새소리도 들리네, 나뭇잎 흔들리는 소리도 나고…. (한참을 침묵하며 고개를 젖히고 눈을 감았다가) 제가 살아있네요. 편안해요."

W는 또 가만히 눈을 감았다.

"지금 이 마음으로 한 달 전 내게 돌아가 볼까요? 내게 뭐라고 말하고 싶어지나요?"

"당장 나가서 걸어. 동네 공원에라도 다녀와. 캄캄한 동굴 속으로 더 들어가지 말고."

W는 평화로운 풍경 속에서 한국 일정을 보냈다. 그리고 자연에서 느꼈던 자유로움을 스웨덴으로 가져갔다. 이후 W의 일상은 달라졌다. 남편이 출근할 때 함께 야외로 나갔다. 길가 야생화를 향해 몸을 기울이고 향기를 맡으며 자연의 생기를 느꼈다. 그는 비로소 자기를 돌보는 일이 무엇인지 배우고 있었다.

살아있음을 느끼자 마음이 편안해졌다. '좋다'는 말이 저절로 나왔다. 매일 새롭게 발견한 기쁨어 대해서 말하는 시간이 많아졌다. '감사'를 느끼는 대상이 늘어났다. 아무것도 요구하지 않고 조건 없이 사랑을 베푸는 자연의 너른 품 안에서 여유를 되찾았다. 어느 순간 모든 고통이 잘못된 자기 해석에서 비롯했음을 깨달았다. W는 야생화처럼 햇빛, 바람, 비, 눈처럼 자유롭고 싶었다.

W는 지난 일 모두 있는 그대로 받아들이기로 했다. 그리고 자기가 겪었던 고통을 새롭게 정의했구. 마음에 공간이 생기자 어린 날 자신을 억압한 부모님의 굳은 얼굴 뒤에 숨은 마음을 읽어냈다. 내 딸이 당당하고 멋진 여성으로 자라기를 바라는 마음, 아마도 그들대로의 최선이었을….

W는 속박에서 벗어나고자 스웨덴이라는 낯선 환경을 선택했다. 한때 고립감으로 고통받았지만 자연 속에서 치유 받고 자유를 찾았다. '낯섦'을 '기회'로 재해석하고 호기심 어린 눈으로 관찰한 덕분이다. 자연 속에 있으면, 누구나 어린아이 같은 순수성을 회복한다. 이는 W만의 이야기가 아니다.

자연에서 얻는 위안과 치유

✳

나는 대도시에 살다가 수년 전 양평으로 이사했다. 도시의 삶은 녹록지 않았다. W가 그랬듯이 극심한 고립감을 겪었다. 숨 쉴 곳을 찾아다니던 끝에 자연으로 돌아갔다. 자연의 생명력은 힘들 때마다 큰 힘이 되었다. 이사 후 그동안 무심히 지나쳤던 것들이 새롭게 다가왔다. 바람이 불고 비가 내리고 꽃이 피고 지는 풍경 앞에서 차분히 내면을 돌아보게 되었다. 요동치는 것은 그저 마음일 뿐, 자연은 그 무엇에도 연연하지 않으며 제 길을 가고 있었다. 따갑게 내리쬐는 햇살 아래 망연히 앉아서 들꽃을 바라보았다. 꽃들 사이로 날아드는 나비의 날갯짓이 나를 일으켜 세웠다. 멀리서 보면 잔잔한 듯한 강물이 가까이 다가가서 보면 끝없이 제 몸을 뒤집으며 흘러간다. 모든 것이 제자리에서 저마다의 생명으로 존재하고 있었다.

미국의 사상가 랠프 월도 에머슨Ralph Waldo Emerson은 인간은 자연의 의지에 순응하며 살아야 한다고 말했다. 자연을 통제하고 이용하려는 오만한 인간에 대한 비판이었다. 그에게 깊은 감명을 받은 헨리 데이비드 소로Henry David Thoreau는 이를 실천하고자 직접 월든 호수를 찾아가 그곳에 오두막을 짓고 살았다. 자연 안에 살면서 자기를 성찰하고 존재와 인간의 본질에 관해 깊이 사색했다. 그 유명한 《월든》은 그렇게 탄생했다. 그를 흠모하고 그를 따르는 사람들이 세계 각지에서 저마다 생명의 평화를 위한 삶을 살아간다.

자연 속에 있으면 무엇이 자연의 의지인지 이해할 수 있다. 생명의 본질이 자기 돌봄에 있음을, 인간 역시 예외가 아님을 깨닫는다. W는 이국의 땅에서 자연을 느끼며 그 안에서 진짜 자기 모습을 찾았다. 부모님의 눈으로 자기를 바라보던 시간과 결별하고 오로지 자기 내면을 들여다보는 일에 주의를 기울였다. 비바람을 맞아야 햇살의 온기가 소중함을 알 수 있듯, 그동안 겪은 고통이 내가 어떤 사람인지 깨닫게 하는 계기임을 알아챘다.

복잡한 현대 사회에서 모두가 소르처럼 오두막을 짓고 살 수는 없다. 그러나 고통을 겪는 이들은 여전히 자연에서 위안과 치유를 얻을 수 있다. 나는 코칭을 하면서 수많은 사람의 사연을 접해 왔다. 그들은 친밀한 관계에서 받은 상처로 고통받았고, 경제적 빈곤 때문에 힘들어했으며, 무기력과 증오심 때문에 괴로워했다.

그들에게 변화를 가져다준 것은 특별한 보상이 아니었다. 누군가 자기 이야기를 듣고 있다는 사실, 누군가 내 마음을 알아준다는 사실이었다. 그런 의미에서 자연은 언제든 찾아갈 수 있는 코치다. 꽃, 풀, 식물, 동물 그 무엇이어도 좋다. 단 5분이라도 그들의 품에 기대어보자. 가만히 쳐다만 보고 있어도 좋다. 자연은 내 마음속 이야기를 있는 그대로 받아준다. 순리대로 살아가는 자연과 함께 있으면 생명은 존재 자체로 충분함을, 서로가 연결되어 있음을 느낄 수 있다.

때로 무심함이
힘이 된다

벼랑 끝에 선 사람들

✳

"아무것도 안 해도 돼. 가만히 우리 곁에 있기만 해. 그래도 돼, 너니까."

어려웠던 시절, 내게 힘이 되어 준 이들이 한 말이다. 그들은 조건 없이 나를 받아들이고 지지했다. 물론 해로운 사람들도 많았다. 그들은 나를 비난하고 혹시라도 자신에게 피해가 올까 봐 거리를 두었다. 당시 나를 가장 힘들게 했던 감정은 고립감이었다. 스스로 실패자라 낙인찍고 세상으로부터 도망쳐 혼자 숨었다. 피해의식으로 가득했던 나는 누구도 믿지 않았다.

당시 나는 가까운 사람과 결별을 앞두고 있었다. 충격은 너무도 컸다. 상실감이 쓰나미처럼 덮쳐왔고, 우울의 수렁에 빠졌다. 배신한 사람에 대한 분노는 치가 떨릴 정도였다. 무력감과 좌절감, 수치심은 세상과 담을 쌓게 했다. 그런 나를 구해준 건 네 잘못이 아니라는 말, 아무것도 설명하지 않아도 된다는 말, 너니까 괜찮다는 말이었다.

극심한 상실과 좌절은 세상과의 단절을 불러온다. 그 끝에서 극단적인 선택을 하는 사람들을 우리는 잘 알고 있다. 지켜보는 사람도 힘들기는 마찬가지다. 이들에게 무슨 말을 건네야 할까? 사랑하는 사람이 이러한 고통 속에 놓여 있다면 어떻게 해야 할까?

'무심한 다정함'이 필요한 때

✳

J는 코칭 첫날부터 동생 걱정에 눈물을 흘렸다. 홀로 지내던 동생을 집으로 불러들였지만, 또다시 극단적인 행동을 할까 두려워 한시도 눈을 떼지 못했다. 동생은 얼마 전에 자살을 시도했었다. J는 동생을 위해 무엇이든 하고 싶었지만 방법을 알지 못했다. 행여 상처가 덧날까 봐 말도 못 걸었다.

"고통스럽거나 억울한 일이 있었을 때를 한번 생각해 보세요. J님은 그럴 때 어떻게 하고 싶었나요?"

J는 속 시원히 마음 속 말을 하고 중압감에서 해방되고 싶었다

고 했다.

"상처를 드러내는 두려움과 아무도 몰라준다는 외로움 중 무엇이 더 힘들까요?"

J는 살짝 놀라더니 고개를 끄덕였다.

"어쩌면 저는 동생이 솔직히 말하는 게 두려운지도 몰라요. 자기 이야기를 들어주는 사람이 한 명이라도 있었다면 자살 시도를 하지는 않았겠죠. 동생에게 도움이 필요한지 물어볼게요."

일주일 후 J가 알려왔다. 그동안 J는 동생에게 지금 기분은 어떤지, 가족이 어떻게 해주기를 원하는지 등을 물었다. 부담을 주지 않으면서 조심스레 그동안 무슨 일이 있었는지 확인해 나갔다. 동생에게 우리가 함께 있으니 걱정하지 말고 필요하면 도움을 요청하라는 메시지를 주었다. 비위를 맞추거나 억지로 말하라고 강요하지 않았다. 그저 식사를 준비하고 차를 내주며 일상을 함께했다. 메모판과 펜을 준비해 글로라도 표현하도록 거들었다. 거기 '사랑한다'는 글을 남기기도 했다.

"그럴 수 있었던 힘은 무엇이었을까요?"

"진심으로 동생을 위하는 일이 무엇일지 생각했어요. 결국 내가 해줄 수 있는 건 이 아이가 계속 일상을 살게 하는 것이겠구나 싶었어요. 특별할 것도 유별난 것도 없지만 그 안에서 안정감을 느낄 수 있잖아요. 절망에 빠진 동생에게, 가족이라는 안전한 울타리 안에서 먹고 씻고 자고 쉬게 하는 게 중요하다고 생각했습니다. 동생이 모든 걸 받아들이지는 않았지만, 포기하지 않았어요. 진심은 전해지기 마련이니까요. 제 동생이잖아요."

무심함과 다정함은 얼핏 반대말처럼 들린다. 그러나 이 두 말이 합쳐진 '무심한 다정함'은 절망에 빠진 이들에게 큰 힘이 된다.

트라우마를 극복하는 일상의 힘

✳

예전에 세월호 유가족의 정서적 회복을 돕는 이들의 활동 이야기를 들었다. 유가족들은 매일 눈 뜨는 게 두려울 만큼 크나큰 슬픔과 죄책감에 고통받고 있었다. 집에 있으면 사무치게 그립고, 외롭고 두려움만 커진다고 했다. 치유 공간 '이웃'은 그들을 위해 마련한 공간이었다. 유가족에게는 방해받지 않으면서 동병상련을 나눌 안전지대가 필요했다. '이웃'은 먼저 말을 걸지 않는 무심한 공간이었다. 그곳에서 유족들은 목 놓아 울었다.

다른 사람들과 함께 식사조차 할 수 없는 그들을 위해 '이웃'은 세심한 배려를 했다. 1인 교자상과 유기 반상기, 수저 세트를 마련했다. 혼자 하는 식사지만 존중받아 마땅하다는 느낌을 받을 수 있도록 정성을 들였다. 다행히 고통 앞에 선 그들 앞에는 선량한 이웃들이 있었다. 유족들은 조금씩 기운을 차렸다. 일상을 회복하고, 주변을 돌아보았다. 자신들을 위해 헌신한 잠수부와 자원봉사자들에게 직접 만든 머플러, 조끼 등으로 감사의 마음을 전하기도 했다.

　서울시청 전시실에서 세월호 유가족들이 만든 뜨개 작품들을 보았다. 인드라망 문양처럼 이어진 무늬를 보며 숭고함을 느꼈다. 유가족, 자원봉사자, 심리 치유가 등이 한마음으로 엮어간 이야기가 가슴 뭉클하게 다가왔다. 그때 나는 트라우마를 극복하는 데 일상의 회복이 무엇보다도 중요하다는 걸 깨달았다.

　J도 이를 알아챈 듯했다. 대화를 피한 채 혼잣말하는 동생 곁을 지켰다. 옆에 누워 그저 바라보기도 했다. 마음속으로 '이 모든 것 또한 지나가리라' 하는 경구를 외면서. J는 그러면서 희망을 놓지 않았다. 지금의 고통이 동생을 더욱 강인한 사람으로 성장시킬 것이라 믿었다.

　"동생을 돌보면서 얻은 통찰을 J님 삶에 적용한다면 무엇을 해 볼 수 있을까요?"

　"이번 일을 통해 많은 걸 배웠습니다. 동생뿐 아니라 제 아이들을 바라보는 관점도 달라졌어요. 사랑한다는 핑계로 내 생각을 강요한 적은 없었는지 반성했습니다. 먼저 아이들 마음을 물어야 했어요. 어쩌면 그건 사랑이 아니었는지도 모릅니다. 있는 그대로 받아주지 못했으니까요. 기다림이, 따뜻한 눈으로 지켜보는 것이 사랑이라는 걸 알게 되었어요"

　때로 사랑은 일방적이다. 의무감에 상대가 원하지도 않는 일을 하게 만든다. 특히나 힘들어하는 이를 옆에서 지켜보는 사람은 조급해질 수밖에 없다. 뭐라도 해야 할 것 같고 그의 고통을 덜어주지 못하는 내가 실망스럽기까지 하다. 나도 힘들고 상대도 힘들다. 그럴 때야말로 속도를 조절해야 한다. 의도적으로 무심해져야 한다.

힘내라며 파이팅을 외치고, 다짜고짜 궁금한 걸 물어보는 사람보다, 말없이 기다려주는 사람이 더 큰 힘이 된다. "힘들어해도 괜찮다, 노력하지 않아도 된다, 그저 너로 있기만 하면 된다"는 말, '그랬구나. 그런 느낌이었구나. 많이 힘들었겠다'고 등을 토닥이고 가만히 손을 잡아주는 일, 그런 말과 몸짓이면 충분하다.

현재를 깨우고
과거를 극복하라

있는 그대로 바라보는 연습

✳

"논픽션 작가는 자신을 제한하여, 세상이 자기 눈에 어떻게 보이는지만 말하고 모든 해석은 독자의 몫으로 남겨둔다."[10]

가톨릭 사제이자 영성가인 헨리 나우웬Henri Nouwen의 말이다. 여기서 '논픽션 작가' 자리에 코치를 대입해도 무리가 없다. 자신을 제한한다는 말은, 코치의 덕목 중 하나인 에포케(epoché, 판단 유보)에 해당한다. 고객에 대해 '나는 모른다'가 전제되어야 호기심이 유지된다. 고객의 유익을 향해 나아가려면 일체의 판단을 멈춰야 한다. 코치는 최대한 말을 아끼고, 세상이 고객의 눈에 어떻게 보이는지 스스로 말하도록 해야 한다. 해석 역시 고객의 몫으로 남긴다.

코치도 사람인지라 때로는 답을 알려주고 싶다. 고객의 고민을 일거에 해결하고 싶은 유혹에 사로잡힌다. 코치의 에고가 작동하는 순간이다. 그러나 이런 식의 개입은 고객의 성장을 가로막는다. 고객에게는 충분한 시간이 필요하다. 오히려 자기 탐색 과정에서 '일어나는 길 잃음'은 좋은 신호다. 고객이 사색의 문을 들어서는 순간이며, 창의의 창을 여는 시간이다. 고객과 코치가 모호함과 불분명함을 '견디는' 중에 섬광처럼 다가오는 알아차림이 있다. 그러면서 의식이 확장되고 자기표현이 풍부해진다. 애초에 수립한 목표에 매달릴 일이 아니다. 코칭의 효과는 과정에서 일어난다. 통찰과 변화로 한계성을 깨닫고 방향 전환이 일어날 수도 있다.

그렇다면 코치는 어떻게 개입의 유혹에 빠지지 않고 에포케 상태를 유지할 수 있을까? 일체의 얽매임이나 걸림 없이 영혼이 자유로운 상태, 곧 지금 여기의 현존하는 상태를 유지하려면 부단한 노력이 필요하다. 그중 하나가 자연과 사람을 있는 그대로 바라보는 연습이다.

생각 내려놓기

＊

나는 다행히도 자연 친화적인 환경 속에 살고 있다. 도시와의 물리적 거리는 마음의 여유와 반비례한다. 자연과 함께하는 시간마다 생명의 에너지가 차오른다. 세계적 영성가 에크하르트 톨레 Eckhart Tolle가 말하는 '있음의 기쁨The joy of being'을 느끼게 된다. 그는 저항 없이 온전히 수용할 때 평화가 찾아온다며 삶을 가만히 두라고 했다.

자연 안에 있으면 생각의 감옥에서 빠져나오기 쉽다. 노력하지 않아도 저절로 마음이 비워지면서 조금 전까지 어떤 생각의 그물망 안에서 헤맸었는지조차 잊게 된다. 자연의 아름다움에 내면의 '순수 의식'이 깊이 감응하는 동안 어지러운 감정들은 차분히 가라앉는다.

욕망과 두려움에 지배당하면 있는 그대로 보기가 어렵다. 상대를 이용해 이익을 취하려는 사람은 끊임없이 관찰하고 평가한다. 더 많은 정보를 알아내야 안심이 되기 때문이다. 상대가 나보다 강하다는 '판단'이 내려지면 아첨을 떨거나 눈 밖에 나지 않으려고 전전긍긍한다. 상대의 생각에 나를 끼워서 맞추고 인정, 칭찬, 관심을 요구한다. 반대로 나보다 상대가 약하다면 이용하거나 군림하려 한다. 이처럼 우월감과 열등감 안에서 살다 보면 진정한 내면의 힘을 느낄 수 없다.

게다가 끊임없이 나와 너를 분리하는 습관은 대립 상황을 초래한다. 에너지 소모가 많아지고 부정적 감정들이 본색을 드러낸다. 감정에 압도당한 채 얼어붙거나, 도망치거나 화를 내며 싸우려 든다. 우리 몸의 '가슴'에서 일어나는 반응이다. 가슴은 강력하고 아름다운 에너지 중추(차크라)다. 가슴이 느끼는 감정에 따라 우리의 행동이 결정된다.

우리를 부정적인 감정에 휩싸이게 하는 것은 무엇일까? 바로 '과거'다. 정리되지 않은 채 남아 있던 두려움이나 불안감이 외부적 자극에 과도하게 반응한 결과다. 이때 필요한 것은 '정화'다. 베스트셀러 《상처받지 않는 영혼》의 작가 마이클. A. 싱어Michael A. Singer는 어떤 감정이든 밀어내지 말고 그대로 느끼라고 한다. 가슴을 열고 이완하면서 모든 일이 그저 일어나도록 둔다. 힘을 빼고 호흡을 유지하는 명상 호흡법만으로도 도움이 된다.

꼬리에 꼬리를 무는 생각과 폭포수처럼 쏟아지는 감정은 내가 아니라 나의 과거일 뿐이다. 고통이 실제가 아닌 마음의 작용임을 인식하면 고통을 대하는 태도가 달라진다. 고통을 회피하려고 세웠던 단단한 마음의 벽을 비로소 해체할 수 있다. 그 벽은 편향된 생각, 감정, 신념, 가치관, 욕망의 벽돌로 채워져 있다. 한번 세운 벽은 웬만해서는 무너뜨릴 수 없다. 집착 때문이다. 마음의 벽을 세운 것이 나라면 허물 수 있는 사람 역시 나밖에 없음을 인정해야 한다. 움켜쥔 것을 내려놓는 '경험 자아'는 불안이나 두려움을 느낄 수밖에 없다. 이때는 또 다른 자아인 '배경 자아'의 도움이 필요하다. 배경 자아는 그러한 감정들이 내 몸을 통과하는 것을 허용하고, 잘 보내주도록 지켜보며 격려할 수 있다.

지금 당신이 있어야 할 곳은 어디인가

✳

에크하르트 톨레는 '본연의 나'를 알아가는 것이 핵심이라고 했다. 그의 지혜를 받아들인 전 세계 많은 실천가가 마음의 평안을 찾았다고 증언한다.

정화된 열린 가슴으로 사랑이 찾아든다. 사랑의 본령인 본래의 나, 참나는 상처받고 고통받은 영혼을 달래주러 빛으로 온다. 우리는 사랑을 경험하러 이 세상에 왔다.

집착을 내려놓는다는 말은 과거를 흘려보낸다는 뜻이다. 과거는 기억에서만 존재할 뿐이다. 찬란했던 시절을 그리워하며 과거에 묶여 있거나, 과거의 고통에 사로잡혀 한 발짝도 내딛지 못하고 있는가? 그렇다면 과거는 존재하지 않는다는 진실을 인정해야 한다. 코치는 과거에 사로잡힌 고객에게 다음과 같은 질문으로 현재를 깨우기 위한 탐색을 시작한다.

"가장 행복했던 순간은 언제였나요?"

"어린 시절, 꿈꾸었던 것은 무엇인가요?"

"영원히 붙잡고 싶은 기억은 뭘까요?"

"어떤 성공의 경험이 있었나요?"

"뼈아픈 실패 사례는 어떤 것이 있나요?"

이 질문만으로 끝난다면 과거의 기억을 반추하는 것에 불과하다. 코치는 과거의 사실에서 더 나아가 과거의 기억에 담긴 현재적 의미를 물어야 한다.

"그 순간으로 돌아가서 지금 이 문제를 본다면 어떤 느낌일까요?"

"그때의 나는 지금의 나를 보고 뭐라고 할까요?"

"간직해온 그 기억이 지금 여기에 어떤 영향을 미쳤나요?"

"성공했을 때 어떤 강점이 발휘된 걸까요?"

"뼈아픈 실패 사례가 가져다준 교훈은 무엇인가요? 그 교훈을 지금과 연결하면 어떻게 연결될까요?"

코치는 과거의 경험 자체보다 그 경험이 지금의 내게 어떻게 작용하느냐에 관심을 둔다. 고객들은 모두 변화와 성장으로 나아가고자 하지만 지난 일에 손발이 묶여 있다. 과거가 구축한 동굴 속에 숨으려는 그들에게 필요한 것은 자각이다. 코치는 묻는다.

"지금 그곳이 당신이 있어야 할 곳이 맞습니까?"

삶은 과거에 있지 않다. 지금만이 영원하다는 걸 알아차리는 순간, 우리는 자유롭고 행복해진다.

에필로그

✦

이제 당신이라는 바다로
헤엄쳐 가기를

책의 마지막 장을 쓰며 묻고 싶다. 처음 이 책을 펼칠 때 당신을 괴롭히던 내면의 그림자, 그 '마음도깨비'들은 지금 어디에 있는가.

우리는 함께 먼 길을 걸어왔다. 나를 힘들게 했던 무기력을 직시했고, 가야 할 삶의 이정표를 세웠으며, 낡은 습관을 바꾸는 실행의 고통을 지나, 비로소 나와 타인을 온전히 수용하는 법을 배웠다. 조지프 캠벨은 영웅의 여정 중 가장 어려운 단계가 '귀환'이라고 했다. 심연에서 얻은 지혜를 가지고 다시 평범한 일상으로 돌아와, 그 가치를 증명해야 하니까.

원니스는 구름 위의 언어가 아니며 평범한 일상에서 완성되는 순간들이다. 설거지하는 손길에 담긴 정성, 타인의 서툰 말 뒤에 숨은 진심을 읽어내는 눈길, 그리고 무엇보다 못난 내 모습까지도 끌어안는 너그러운 마음에 원니스가 있다.

아침이 두려웠던 10년 전의 나는 코칭을 통해 자책의 도깨비를 구슬렸고 친구로 만들었다. 그리고 일상으로 돌아와 마음의 분리수거를 차곡차곡 해냈다. 나처럼 당신도 매일 일을 하고, 때 맞춰 밥을 먹는 평범한 일상을 보낼 것이다. 하지만 원니스를 모를 때와는 분명 다를 것이라 확신한다. 스스로 그었던 내면의 경계선이 이제 새로운 가능성과 '연결'된 선으로 보이기 시작할 것이다.

원니스는 나를 없애거나 억압하려는 제약이 아니다. 나라는 존재가 나 자신과 진실한 관계를 맺고 타인과 조직, 그리고 자연이라는 더 큰 홀라키 속에서 자유롭기를 꿈꾼다. 이 책을 통해 어느 한 순간이라도 당신과 합일하는 찰나가 있었다면 큰 기쁨이겠다. 당신은 결코 혼자가 아니며, 이 우주라는 거대한 생명망 속에서 이미 완벽하게 연결된 '원니스'의 존재임을 기억했으면 좋겠다.

이 책이 당신 삶에 촛불이 되었으면 하는 마음마저 놓는다. 이제 당신만의 빛을 향해 자신의 초를 켜들 시간이므로. 당신 안에 모든 답이 있고, 당신은 이미 충분히 온전하다. 다시 시작될 당신의 하루를 응원한다. 분리수거를 하러 나가는 그 발걸음조차, 우주와 하나되는 거창한 산책이 되기를.

주

1 《변화와 성장을 위한 NLP의 원리 1》이성엽, 박영스토리, p177. (2021)

2 《마음가면》브레네 브라운 지음, 안진이 옮김, 더퀘스트, p86. (2016)

3 《코칭심리학: 실천 연구자를 위한 안내서》스티븐 팔머·앨리슨 와이브로우 지음, 강준호 외 옮김, 한국코칭수퍼비전아카데미, p385, 391, 394. (2023)

4 《나는 왜 나를 함부로 대할까》문요한, 해냄, p151. (2022)

5 《내면소통》김주환, 인플루엔셜, p594. (2023)

6 《아리랑 역사와 한국어의 기원》임환영, 서건엔터프라이즈. (2015)

7 《변화와 성장을 위한 NLP의 원리 1》이성엽, 박영스토리, p50. (2021)

8 《허송세월》김훈, 나남, p43. (2024)

9 《공감 정복 6단계》박성희 외, 학지사. (2017)

10 《날다, 떨어지다, 붙잡다》헨리 나우웬 지음, 윤종석 옮김, 바람이불어오는곳, p27. (2023)

DEEP INSIGHT SERIES 4

원니스

초판 1쇄 발행	2026년 5월 2일
지은이	육현주
펴낸곳	(주)행성비
펴낸이	임태주
책임편집	이윤희
디자인	이유나
마케팅	배새나
출판등록번호	제2010-000208호
주소	경기도 김포시 김포한강10로 133번길 107, 710호
대표전화	031-8071-5913
팩스	0505-115-5917
이메일	hangseongb@naver.com
홈페이지	www.planetb.co.kr

ISBN 979-11-6471-312-7 03180

행성B는 독자 여러분의 참신한 기획 아이디어와 독창적인 원고를 기다리고 있습니다.
hangseongb@naver.com으로 보내 주시면 소중하게 검토하겠습니다.